市场营销管理创新途径研究

冯　蕾　杨　娜　胡菁倩　著

燕山大学出版社

·秦皇岛·

图书在版编目（CIP）数据

市场营销管理创新途径研究 / 冯蕾，杨娜，胡菁倩著. -- 秦皇岛 : 燕山大学出版社，2024. 12. -- ISBN 978-7-5761-0789-0

Ⅰ. F713.50

中国国家版本馆 CIP 数据核字第 20258ES632 号

市场营销管理创新途径研究

SHICHANG YINGXIAO GUANLI CHUANGXIN TUJING YANJIU

冯 蕾 杨 娜 胡菁倩 著

出 版 人：陈 玉
责任编辑：刘 阳
责任印制：吴 波
封面设计：墨菲设计工作室
出版发行：燕山大学出版社
电 话：0335-8387555
地 址：河北省秦皇岛市河北大街西段 438 号
邮政编码：066004
印 刷：廊坊市印艺阁数字科技有限公司
经 销：全国新华书店

开 本：710 mm × 1000 mm 1/16
印 张：15
版 次：2024 年 12 月第 1 版
印 次：2024 年 12 月第 1 次印刷
书 号：ISBN 978-7-5761-0789-0
字 数：244 千字
定 价：75.00 元

前言 Preface

在当今快速变化的商业环境中，市场营销管理作为企业存续的基石，成为驱动企业持续成长与实现增长目标的核心引擎。面对全球化竞争加剧、消费者行为深度变革及数字化转型的浪潮，传统市场营销管理理论与方法的局限性日益凸显，创新成为企业突破重围、实现差异化竞争、脱颖而出的关键。在此背景下，《市场营销管理创新途径研究》应运而生。本书旨在深入剖析市场营销管理领域的创新理论与实践，为企业提供切实可行的创新策略。期望为学术界提供新的研究视角，为推动市场营销管理领域的发展与进步贡献一份力量。

一、研究目的

本书核心在于探讨创新途径在市场营销管理中的核心价值与应用。通过系统性分析和案例研究，揭示创新如何助力企业提升市场竞争力、塑造品牌形象、扩大市场份额、增强消费者忠诚度，并促进产品销售。此外，本书还聚焦于创新在降低成本、提高效率方面的潜力，为企业提供实用的市场营销指南。

二、研究成果

1. 理论贡献

本书从一个全新的视角切入，深入理解市场营销的复杂性与动态性，严谨地分析创新对消费者行为模式、品牌建设和市场策略的影响。融合多学科理论与方法，深化对创新途径的理解，并展示其在不同市场环境和消费者群体中的应用效果。同时，系统总结创新市场营销策略的核心要素与实施路径，构建一个科学的理论框架，助力企业识别、评估和实施创新策略。探讨技术进步如何成为推动市场营销创新的强大驱动力，特别是大数据、人工智能、社交媒体等技术在市场营销中的应用与影响。本书强调创新途径在促进企业履行社会责任，实施可持续发展方面的潜力，为市场营销理论增添了伦理和社会责任维度。

2. 实践指导

首先，通过分析成功与失败的案例，本研究展示了创新途径的实际应用效果，并提供了可供借鉴的市场营销策略和思维方式。其次，本研究还提供了针对不同市场挑战的应对策略，包括经济波动、消费者行为变化等，以指导企业在复杂环境中保持竞争力。再次，本研究详细介绍了社交媒体营销、内容营销、体验营销等创新方法的具体实施步骤与技巧，助力企业实现持续增长。最后，本研究强调了风险管理的重要性，提供了评估与降低市场营销风险的工具和方法，帮助企业稳健前行。

3. 行业影响

构建创新生态系统，鼓励企业间交流与合作，共同探索市场营销新策略。

提升行业营销标准，推动企业追求更高质量的服务和客户体验。

增强行业对市场动态性的重视，鼓励企业引领市场趋势，提升市场活力与创新能力。

塑造行业领导者，推动行业结构调整与升级，促进市场营销策略的优化。

强调市场营销创新在促进企业和行业长期可持续发展中的关键作用，引导企业关注社会责任与环境保护。

总之，本书旨在成为市场营销管理创新领域的指南，通过深入的理论探讨与丰富的实践案例，为企业提供切实可行的创新策略，助力企业在复杂多变的市场环境中稳健前行，共创辉煌未来。

本书由内蒙古财经大学冯蕾、重庆建筑科技职业学院杨娜和胡菁倩共同撰写。笔者在撰写本书的过程中，得到了许多专家学者的帮助和指导，在此表示诚挚的谢意。由于笔者水平有限，加之时间仓促，书中内容难免有疏漏之处，敬请广大读者和各位同行批评指正。

目 录 CONTENTS

第 1 章　市场营销管理创新概述

第 2 章　市场营销管理的理论基础

第 3 章　市场营销管理创新途径探索

第 5 章 创新的实施与评估

第 6 章 市场营销管理创新的挑战与对策

第 7 章 市场营销管理创新的未来趋势

第 8 章 结论与展望

第 1 章　市场营销管理创新概述

市场营销管理，作为现代企业管理中的核心领域之一，不断变革与创新是其始终需要面临的挑战。随着市场环境的变化、消费者行为的多样化以及技术的持续进步，传统的市场营销管理模式已经无法满足企业发展的需求，市场营销管理创新在这样的背景下应运而生。

市场营销管理创新指的是在市场营销活动过程中，通过引入新颖的理念、先进的方法、前沿的技术或高效的工具，从而提高市场营销的效率与成果，实现增强企业市场竞争力、扩大市场份额，以及提升盈利能力的目标。这种创新不仅是技术层面上的革新，也包括了管理理念的更新、策略制定的优化、组织结构的调整、流程的优化等多维度、全方位的改进。

市场营销管理创新的必要性主要体现在以下三个方面：第一，市场环境的快速变化要求企业保持高度的市场敏感性，以有效应对市场需求和竞争态势的瞬息万变；第二，消费者行为的多样性和个性化日益显著，要求企业能够更加精准地把握消费者需求，提供更加贴合消费者个性化偏好的产品和服务；第三，技术的发展为市场营销管理提供了更多工具并产生更多可能性，企业需要积极拥抱并创新应用这些新技术，从而提升市场营销的效率和效果。

市场营销管理的创新过程是一个持续探索与实践的过程。企业必须深入分析市场、消费者、竞争对手以及自身的资源，以精准确定创新的方向和核心目标。随后，通过采取新颖的理念、方法或技术，开展试点并进行验证。最终，依据试点的成果，对创新方案进行调整和优化，并逐步将其推广到整个企业。

同时，市场营销管理创新在推进过程中必然面临一些风险和挑战。例如，员工可能会对新的理念或技术持抵触态度，若不能妥善引导员工情绪将导致创新实施难度加大；或者创新方案不能达到预期的效果，从而给企业带来经济上或声誉上的损失。因此，企业需要在充分评估潜在风险，制订详细可行的实施计划的基础上进行市场营销管理创新，确保其能够顺利推进。

总之，市场营销管理的创新是企业在不断变化且竞争激烈的市场环境中保持自身竞争力的核心要素。企业只有通过持续不断地进行创新实践，才能更加精准地捕捉并满足消费者多样化和个性化的需求，从而提升自身的品牌形象并扩大市场份额。这种创新既包括产品和服务的创新，也包括营销策略、渠道管理和客户关系管理等方面的创新。通过实施全方位的创新策略，企业能够更好地适应市场变化，有效应对竞争对手的挑战，从而实现可持续发展。

1.1 市场营销管理的重要性

市场营销管理在企业运营中有着举足轻重的地位，它既是企业与市场之间的桥梁和纽带，也是推动企业持续发展的关键所在。本节将结合具体的案例，详细深入地阐述市场营销管理在企业运营中的重要性，以及市场营销管理过程中可能面临的机遇与挑战。

1.1.1 市场营销管理在企业运营中的地位

1. 市场营销管理的定义

市场营销管理是指企业为了满足消费者的需求，所展开的一系列分析、规划、执行和控制等动作的市场营销活动的过程。这一过程旨在构建、维护和增强企业与目标消费者之间的关系，从而实现企业营销的目标，即创造、传播和交付消费者价值。

2. 市场营销管理涉及的六个方面

（1）市场环境分析

市场环境是一个由政治、经济、社会、技术等元素构成的多元化的生态系统。这些层面犹如自然界中的气候、土壤、水源等环境要素，共同影响着市场这一生态系统中的“生物”——企业或产品。下面将对构成市场环境的主要元素进行分析。

①政治环境分析。政治环境类似于气候或天气状况。一个国家或地区的政治稳定性是衡量当地商业经济市场的“气候”是否适宜的关键因素。若某地区政治局势动荡不安，则该地区的商业活动很大可能会受到严重影响，就像遭受暴风雨击打的树木，其生长受到抑制。

②经济环境分析。经济环境作为市场发展的基础条件，犹如土壤的肥力，其富饶程度对市场的发展具有决定性作用。经济发展水平高的地区，消费者的购买力通常更强，企业也就拥有更多的发展机会和空间。比如，经济繁荣时期，奢侈品市场往往会迎来较为可观的销售业绩。

③社会环境分析。社会环境如同水源，源源不断地为市场提供“养分”。文化习俗、教育水平、人口结构等社会因素，均对消费者的需求和偏好产生深远影响。例如，在对那些民众普遍注重健康的国家或城市进行分析时发现，健康食品和运动器材的市场需求通常呈现出持续增长的态势。

④技术环境分析。技术环境宛如阳光，为市场发展的“光合作用”提供必要的能量。通常情况下，新技术的出现往往催生出新的市场机会。例如，智能手机和 5G 技术的普及已经带动了移动互联网、移动支付、在线教育等一大批新兴产业的蓬勃发展。

除了对市场环境的分析，企业还需要对目标市场进行细分，从而精准地进行自身的市场定位。

（2）细分目标市场

市场细分是制定营销策略的基础。通过精细化的市场划分，企业能够精准地识别并深入洞察各个消费者群体的特定需求和偏好，进而能够更有针对性地开发产品和策划营销活动。

①细分依据。市场细分的依据通常包括地理位置、人口统计特征、心理特征、行为特征等多个维度。例如，消费者画像可以根据其年龄、性别、收入水平、教育背景或购买习惯等角度进行细分。

②细分方法。市场细分的方法多样，经常运用的有聚类分析、市场调研、消费者访谈等手段和方法。通过深入的数据分析可以精准识别不同的消费者群体、识别出具有相似需求和偏好的消费者群体。

③细分目的。细分市场的核心目的是帮助企业找到最有效的消费者群体，有

针对性地制定营销策略，集中分配和利用有限的资源，更好地满足特定消费者的独特需求和偏好，提高营销效率和效果，确保企业的市场竞争力和盈利能力。

（3）明确市场定位

明确市场定位，是在消费者心中建立独特的品牌形象和价值主张的过程。这一过程复杂而细致，企业不仅需要对目标市场有深刻的理解，还需要具备明确的战略思维和市场洞察力。

①定位依据。市场定位的依据是基于对目标市场的深入研究和理解，这既有对消费者需求的精准把握（例如，了解消费者的喜好、购买习惯和消费心理），也有对竞争对手定位策略的分析（例如，识别他们的优势和不足，以便找到差异化的切入点）。此外，企业自身的优势和资源也是定位的重要依据，只有充分发挥自身优势，才能在市场中脱颖而出。

②定位策略。市场定位策略的选择是决定企业成败的关键。企业可以通过价格、质量、创新、服务等多种角度来定位其产品。例如，高端定位强调产品的高质量和独特性，而性价比定位则侧重于产品的合理价格和良好性能。

③定位表达。市场定位的表达方式同样至关重要。通过广告、品牌传播、产品包装等方式来传达企业市场定位的信息。企业精心设计的定位表达方式，确保了消费者能够清晰地感知到品牌所代表的价值和个性。广告和品牌传播需要引起消费者的共鸣和兴趣。产品包装则需要体现出品牌的独特性和高品质，让消费者在购买过程中感受到品牌的用心和专业。

综上所述，明确市场定位是一个系统性的工程，需要企业从多个维度进行综合考虑和规划。通过细分目标市场和明确市场定位，企业能够更精准地了解和满足消费者的需求，为制定有效的营销策略打下坚实的基础。这不仅有助于企业在竞争激烈的市场中找到自己的立足点，也有利于企业与消费者之间建立长期关系，实现可持续发展。

（4）营销策略制定

企业在了解了市场环境、细分了目标市场并明确了市场定位之后，接下来需要制定有针对性的营销策略。这就像是战场上的将军在了解了战争环境、敌军分布和己方优势后，开始排兵布阵，制订具体的作战计划。

①产品策略。产品策略是营销策略的核心，它决定了企业向市场提供什么样的产品或服务。这就好比一个厨师，在了解了客人的口味后，开始挑选食材、调配佐料，准备烹饪出符合客人口味的佳肴。例如，一家手机制造商在分析了市场需求后发现，消费者对于拍照功能的要求极高。于是，他们决定推出一款主打拍照功能的手机，配备了高性能的摄像头和多种拍照模式，以满足消费者的需求。

②价格策略。价格策略是企业依据产品的成本、市场竞争状况以及消费者心理等多重因素来设定产品的售价。以一家时尚品牌为例，为了吸引追求性价比的年轻消费者，该品牌将产品定位于中端市场，并通过限时折扣、会员专享优惠等多种策略，让消费者享受到超值的购物体验。

③渠道策略。渠道策略专注于产品从生产者到消费者的有效传递。例如，一家崛起的化妆品品牌，为了能够在竞争激烈的市场中脱颖而出，将线上销售作为其主要的分销途径。该品牌与主要的电子商务平台建立起紧密的合作关系，开设官方旗舰店的同时，通过社交媒体平台打造宣传矩阵，成功吸引了众多年轻消费者。

④促销策略。促销策略是通过一系列的手段和方法激发消费者对产品的购买欲望。例如，一家电子产品品牌在新品上市时，推出了“买一送一”的促销活动。消费者在购买新款智能手机时，可以免费获得一款价值相等的智能手表。这一策略在促进产品销售的同时吸引了大量消费者的关注，显著提升了品牌的知名度。

营销策略的制定就像是一场精心策划的战役，需要综合考虑各种因素，确保每一个策略都能发挥出最大的作用。通过巧妙的产品策略、精准的价格策略、高效的渠道策略和诱人的促销策略，企业得以在激烈的市场竞争中脱颖而出，实现既定的营销目标。

（5）营销活动执行

营销策略制定好了之后就需要将其转化为实际的营销活动，即营销活动的执行。这如同一位导演拿到了精心打磨过的剧本后，着手进行选角、布景、拍摄，最终把故事搬上大银幕的过程一样。营销活动的执行同样需要细致的规划和实施，涉及广告投放、公关活动等环节。

①广告投放。广告投放是营销活动中经常用到的方式，目的是提高产品知名度，塑造品牌形象，激发消费者的购买欲望。例如，一家新兴的运动品牌为了推

广其新款运动鞋，在各大社交媒体平台和电视台投放广告。广告中，一位著名运动员穿着这款运动鞋在赛场上奋力拼搏的画面，展现了产品的功能性和时尚感，这在人们的心中种下了一颗种子，成功激发了潜在消费者对这款运动鞋的兴趣。

②促销活动。限时折扣、买一赠一、满额赠品等方式是促销活动常用的策略，这些方法能够刺激消费者的购买欲望，提升产品的销量。以国外一家电子产品连锁店为例，他们在“黑色星期五”期间推出了大规模的促销活动。活动规定购买指定电子产品可以享受高达 50% 的折扣，还有机会赢取大奖。这一促销活动吸引了大量消费者前来抢购，不仅提升了产品的销售量，还增强了品牌的知名度。

③公关活动。公关活动通过组织公益活动、赞助体育赛事或文化活动等方式，有效地提升品牌的形象和声誉。例如，一家知名饮料厂商为了强化其健康、活力的品牌形象，赞助了一项国际马拉松赛事。在赛事期间，不仅为参赛选手提供能量饮料补给，还在现场设置了品牌展示区，与消费者进行互动。此类的公关活动不仅大幅提升了品牌的曝光度，还加深了消费者对品牌的认同感和好感度。

营销活动的执行就像是把精心策划的剧本搬上舞台。通过广告投放吸引公众的注意；通过促销活动激发消费者的购买欲望；通过公关活动提升品牌的形象和声誉。这些活动的有效落地，都有助于企业营销目标的实现和产品销售量的大幅提升。

（6）营销效果评估

营销活动的执行过程就是一场充满挑战的探险之旅，而对其成效的评估则是这次旅程结束后复盘时的反思和总结。如同探险家在完成一次探险后，需要深入地分析整个探险过程，以便明确哪些地方执行得当，哪些环节尚待改进。

①销售额分析。销售额是评估营销成效的直观指标之一。它就像探险家收获的宝藏，直接反映了营销活动的成效。通过分析销售额的变化，企业可以判断出营销活动是否有效地促进了产品销售。例如，一家电商平台在“双十一”期间进行了一场大规模的促销活动。活动结束后，发现与去年同期相比，活动期间的销售额增长了 50%。这一数据清晰地表明，促销活动显著地推动了销售额的增长。

②市场份额分析。市场份额是衡量企业在市场中竞争地位的关键指标之一。可以把它看作探险家在探险过程中占领的地盘，其大小反映了企业的市场影响力和竞争力。通过对比营销活动前后的市场份额变动，能够评估自己在市场中的地

位是否得到增强。以某智能手机品牌为例，该品牌通过一系列创新的营销策略，成功提升了品牌的知名度和美誉度。一段时间后，其市场份额显著增长，从之前的10%跃升至15%。这一变化表明，其营销策略在提升市场份额方面取得了显著的成果。

③客户满意度分析。客户满意度是衡量营销效果的另一个重要标准。它反映了客户对消费过程的满意程度，是客户是否会再次选择购买该企业的产品或服务的重要影响因素。通过收集和分析客户反馈，企业可以了解自己的产品和服务是否满足了客户的需求和期望。比如，一家餐饮连锁品牌在推出新菜品后，进行了一次客户满意度调查。结果显示，大部分客户对新菜品的口感、分量和价格都表示满意。这说明新菜品的推出是成功的，不仅吸引了新客户，还留住了老客户。

营销效果评估相当于对一场探险旅程的全面回顾和总结。通过分析销售额、市场份额以及客户满意度等关键指标，企业可以全面了解营销活动的成效和不足之处。这和探险家在分析探险过程中的得失如出一辙，有助于企业在未来的营销活动中作出更明智的决策，同时有利于企业及时调整和优化策略，从而取得更好的业绩。

3. 市场营销管理的重要性

市场营销管理在企业运营中占据着举足轻重的地位，它不仅是企业与市场之间的桥梁，更是推动企业持续发展的关键。市场营销管理的重要性主要体现在以下几个方面：

（1）满足客户需求

市场营销管理以客户为中心，通过深入分析目标市场的需求和偏好，企业能够开发出更符合消费者期望的产品或服务。这不仅有助于提升客户满意度，还能培养客户的忠诚度，从而促进企业的长期发展。在市场这个大舞台上，客户作为观众，其需求和偏好是剧情发展的关键。市场营销管理，就是要确保这场“戏”能够紧扣客户的“心弦”，让他们成为忠实的“观众”。深入了解目标市场的需求和偏好，就像是导演在筹备一部电影前，要先进行市场调研，了解观众的口味和喜好。只有准确把握了观众（即客户）的心理，才能创作出引人入胜的作品。企业亦然，通过市场调研、数据分析等手段，企业可以洞察消费者的内心需求，从而开发出更符合他们期望的产品或服务，这就像是一位贴心的厨师，会根据食客的口味进行菜品的调整，以照顾不同顾客的需求。

（2）优化资源配置

高效的市场营销管理能够帮助企业更加合理地配置资源。企业可以根据市场反馈和数据分析，将资源投向最有潜力的市场细分品类，从而避免了资源的浪费和无效投入。如同一位将军，率领军队准备攻城拔寨，但是军队的兵力和资源都是有限的。那么，作为将军必须精心策划每一次的进攻，确保将兵力投入最关键的地方，实现战果最大化，这就是优化资源配置的核心理念。

在市场营销过程中，企业也面临资金、人力、时间等资源有限的挑战，如何把这些资源进行有效利用，实现市场效益最大化，就成了市场营销管理的关键任务。有效的市场营销管理能够根据市场的反馈和数据分析，精准地判断出哪些市场细分或产品具有最大潜力。假设一家饮料公司推出了多种口味的饮料，通过市场调研发现，其中某种热带水果口味的饮料在年轻人群体中特别受欢迎，于是，公司决定将这种口味的饮料作为主推产品，将更多的广告预算、促销活动和分销渠道等资源集中到这个最有潜力的产品上，避免了在其他不太受欢迎的产品上浪费资源。这种优化资源配置的做法，不仅有助于企业提高市场占有率和销售额，还能有效地控制成本，提高企业的盈利能力。

（3）增强竞争力

在竞争激烈的市场环境中，市场营销管理是企业获取竞争优势的重要手段。通过对市场环境、竞争对手和消费者行为的深入研究，企业可以制定出更具针对性的市场策略，从而在竞争中脱颖而出。

市场竞争就像是一场激烈的剑术比赛，每一位参赛者（即企业）都手持一把利剑（即产品或服务），试图击败对手，赢得观众的喝彩（即市场份额和客户满意度）。在这场比赛中，市场营销管理就像是剑术教练，帮助企业磨砺剑锋，以更精湛的剑术战胜对手。

在这样一个剑拔弩张的竞争氛围中，企业如何脱颖而出？这就需要深入研究市场环境、竞争对手以及消费者行为，这些研究就像是侦察敌情，了解赛场的地形、风向以及对手的实力和战术，只有充分掌握了这些信息，企业才能制定出克敌制胜的市场策略。

市场环境的研究，就像是了解赛场规则和地形布局。企业要掌握市场的整体趋势，识别哪些领域是热点，哪些领域正在衰退。比如，近年来，随着健康意识的提升，健康食品市场逐渐兴起。一家食品企业如果敏锐地捕捉到这个趋势，及时推出健康食品系列，就有望在市场中占据先机。对竞争对手的研究，则像是分析对手的剑术路数和实力，企业需要了解竞争对手的产品特点、价格策略、市场渠道等，从而明确自己的优势和劣势。

研究消费者行为，就像是揣摩观众（消费者）的喜好和期待，企业要深入了解消费者的需求、购买习惯以及他们对产品的评价和反馈。例如，一家服装品牌通过市场调研发现，年轻消费者越来越注重个性化和环保，于是决定推出可定制且采用环保材料的服装系列，成功吸引了这部分消费者的关注。

（4）促进销售增长

市场营销管理通过有效的促销活动、精准的定价策略以及恰当的分销渠道的选择，能够直接促进销售的增长。精心设计的营销活动能够吸引潜在客户的注意力，激发他们的购买欲望，从而转化为实际的销售业绩。市场营销就像是一场精心编排的魔术表演，而销售管理则是魔术师手中的道具，通过巧妙地操控，将观众的注意力转化为实际的“金币”——销售业绩。

在这场“魔术表演”中，有效的促销活动就是魔术师抛出的彩带，用以吸引观众的眼球。例如，一家电商平台若在“双十一”期间推出大力度的折扣和满减活动，就会吸引消费者，想要探究这炫目的“魔法”背后藏着什么宝藏。定价策略则是魔术师调整“魔法”强度的关键。价格过高，观众（消费者）可能会望而却步；价格过低，又可能让观众怀疑“魔术”的真实性。因此，魔术师（企业）需要精心设定一个既能体现产品价值，又能吸引观众的价格。分销渠道的选择就像是魔术师选择合适的舞台来展示“魔术”。无论是线上电商平台、实体店铺还是社交媒体，每个渠道都有其独特的观众群体。魔术师需要根据自己的“魔术”特点（即产品特性），选择最能触达目标观众的渠道。例如，一家专注于健康食品的初创公司，可能会选择在社交媒体和健身房等健康意识较强的场所进行推广，以确保其产品能够精准触达潜在消费者。

（5）塑造品牌形象

品牌是企业重要的无形资产，其塑造和提升的关键在于市场营销管理。通过统一的品牌信息传播和积极的公关活动，企业可以在消费者心中建立起独特且积极的品牌印象。品牌，是消费者对一个企业或产品的整体印象和感知。市场营销管理，如同一位“画家”通过巧妙的笔触和色彩，精心绘制和维护“画像”（品牌）的过程。如果品牌是一幅画，那么市场营销管理就是那位艺术家。他不仅要选择画布（即市场定位），还要挑选颜料（即品牌元素）和设计构图（即品牌策略）。统一的品牌信息传播和积极的公关活动，就是艺术家细腻的笔触，确保每一笔都精准而有力，从而在观众（消费者）心中留下深刻而独特的印象。统一的品牌信息传播，就像是艺术家在绘画时保持统一的色调和风格。企业通过广告、社交媒体、产品包装等多种渠道，传递出统一且清晰的品牌信息。这有助于消费者在任何接触点都能准确识别品牌，并逐渐形成对品牌的独特认知。例如，可口可乐的红色和白色主题在其所有广告和产品包装中始终保持一致。这使得消费者无论在哪里看到这两种颜色组合，都能立刻联想到可口可乐品牌。积极的公关活动，则像是艺术家在画作完成后举办的画展等宣传活动。企业通过这些活动与公众互动，展示品牌的价值观和理念，进一步加深消费者对品牌的了解和认同。比如，某家环保企业组织了一系列的公益活动，倡导绿色生活，不仅展示了其环保理念，还在消费者心中树立了积极的社会责任形象。

通过这一“绘画”过程，企业成功塑造了独特且积极的品牌形象，在激烈的市场竞争中脱颖而出。这幅精心绘制的“画像”不仅是企业形象和实力的象征，更承载了广大消费者的信任和期望，是企业与消费者之间沟通的桥梁和纽带。

（6）应对市场变化

市场营销管理必须持续关注市场动态，并根据市场变化迅速调整策略以适应新的市场趋势。这种灵活性和适应性对于企业在快速变化的市场环境中保持竞争优势和领先地位至关重要。

市场营销管理在应对市场变化方面的作用，犹如一位船长在驾驶一艘大船穿越变幻莫测的海洋。市场就像是那片海洋，时而平静，时而波涛汹涌。而企业则是航行在其中的大船，作为船长的市场营销管理者，他们需要时刻关注海面的变化——市场的动态，以便及时调整航向，确保船只能够安全、顺利地到达目的地。如果海面突然起了大风浪，船长会怎么做？他肯定会立即调整航向，避开风浪，确保船只的安全。同样地，当市场出现新的变化时，市场营销管理者也需要及时调整策略，以适应这些变化。例如，近年来随着直播带货的发展，线上购物逐渐成为主流，许多商家纷纷转型，加强直播带货的建设。这就是一种灵活应对市场变化的体现。只有时刻关注市场动态，不断调整策略，企业才能在这趟“航海”中乘风破浪，顺利前行。

（7）提升组织效率

市场营销管理还涉及企业内部各个部门之间的协作与沟通。明确的市场营销目标和策略可以促使企业内部形成更加高效的工作流程和团队协作的加强，从而提升整个组织的运营效率。市场营销管理不仅是企业对外形象的展示平台，更是企业内部各部门协同合作的润滑剂。就像一支交响乐团，每个乐手（部门）都有自己独特的乐器（职能），但只有当所有乐手按照统一的乐谱（市场营销目标和策略）演奏时，才能奏出和谐而美妙的乐章（企业的高效运营）。反之，如果交响乐团中的每个乐手都按照自己的喜好随意演奏，那么整场音乐会将会一片混乱。同样，如果企业内部缺乏统一的市场营销目标和策略，各部门之间就很难形成有效的协同和合作，进而导致工作效率低下，甚至可能引发内部的矛盾和冲突。

市场营销管理的核心作用之一，是为企业内部各个部门提供明确的营销目标和策略。这就像是指挥家为交响乐团提供的乐谱，确保了每个部门都能明确自己的职责和目标，从而在工作中形成合力。例如，一家制造企业的市场部门通过市场调研发现，某种新型材料在市场上具有广阔的前景。于是，他们制定了相应的市场营销策略，并将这一目标传达给研发部门、生产部门和销售部门。研发部门着手研发这种新型材料，生产部门准备生产线以确保产品能够顺利生产，销售部门则开始与潜在客户进行沟通，为产品的上市做准备。在这个过程中，各个部门都围绕着同一个目标努力，形成了高效的工作流程和团队合作。

在市场营销管理的引领与协调下，企业内部能够构建更为紧密且高效的协作体系。这种协作不仅提高了组织整体的运营效能，还强化了企业的凝聚力和竞争力，使企业在激烈的市场竞争中更加得心应手。下面，我们将通过几个具体的案例进一步阐述市场营销管理的重要性。

案例一　苹果公司

苹果公司是全球知名的科技企业，卓越的市场营销管理是其成功的主要因素之一。苹果公司通过精准的市场定位，将产品与创新、时尚、高品质等关键词紧密绑定，从而塑造了独特的品牌形象。

每当苹果发布新产品时，都会通过精心策划的营销活动，如发布会、广告投放、社交媒体推广等，来吸引全球消费者的目光。这些营销活动不仅提升了产品的知名度，还激发了消费者的购买欲望，为苹果带来了可观的销售业绩。

苹果公司2024财年第二财季（即2024年自然年一季度）总营收为907.5亿美元。iPhone营收为459.6亿美元，可穿戴设备、家居及配件收入为79.1亿美元，大中华区收入为163.7亿美元，尽管同比下降了8.1%，但仍然占据了市场的较大份额。

案例二 星巴克咖啡

星巴克是全球知名的咖啡连锁品牌，其市场营销策略备受赞誉。星巴克通过提供高品质的咖啡饮品和舒适的用餐环境，以及举办各种各样的社交活动和会员计划，不仅使其品牌家喻户晓，更成功留住了大量的忠实顾客。同时，星巴克还充分利用社交媒体进行线上营销，与消费者保持密切互动，进一步增强了其品牌影响力。

2024财年第二季度，星巴克营收达到85.6亿美元。尽管同比有所下滑，但仍然显示出强大的市场竞争力。2024年第一季度，在中国市场，星巴克净新增门店118家，同比增长14%，表现出强劲的市场扩张态势。星巴克通过会员计划成功吸引大量顾客，2024年第一季度，星巴克中国的活跃会员规模突破2 100万名，会员总数持续增长，超过1.27亿名，表明其会员策略的有效性。2024年第一季度，星巴克中国共推出27款新品，推新数量是上一个季度的两倍，是去年同期的三倍，这种持续的产品创新策略有助于吸引和保持消费者的兴趣。

星巴克还积极利用社交媒体和数字化平台进行营销，与消费者保持密切互动，通过发布与咖啡、生活方式和文化相关的内容，星巴克在社交媒体上建立了一个庞大的线上社区，这对其品牌影响力的提升起到了关键作用。

案例三 小米公司

小米公司以其高性价比的产品而闻名，如手机、电视等。通过提供性能优越但价格相对亲民的产品，小米成功吸引了大量消费者。例如，2023年发布的小米某款旗舰手机，在保持高端性能的同时，定价策略相对合理，赢得了市场份额。

小米充分利用电商平台进行销售，通过自家的米家商城以及其他电商平台，实现了广泛的销售覆盖。在“双十一”等大促销活动期间，小米通过限时折扣、赠品等方式吸引消费者购买。小米注重培养粉丝文化，通过线上社区、论坛等与粉丝互动，收集用户反馈并用于产品改进，举办线下活动如“米粉节”，增强粉丝对品牌的忠诚度和归属感。

小米汽车作为小米生态链的一部分，充分利用小米现有的品牌影响力和用户基础进行市场推广，通过提前发布概念车、技术展示等方式，引发消费者期待和关注，结合小米的智能硬件生态，推出与汽车智能互联的解决方案，打造全方位的智能生活体验，利用小米的线上线下销售渠道，为小米汽车的预售和正式销售造势，开展用户预订活动，通过限量预订、优惠折扣等手段刺激消费者购买欲望，在微博、抖音等社交媒体平台上积极开展宣传活动，利用短视频、直播等形式展示汽车性能和特点。与知名汽车评测的关键意见领袖（key opinion leader，KOL）合作，进行产品评测和推荐，扩大品牌影响力。据小米汽车官方微博消息，小米SU7开售4分钟销量破万台，7分钟破2万台，27分钟破5万台。

1.1.2 市场营销管理面临的挑战与机遇

1. 市场营销管理面临的挑战

（1）市场变化加速

消费者的需求和行为是不断变化的，这就要求市场营销策略能够快速适应这些变化。全球化和数字化加速了市场竞争，企业必须不断创新才能保持竞争力。

在探索消费者行为与市场趋势时，我们深刻认识到，消费者的口味、偏好和需求是随着时代变迁、文化演进、社会环境等多种因素的动态变化而变化的。比如，过去人们可能更注重产品的实用性，而现在则更看重产品的个性化、品牌价值和环保属性。这就像是一个人的饮食习惯，小时候可能喜欢吃甜食，长大后可能更倾向于选择健康食品。

如果将市场营销比作烹饪艺术，市场营销者就是一位厨师，而消费者就是用餐的客人，如果客人的口味突然变了，喜欢吃的菜式不同了，厨师就必须迅速调整菜谱，做出符合客人新口味的美食。否则，客人就会不满意，而选择去别的餐厅。智能手机市场的发展轨迹就是一个很好的例证。最初，消费者可能更看重手机的通话质量和电池续航。随着时间的推移，消费者对手机的需求逐渐转变为拍照效果、屏幕品质、处理器速度等。这就要求手机制造商必须紧跟消费者需求的变化，不断更新产品线，以满足市场的新需求。

随着全球化和数字化的推进，信息流通速度显著加快，市场竞争亦愈加激烈。企业不仅要与本地竞争者争夺市场份额，还必须应对来自世界各地的强大对手。这仿佛是一场全球性的马拉松赛事，参赛者不仅需要具备快速奔跑的能力，还必须时刻留意周围竞争者的动态，以做出有效应对。

在电子商务领域，亚马逊、阿里巴巴等全球行业巨头借助数字化工具迅速扩展版图，不仅在本国市场占据领导地位，还通过跨境电商进入其他国家，给许多本土电商企业带来了巨大的竞争压力。为了保持竞争力，这些企业必须不断进行创新。市场的快速变化要求企业具备敏锐的市场洞察力和灵活的策略调整能力。只有这样，企业才能在不断变化的市场环境中立于不败之地。

（2）数据安全和隐私问题

随着数据驱动的营销策略越来越普遍，数据安全和用户隐私保护成为重要议题，企业需要遵守不断更新的数据保护的法律法规，确保营销活动的合法合规性。

在数字化时代，数据被誉为“新时代的石油”。企业为了更精准地推广产品、了解消费者的喜好，纷纷采用数据驱动的营销策略。然而，这就像在深坑中挖金矿，尽管金矿价值连城，但也有巨大的风险和隐患伴生。数据，尤其是用户数据，已成为企业营销的核心资源。但如果不能妥善保管，这些数据很可能会被不法分子窃取或滥用。就像把自己家里的钥匙随意放置在公共场所，任何人都可以取走并使用它。同样，如果企业不重视数据安全，用户的数据就可能面临泄露的风险。隐私对每个人来说都至关重要。企业在收集和使用用户数据时，必须确保用户的隐私权不受侵犯。这就像在家里举行派对，你希望客人们能够享受派对的同时，也能够尊重你的私人空间，不随意窥探你的私人物品。

近年来，多个社交平台因为未经用户同意就收集其数据而受到法律制裁，这就像是派对的组织者偷偷翻看了客人的日记，显然是不被接受的。随着数据的重要性日益凸显，各国都出台了相应的数据保护法规，要求企业在收集、存储和使用用户数据时必须遵守一系列严格的规定。对于企业来说，这就像是参加一场考试，不仅要答对所有题目，还不能触犯任何规则，否则就会受到严厉的惩罚。

欧盟的《通用数据保护条例》(*General Data Protection Regulation*，GDPR)就是一套非常严格的数据保护法规。某跨国公司因为违反了 GDPR 的规定，被处以数百万欧元的罚款，这就像是考生因为作弊被取消了考试资格，除了经济上的损失，更是给企业形象和品牌声誉带来了巨大伤害。

(3)营销成本上升

市场竞争激烈往往导致广告投放成本的上升，特别是在线广告费用持续增长，企业需要寻找更具成本效益的营销方式，以保持盈利能力。在当今的市场环境中，每家企业都渴望在消费者心中占据一席之地，为了实现这一目标，营销成了一个重要的手段，在市场竞争中不可或缺。但正如黄金地段的房租总会水涨船高，随着市场竞争的加剧，营销的成本也随之攀升。在一个繁华的市集中，摊位众多，每个摊主都想让自己的摊位更加显眼，吸引更多的顾客，为了脱颖而出，摊主可能会选择更大的摊位、更醒目的招牌或是雇用更多的人来叫卖，这一切都需要投入更多的资金。与此类似，当企业面临激烈的市场竞争时，为了在众多品牌中脱颖而出，它们不得不增加广告投放的力度和范围，从而导致广告费用的上升。

某手机品牌在发布新款手机时，选择在多个主流平台进行广告投放。鉴于同期市场上多家手机品牌均推出了新品，为了抢占市场份额，该品牌不得不加大广告预算投入，以确保广告的曝光率和点击率。随着互联网的普及，线上广告成为企业营销的重要手段。但与此同时，线上广告的费用也在持续增长，这就像在一个繁华的商业街上，随着时间的推移，店铺的租金逐年上涨。企业想要在这条街上拥有一个好的位置，展示自己，势必要支付更多的费用。

近年来，随着短视频平台的兴起，许多品牌选择在短视频平台上开展品牌营销活动。但由于广告位置有限，且众多品牌都看好这一形式，导致广告费用迅速上涨。面对营销成本的上升，企业需要寻找更具成本效益的营销方式，以确保盈利。这现状就像是消费者在超市购物时，通常会比较各个商品的价格和质量，选择性价比最高的商品。企业则需要找到那种既能带来良好营销效果，又不会造成过大经济负担的方式。比如，某服装品牌发现，通过社交媒体与网红、博主合作，进行产品推广，既可以达到广告效果，相对于传统广告投放又更为经济。于是，该品牌开始与多个有影响力的网红合作，通过他们的影响力与粉丝基础来推广新款服装，并取得了良好的市场效果。

（4）技术更新换代

随着新技术的不断涌现，传统的营销策略和方法可能迅速过时，这需要我们不断进行更新和优化。这一现象对专业的市场营销人员提出了新的挑战。他们必须不断学习和掌握新技能才能更好地适应市场的新形势。想象一下，假如你是一名探险家，身处于一片不断扩张的丛林，这片丛林就代表了技术世界，而新技术就像是丛林中不断生长的新植物，为了在这片丛林中生存下去，探险家（市场营销人员）必须时刻保持警觉，不断学习如何识别和利用这些新植物（新技术）。

近年来，大数据分析、人工智能和机器学习等技术逐渐崭露头角，对于市场营销人员来说，掌握这些技术意味着能够更精准地定位目标客户、预测市场趋势以及优化营销策略。营销策略和手段就像是探险家的装备，随着探险的深入，一些旧的装备可能不再适应新的环境，甚至可能成为探险的累赘，同样地，随着市场环境和技术环境的快速变化，一些传统的营销策略和手段也可能迅速变得不再适用。

过去，企业往往依赖传统的广告投放平台如报纸、电视和广播等来推广产品，但随着互联网的兴起，社交媒体运营、搜索引擎优化和内容营销等策略逐渐成了主流，那些仍坚持传统手段的企业可能会发现，他们的营销效果远不如采用新策略的企业。

为了适应不断变化的市场和技术环境，市场营销人员需要像探险家一样，不断地检查和更新自己的“装备”，即营销策略和工具，这不仅包括引入新的策略和工具，还包括对现有策略的持续改进和优化。例如，某电商企业原本主要依靠搜索引擎广告来吸引流量，但随着社交媒体的兴起，他们发现通过社交媒体平台进行内容营销和推广效果更佳。因此，他们开始将更多的资源投入社交媒体营销中，并不断优化其内容策略，以适应不同平台的用户特性。

2. 市场营销管理面临机遇

（1）数字化转型

数字化营销为企业开辟了更多与消费者互动的新渠道，如社交媒体、搜索引擎优化（search engine optimization，SEO）、内容营销等，通过大数据分析，企业可以更精准地了解消费者需求，并制定个性化的营销策略。在数字化时代，企业与消费者之间的互动方式正在经历一场革命，这场革命的主角就是数字化营销，它为企业开辟了与消费者沟通的新天地。想象一下，你正在筹备一场盛大的派对，希望邀请更多的人来参加。以前，你可能只能通过电话或者亲自拜访来邀请朋友，但现在，你可以通过社交媒体发布派对信息，吸引更多人的关注；还可以通过优化派对信息的搜索排名，让更多的人在搜索时能看到你的派对；甚至，可以撰写有关派对的精彩内容，吸引人们的兴趣。这就是数字化营销给企业带来的新渠道。社交媒体就像是那个能够迅速传播信息的“大喇叭”，SEO 则是那个能让你的信息在众多搜索结果中脱颖而出的“聚光灯”，而内容营销则像是那个讲述派对精彩故事的“说书人”。某时尚品牌通过在社交媒体上发布新品发布会的直播，吸引了大量年轻消费者的关注。同时，他们还通过优化官网的 SEO，使得消费者在搜索相关关键词时能够更容易地找到他们的产品。此外，他们还撰写了一系列与时尚相关的有趣内容，进一步提升了品牌的知名度和影响力。

在派对上，如果你能提前了解每位客人的喜好和口味，便能为他们提供更加贴心的服务和礼物。同样，在数字化营销中，大数据分析就像是那个能告诉你每位客人喜好的“魔法师”。通过收集以及分析消费者的数据，企业可以更深入地了解消费者的需求、偏好和行为模式。这就像是拥有一面“透视镜”，让企业能够洞察消费者的内心世界。基于这些数据，企业可以制定更加精准的营销策略，为消费者提供个性化的产品和服务。例如，一家电商平台通过大数据分析发现，其用户中存在一群对环保产品有特别偏好的消费者。于是，他们针对这群消费者推出了一系列环保主题的促销活动，并取得了非常好的销售效果。这就是大数据分析帮助企业制定个性化营销策略的一个典型范例。

（2）人工智能的应用

人工智能（artificial intelligence，AI）技术在市场营销中的应用日益广泛，例如自动化营销、智能推荐系统等，这些技术提高了营销效率和精准度。大多数的企业已经尝试采用 AI 技术优化营销策略，这表明 AI 在市场营销中的潜力巨大。AI 技术如今已经渗透到市场营销的各个环节，其中，自动化营销和智能推荐系统是两个较为典型的应用场景。想象一下，一个营销团队需要发送大量的电子邮件、短信或推送通知来宣传新产品或服务，如果手动进行，这不仅效率低下，而且容易出错。而AI技术可以通过自动化工具，精确地定时发送这些营销信息，大大提高了工作效率。这就像是有了一位高效的秘书，她不仅能记住所有客户的生日，还能在合适的时间提醒你发送祝福和优惠信息，让你永远不会错过任何一个与客户互动的机会。

当你在网上购物时，有没有注意到网站经常会推荐一些你可能感兴趣的商品？这就是智能推荐系统在起作用。它通过分析你的购物历史和浏览行为，精准地预测你可能喜欢的产品，并进行推荐。淘宝的“经常一起购买的商品”和“购买此商品的顾客也同时购买了”等的推荐，就是AI的智能推荐系统作用的结果。这种系统不仅提高了企业的销售额，还极大增强了客户的购物体验。

（3）消费者行为变化

消费者越来越倾向于选择个性化和定制化的产品或服务，这为企业提供了创新的空间。另外，可持续发展和环保意识的提升，也为企业带来了新的市场机会。在当今的消费市场中，消费者的口味和需求就像多变的天气，时刻在发生变化。这种变化虽然给企业带来了挑战，但也为企业提供了更多创新的机会。想象一下，你走进一家餐厅，不仅可以根据自己的口味选择食材、调料，甚至还可以决定菜品的摆盘和烹饪方式。这就是个性化和定制化服务的一个缩影。现代消费者不再满足于“一刀切”的产品或服务，他们更希望获得与众不同、贴合自己需求的体验。这就像每个人都希望拥有一件独一无二的定制服装，而不是在大街上随处可见的普通衣物。某运动鞋品牌推出了一款定制服务，消费者可以在线选择鞋面颜色、鞋底材质、鞋带样式等，打造出属于自己的专属运动鞋。这种服务不仅满足了消费者的个性化需求，还为企业带来了更高的附加值和利润。

随着环境问题的日益严峻，越来越多的消费者开始关注产品的环保属性和企业的可持续发展策略。这就像越来越多的人开始关心自己每天所吃的食物是否有机、是否健康一样。企业也意识到了这一点，开始将环保和可持续性融入产品或服务中。这不仅赢得了消费者的好感，还开辟了新的市场空间。例如，某化妆品品牌推出了一系列使用天然、有机原料制作的产品，并强调其包装材料都是可以回收的。这种策略不仅吸引了大量注重环保的消费者，还使该品牌在竞争激烈的市场中脱颖而出。

（4）新兴市场崛起

亚洲、非洲和拉丁美洲等新兴市场的消费能力也在逐渐提升，这为企业提供了更广阔的市场空间。这些新兴市场的消费者往往更加年轻、更为活跃，对新产品和新服务的接受度更高。新兴市场，就像是正在茁壮成长的小树苗，它们代表着未来的潜力和希望。亚洲、非洲和拉丁美洲等地区，正是这些“小树苗”中的佼佼者，它们的消费能力在不断地攀升，为企业家们描绘出了一片更加辽阔的商业疆土。

过去，这些地区的消费者可能因为经济水平有限，对很多商品和服务只能望而却步，但当他们有了更多的可支配收入，就会愿意去尝试和购买更多的产品。以东南亚一些国家为例，随着中产阶级的崛起，越来越多的人开始购买汽车、智能手机等高端消费品，这为众多国际品牌开辟了新的市场机遇。

如果说成熟市场的消费者像是沉稳的长者，那么新兴市场的消费者就更像是充满活力与好奇心的年轻人。他们大多数年纪较轻，因此更加愿意接受新鲜事物，对于新产品和服务有着很高的接受度。这种心态就像是孩子们对于新玩具的渴望和好奇，他们总是想要尝试新奇的事物，探索未知的领域。

在非洲的某些国家，移动支付和电子商务正在迅速普及，年轻的消费者很快接受了这种便捷的支付方式，并开始在手机上进行购物，这为很多科技企业提供了巨大的发展空间。

总之，在当前环境下，企业市场营销管理既需要应对快速变化的市场、数据安全和隐私、成本上升和技术更新等挑战，也需要抓住数字化转型、AI技术应用、消费者行为变化和新兴市场崛起等机遇。企业必须不断创新和调整策略，以在激烈的市场竞争中脱颖而出。

1.2 创新途径的概念、种类与意义

在市场营销管理的实践中，创新途径的探索与实施显得尤为关键。创新途径是帮助企业突破传统的营销框架，使其在竞争激烈的市场环境中保持领先地位的重要力量。下面，我们将深入探讨创新途径的概念、种类及其带来的深远影响。

创新途径是指在市场营销活动中，通过引入新的思维、方法或技术，以达成更有效的市场推广、品牌建设、客户关系维护等目标的过程。这种创新涉及产品的设计、定价、促销、渠道等多个方面，能够为企业创造更大的市场价值。

创新途径的范畴涵盖的种类繁多，从简单的产品改良到复杂的商业模式创新，都在其中。例如，产品创新可以通过开发新功能、优化用户体验等方式提升产品的竞争力；定价创新则可以通过差异化定价、动态定价等方式实现更精准的市场定位；促销创新则可以通过线上线下结合、跨界合作等方式吸引更多消费者的关注。此外，渠道创新、品牌创新、服务创新等也是创新途径的重要组成部分。

创新途径的重要性在于其能够助力企业更有效地适应市场动态，增强市场竞争力。在市场快速演变的背景下，传统的营销策略可能不再适用，创新途径则为企业开辟了新的市场机遇和拓展空间。此外，创新途径同样能够提升企业的品牌形象和知名度，加深消费者对品牌的认同感与忠诚度。企业通过持续创新，能够塑造独特的竞争优势，在激烈的市场竞争中保持领先地位。

综上所述，创新途径使企业能够更从容地面对市场挑战，把握市场机遇，并确保持续而稳定地发展。因此，企业必须积极寻求并实施多种创新途径，以持续增强其市场竞争力。

1.2.1 创新途径的定义及分类

1. 创新途径的定义

创新路径是指引实现创新目标的明确路线和方法，它涵盖了从识别问题到解决问题的整个过程，包括问题的识别、研究、设计、实验以及最终的生产与销售等各个阶段。此概念宛如为创新者绘制的一幅详尽地图，引领他们从起点（问题的发现）直至终点（问题的解决），并在这一过程中达成创新。

问题的识别是创新途径的起点。这就像是探险家在茫茫丛林中找到了一个值得探索的目标，比如一片未知的古迹或宝藏。同样，创新者需要在复杂多变的市场或技术环境中，敏锐地捕捉到那些有价值、有潜力的问题或需求。接下来是研究阶段，这就像是探险家开始详细规划探险路线，准备必要的装备和工具。创新者在这个阶段会对问题进行深入的研究，了解问题的本质、背景和影响因素，以便为后续的设计和开发奠定基础。设计阶段则如同探险家根据地形和条件设计出最佳的探险路线。创新者在这个阶段会基于研究结果，开始构思和设计出解决问题的方案或产品，确保它们既实用又富有创新性。实验阶段就像是探险家在实际探险中对路线的可行性进行验证。创新者会在这个阶段通过实验来验证设计方案的可行性和有效性，找出可能存在的问题并进行改进。最终的生产和销售环节，就好比探险家成功找到目标并返回，将探险的收获分享给世界。创新者的产品或服务在这个阶段会进入市场，接受消费者的检验，实现其商业价值。假设一家手机厂商发现用户在使用手机时，经常因为手机电量不足而感到困扰，于是，他们决定研发一款续航能力更强的手机来解决这个问题。他们从问题的识别开始，通过研究市场上现有的手机电池技术和用户的使用习惯，设计出了一款采用新型电池材料的手机。在经过多次实验和改进后，这款手机终于成功上市，并因其出色的续航能力而受到了消费者的热烈欢迎。这就是一个典型的创新途径的实例。

2. 创新途径的分类

（1）产品创新

创新一般通过改进或设计新产品来推动，例如开发具有新功能、新设计的迭代产品，可以提升用户体验和产品竞争力。

具体来说，产品创新可以从多个方面入手。一方面，我们可以通过增加新功能来让产品更加实用、好用。比如，智能手机在不断迭代中，从最初的通话功能，逐渐加入了摄像头、触摸屏、高性能处理器等，使得手机不再只是一个通话工具，而成为人们生活中的得力助手。另一方面，新设计也是产品创新的重要手段，一个好的设计不仅可以提升产品的美观度，还能改善用户的使用体验。比如，某些汽车品牌在设计新车型时，会运用流线型车身和人性化内饰，让驾驶者在驾驶过程中既能感受到速度带来的快感，也能享受到舒适便捷的操控体验。

近年来，非常火热的智能家居产品就是产品创新的一个典型案例。这些产品通过整合互联网、物联网等新兴技术，实现了远程控制、语音交互、自动化场景设置等功能，为用户带来了前所未有的便捷生活体验。比如，智能音箱不仅可以播放音乐，还能成为家庭的控制中心，通过语音指令控制灯光、空调等家电；而智能门锁则提供了多种开锁方式，包括指纹识别、密码输入以及通过手机 App 远程控制，显著提升了家庭的安全水平。

（2）管理创新

管理创新涉及企业管理模式、组织结构以及流程的优化，以提高企业的运营效率和响应市场变化的能力。这些举措无疑是在构建一个更加灵活与高效的运营体系，能够提升企业的运营效率，并使企业拥有应对市场快速变化的能力。这一过程就像一支足球队在赛场上不断调整战术布局与球员阵容，以精准地适应对手的策略变化和场上动态，从而更有效地掌控比赛节奏，最终实现胜利。

管理模式的创新是企业成功的关键，这就像是足球队的教练会根据球员的特点和对手的实力，设计出新的战术体系，企业同样需要根据自身的特点和市场环境，探索适合的管理方式。比如，有些企业可能会采用扁平化管理，减少层级，加快决策速度，使企业更加灵活高效。

组织结构的不断优化也至关重要，这好比是足球队在比赛中会根据局势调整球员的位置和角色，确保每个球员都能发挥出自己的最大优势。同样地，企业也需要根据业务发展和市场变化，调整部门的设置和职责，确保资源得到合理分配，提高协同效率。

流程的优化也不容忽视，这可以比作足球队在组织进攻和防守时，会通过精细的传球和跑位来制造进攻机会和防止对方得分，企业在运营过程中，也需要对各项业务流程进行梳理和优化，消除不必要的环节和浪费，提升工作效率和消费者满意度。

例如，某电商企业在发展过程中，发现传统的组织结构和管理模式已经无法满足快速增长的业务需求，于是，他们采用了去中心化的组织结构，将权力下放给各个业务单元，同时优化了订单处理、物流配送等关键业务流程，这些创新举措大大提高了企业的运营效率和市场响应速度，使其在激烈的竞争中脱颖而出。

（3）营销创新

通过新颖的营销策略和手段来吸引消费者并维系与他们的关系，例如利用社交媒体、大数据分析等进行精准营销。在这个信息化、数字化的时代，营销创新显得尤为重要，它就像是厨师的秘制酱料，能够让一道普通的菜肴变得令人回味无穷，吸引食客一再光顾。

具体来说，营销创新可以通过多种方式实现，其中利用社交媒体和大数据分析进行精准营销就是两个典型的例子。

社交媒体如今已成为人们日常生活中不可或缺的一部分，它就像是一个大型的聚会场所，聚集了各种各样的人群，企业可以通过在社交媒体上发布有趣、有吸引力的内容，与潜在消费者进行互动，从而提升自己的品牌知名度和美誉度。比如，某快时尚品牌在社交媒体上发布了一系列时尚穿搭指南，并邀请粉丝进行互动评论，这不仅吸引了大量年轻人的关注，还成功地将这些关注转化为实际的销售。

而大数据分析则像是一台显微镜，能够帮助企业更精准地了解消费者的需求和喜好，通过对消费者的购物记录、浏览行为等数据进行深入分析，企业可以为消费者推荐更加符合他们需求的产品和服务。

（4）商业模式创新

商业模式创新即重新设计或构建企业的商业运作方式，例如通过改变价值链、调整收益模式，以创造新的价值主张和竞争优势。这就像是重新组装一辆汽车，不仅更换了引擎，还可能调整了车身结构，甚至换上了全新的轮胎，目的是让这辆汽车在赛道上跑得更快、更稳。

具体来说，商业模式创新可以涉及多个方面，其中改变价值链和调整收益模式是两大关键。价值链，就像是一条生产线，从原材料到最终产品，每一个环节都紧密相连。在商业模式创新中，企业可能会重新调整这些环节，比如采用新的供应商、引入新的生产技术，或者改变产品的销售渠道，这些调整都是为了提高效率、降低成本，或者提供更独特的产品和服务。调整收益模式，就好比是改变餐厅的收费方式，以前可能是按菜品收费，现在可能会推出自助餐、会员制或者套餐等新的收费模式，这些调整都是为了更好地满足客户需求，同时提高企业的盈利能力。

例如，随着数字阅读的兴起，某家传统的出版社发现，纸质书销量逐渐下滑，为了应对这一挑战，出版社进行了商业模式创新。首先，他们改变了价值链，与电子书平台合作，将纸质书内容数字化，并通过这些平台销售电子书。这样，他们不仅扩大了销售渠道，还降低了库存和物流成本。其次，他们调整了收益模式，推出了订阅服务，让读者可以按月或按年支付费用，无限制地阅读他们平台上的所有电子书，这种新的收益模式不仅提高了客户的黏性，还为他们带来了稳定的收入来源。

再如，共享单车企业也是一种商业模式创新的典范，他们通过重新设计价值链，将传统的自行车制造、租赁和销售环节整合在一起，形成了一个全新的服务模式。同时，他们通过调整收益模式，如采用低价租赁、押金制度等，迅速吸引了大量用户，实现了快速扩张。

1.2.2 创新途径在市场营销中的价值体现

创新途径在市场营销中的价值体现主要体现在以下几个方面：

1. 增强市场竞争力

通过创新途径，企业能够开发出独特的产品或服务，从而在市场上脱颖而出。创新是指引入新的思想、方法或产品，以改进现有流程或创造新的市场机会。在产品或服务开发中，创新可以帮助企业提供与众不同的解决方案，满足消费者未被满足的需求或提供更优质的体验。

创新途径包括技术创新、设计创新、商业模式创新等。技术创新涉及使用新技术来改进产品性能；设计创新是指产品外观或用户体验的新颖设计；商业模式创新涉及新的市场定位或收入来源。企业通过创新途径开发产品或服务，就像是探险家在未知领域寻找宝藏，需要勇气和智慧，最终可能发现一片新大陆。

通过创新，企业可以开发出独特的产品或服务，这有助于企业在市场上找到自己的定位。例如，环保品牌通过使用可持续材料和生产方式，可以吸引对环保有高度关注的消费者群体。Patagonia 是一家知名的户外服装公司，以其对环境的承诺而闻名，该公司使用回收的聚酯纤维和有机棉制作服装，减少对环境的影响。Patagonia 还鼓励消费者修补旧衣物而不是购买新的，以减少浪费。通过透明地展示其供应链和生产过程，Patagonia 建立了一个环保先锋的品牌形象，吸引了那些关心可持续发展的消费者。Ecolife 则是一个专注于可持续生活方式的品牌，提供各种使用天然材料制成的产品，如竹牙刷、可降解的垃圾袋等，这些产品不仅对环境友好，而且设计美观，满足了现代消费者的需求。Ecolife通过强调产品的环保属性和美学设计，吸引了那些既关心环境又追求生活品质的消费者。

值得注意的是，创新产品或服务的开发需要紧密围绕消费者需求，通过市场调研和消费者反馈，企业可以发现新的市场机会，并开发出满足这些需求的创新产品。创新往往伴随着风险，如技术失败、市场接受度低等。企业在进行创新时，需要进行风险评估和管理，以确保创新项目的成功。创新不仅仅是一次性的活动，而是一个持续的过程，企业需要建立创新文化，鼓励员工提出新想法，并持续投资于研发，以保持在市场上的竞争力。

2. 提升品牌形象

创新途径有助于企业塑造独特且富有吸引力的品牌形象。品牌形象反映了消费者对企业及其产品或服务的总体印象和情感联结。一个独特且富有吸引力的品牌形象可以帮助企业在消费者心中建立差异化的认知，提升品牌忠诚度和市场份额。

市场营销创新途径（如内容营销、社交媒体营销、跨界合作等）可以帮助企业以新颖、有趣的方式传达品牌理念和价值观，吸引消费者的注意力，加深品牌印象。正如艺术家通过独特的风格和技巧创作出引人入胜的艺术品，企业也可以通过市场营销创新途径塑造出独特且富有吸引力的品牌形象，让消费者为之驻足。

苹果公司以其简洁、创新的产品设计和“Think Different”的品牌理念，塑造了一个高端、前卫的品牌形象，苹果的广告和营销活动总是充满创意，如“Get a Mac”系列广告，以幽默的方式突出了Mac电脑的优势。

耐克通过“Just Do It”的品牌口号，鼓励人们挑战自我、追求卓越，耐克的营销活动常常与体育明星、社会活动等结合，传递积极向上的品牌精神。

宜家以其独特的产品设计、亲民的价格和自助式的购物体验，塑造了一个温馨、实用的家居品牌形象，宜家的营销活动常常以创意和趣味性为特点，如“IKEA Place”AR的应用，让消费者在购买前就能预览家具的摆放效果。

有些品牌则通过科技感、未来感的营销手段，展现其创新精神，如特斯拉的自动驾驶技术演示。特斯拉通过发布自动驾驶技术的视频演示，直观地向消费者展示了其先进的自动驾驶功能。视频中通常会展示汽车在复杂的道路条件下，如交通拥堵、变换车道、识别交通信号等情况下的自主驾驶能力。

特斯拉在营销中强调其自动驾驶技术的安全性，通过展示自动驾驶如何减少人为错误，提高行车安全，传递了一种未来交通的愿景，这增强了消费者对品牌的信任感。特斯拉通过社交媒体平台和官方网站发布自动驾驶的更新和演示视频，利用网络的传播力量迅速扩大影响力，这种在线营销策略符合科技品牌的现代形象。

特斯拉 CEO 埃隆·马斯克（Elon Musk）的个人品牌也对营销起到了积极作用，他在社交媒体上的活跃和对科技未来的愿景描述，为特斯拉的自动驾驶技术增添了更多的未来感和信任度。特斯拉邀请潜在客户和现有车主体验自动驾驶技术，通过试驾活动让消费者亲身体验科技带来的便利和安全，这种体验营销策略有效地提升了品牌形象和产品认知度。

特斯拉不断更新和改进其自动驾驶技术，并通过营销活动及时传达这些更新，展现其持续创新的精神，这种持续的技术迭代和更新，使品牌形象始终保持现代和前沿。在广告和演示中，特斯拉使用具有科技感的视觉元素，如未来派的界面设计、流畅的动画效果等，这些元素加强了品牌的未来感和创新形象。

特斯拉通过教育性的内容营销，阐释自动驾驶技术的工作原理，以及它如何提升驾驶的安全性和便捷性，这种教育性的营销帮助消费者理解技术的价值，并建立起对品牌的信任。

一个引人入胜的品牌故事可以增强品牌形象的吸引力，市场营销创新途径可以帮助企业讲述引人入胜的品牌故事，如通过微电影、互动体验等方式，能够让消费者在情感上与品牌产生共鸣。

在进行市场营销创新时，企业需要确保所有营销活动都与品牌的核心价值和个性保持一致。这样，消费者在不同的营销触点上都能获得一致的品牌体验，从而加深对品牌的认知和好感。

3. 扩大市场覆盖率

网络和社交媒体作为新兴的营销渠道，相当于现代商业环境中的高速公路，它们为企业提供了快速、广泛地传播信息和品牌价值的途径。网络和社交媒体就像一个强大的扩音器，让企业的声音可以被更多的人听到，无论他们身在何处。

以多芬的真美（Real Beauty）运动为例。多芬通过社交媒体平台推广其“真美”广告系列，强调真实、多样的女性美，引起了广泛的共鸣和讨论，显著提高了品牌的市场覆盖率和情感联系。红牛的红牛平流层计划（Red Bull Stratos）。红牛通过直播极限运动员 Felix Baumgartner 从平流层跳伞的壮举，利用网络直播和社交媒体分享，吸引了全球数百万观众的关注，极大地提升了品牌的知名度和市场覆盖率。

随着互联网的普及，消费者越来越多地依赖在线渠道获取信息进行购买，企业通过在线广告、SEO、社交媒体营销等方式，可以更容易地触达潜在客户。社交媒体平台提供了与消费者直接互动的机会，企业可以通过回复评论、参与话题讨论、举办在线活动等方式，与消费者建立更紧密的联系。

通过网络和社交媒体，企业不再局限于地理位置，可以轻松地进入新市场和新客户群体。这种“无边界”的市场覆盖为企业提供了一个具有全球性的舞台。

企业可以通过创造有价值的内容，如博客文章、视频、图像等，吸引目标受众的注意力，并在社交媒体上分享这些内容，从而增加品牌的可见度和覆盖率。

利用网络和社交媒体的另一个优势是能够收集大量的用户数据，企业可以分析这些数据来优化营销策略，提高广告投放的精准度和效果。

随着智能手机的普及，移动营销成为扩大市场覆盖率的另一个重要渠道。企业可以通过移动应用、短信营销、移动广告等方式，随时随地与消费者保持联系。

通过利用网络和社交媒体等新的营销渠道，企业可以以更低的成本、更快的速度和更广的范围触达潜在客户，建立品牌形象，扩大市场覆盖率。同时，这些渠道也为企业提供了一个与消费者直接互动和沟通的平台，有助于更好地了解消费者需求，优化产品和服务。

4. 提高消费者忠诚度

通过创新途径，企业可以提供更加个性化的服务和互动体验，从而增强消费者的忠诚度。例如，根据消费者的个性化需求和喜好提供定制化的产品或服务，能够让消费者感受到企业的关注和重视，进而建立长期稳固的客户关系。

企业需要通过市场调研来了解目标消费者的需求和喜好，这可以通过问卷调查、一对一访谈、社交媒体分析等多种方式进行。收集到的数据需要经过分析，以识别消费者行为模式、偏好和需求，利用大数据和人工智能技术可以帮助企业更准确地理解消费者。根据分析结果，设计产品或服务的个性化选项，这包括不同的颜色、尺寸、功能、材料等。

开发一个对用户友好的定制化平台，如网站、移动应用或实体店内的定制化工具，让消费者能够轻松选择和定制他们的产品。利用消费者数据提供个性化推荐，例如，美国电商平台亚马逊根据用户的购物历史推荐书籍，服装品牌根据用户的尺寸和风格偏好推荐服装。眼镜品牌 Warby Parker 提供在线虚拟试戴服务，消费者可以上传自己的照片，试戴不同的眼镜框架，然后根据喜好进行定制。

5. 促进产品销售

创新途径可以使产品更具吸引力，提高用户满意度，进而促进产品销售，例如，通过提供与产品或品牌相关的互动体验，让消费者亲身感受产品的价值和优势，从而增加他们对产品的认知和购买意愿。以下是一些营销理论依据。

根据感知价值理论（perceived value theory），消费者对产品的感知价值是其购买决策的关键因素。创新途径可以通过提供独特的功能、设计或技术，增加产品的感知价值，从而提高其吸引力。

用户体验（user experience，UX）理论强调，用户对产品或服务的整体感受会影响其满意度和忠诚度。企业通过创新的互动体验，如增强现实（augmented reality，AR）或虚拟现实（virtual reality，VR）演示，企业可以提供沉浸式的用户体验，加深消费者对产品价值的理解。

互动营销（interactive marketing）理论认为，通过与消费者的双向互动，可以提高他们对品牌的参与度和忠诚度。例如，通过社交媒体平台的互动游戏或竞赛，消费者可以更深入地了解产品特性，增加购买意愿。

认知失调理论（cognitive dissonance theory）指出，当消费者的行为与他们的态度或信念不一致时，会产生不适感。通过让消费者亲身体验产品，可以减少他们的认知失调，增加与产品相关的正面态度，从而促进购买行为发生。

根据技术接受模型（technology acceptance model，TAM），消费者对技术的接受程度受到其感知易用性和感知有用性的影响。创新途径，如提供用户友好的界面和直观的产品演示，可以提高消费者对产品的感知易用性和有用性，促进其接受和购买。

体验营销（experiential marketing）理论强调通过创造感官、情感、思考、行动和关联的体验来吸引消费者。例如，苹果零售店提供的产品试用体验，使消费者能够亲身感受产品的设计和功能，增加购买意愿。

情感营销（emotional marketing）理论认为，情感是影响消费者购买决策的重要因素。通过创新的营销活动，如感人的故事讲述或情感共鸣的广告，企业可以触动消费者的情感，建立情感联系，提高产品吸引力。

社会认同理论（social identity theory）指出，个体的自我概念部分来源于他们所属的群体。通过与特定社群或文化相关的创新营销策略，企业可以增强消费者的社会认同感，从而提高他们对品牌的忠诚度和购买意愿。

在消费者决策过程（consumer decision process）中，创新途径可以帮助消费者在问题识别、信息搜索、评估替代方案、购买决策和购后行为等阶段更有效地评估产品，增加购买的可能性。

品牌共鸣（brand resonance）理论指出，当品牌与消费者的信念、价值观和需求产生共鸣时，可以建立强烈的品牌忠诚度。通过创新的营销策略，企业可以展示其品牌价值和个性，与消费者建立共鸣。

6. 降低成本并提高效率

创新途径在市场营销中的应用不仅可以提高企业的竞争力，还能有效降低成本并提高效率。

通过大数据分析，企业能够收集和分析消费者的在线行为、购物历史和偏好等数据，实现对目标客户群体的精准定位，这种精准营销策略有助于企业避免向非目标群体投放广告，从而减少无效的营销支出。

在进行市场营销决策时，企业可以应用成本效益分析来评估不同营销策略的成本和收益。创新途径，如利用数字营销工具和社交媒体平台，通常具有较低的边际成本和较高的投资回报率，从而提高营销活动的效率。

通过精准定位目标客户，企业可以更好地理解客户的长期价值，即客户终身价值。投资于提高客户忠诚度和满意度的营销活动，虽然短期内可能增加成本，但长期来看能够带来更高的客户留存率和复购率，降低客户获取成本。

利用创新途径,企业可以优化其营销组合。例如通过在线渠道直接销售产品,减少分销成本；或者通过社交媒体进行促销，降低广告成本。

基于市场和消费者行为的实时数据分析，企业可以实施动态定价策略，调整产品价格以最大化收益，同时避免因定价过高而失去潜在客户。

营销资源浪费是许多企业面临的问题。通过创新的营销途径，如自动化营销工具和个性化电子邮件营销，企业可以减少对不响应客户的营销资源投入，从而降低成本。

创新的营销途径可以帮助企业通过提高营销活动的针对性和效率来降低顾客获取成本。同时，通过提供个性化服务和增强客户体验，企业可以降低顾客保留成本，因为满意的客户更有可能长期忠诚。

第 2 章　市场营销管理的理论基础

市场营销管理的理论基础广泛而深厚，它融合了多个学科领域的知识和理论，为企业提供了理解和应对市场挑战的重要框架。市场营销管理的核心在于深刻理解并满足消费者需求。这源于消费者行为学的理论，它研究消费者的购买决策过程、需求特点以及影响因素。市场营销管理者需要深入了解消费者的心理、文化和社会背景，以便制定有效的市场策略。

市场细分和目标市场选择是市场营销管理的基础。市场细分理论强调将整体市场划分为具有相似需求和特征的子市场，以便企业能够更精准地定位自己的目标市场。目标市场选择则涉及评估不同子市场的吸引力，并确定企业能够最有效地满足其需求的市场。

竞争分析也是市场营销管理的重要组成部分。企业需要了解竞争对手的产品、价格、促销和分销策略，以便制定出有效的竞争策略。竞争理论（如波特五力模型等）为企业提供了评估市场竞争态势和制定竞争策略的工具。

市场营销组合是市场营销管理中的关键概念，它包括了产品、价格、促销和分销四个要素。这四个要素需要相互协调，以便实现企业的营销目标。产品策略关注产品的设计和开发，以满足消费者的需求；价格策略则涉及确定产品的定价方式，以实现利润最大化；促销策略关注通过各种手段提高产品的知名度和吸引力；分销策略则关注如何将产品有效地传递给消费者。

市场营销管理还需要考虑社会责任和伦理问题。随着消费者对社会责任和可持续发展的关注度不断提高，企业需要将其纳入营销战略中。这包括关注环境保护、支持公平贸易、尊重消费者权益等方面。

2.1 传统市场营销管理理论

市场营销管理作为企业管理的重要组成部分，一直以来都受到广泛关注和深入研究。传统市场营销管理理论为企业提供了一套系统的框架和方法，以指导企业在激烈的市场中实现资源的优化配置和竞争优势的显著提升。这些理论主要包括市场营销组合理论、市场细分与目标市场定位等。

市场营销组合理论，也称为 4P 理论，由产品（product）、价格（price）、地点（place）和促销（promotion）四个要素构成。这一理论强调企业应根据市场需求和竞争态势，通过合理配置这四个要素，实现市场营销目标。产品要素关注产品的设计、功能和品质；价格要素关注产品的定价策略；地点要素关注产品的分销渠道和分销网络；促销要素关注产品的推广和宣传手段。通过综合运用这四个要素，企业可以制定有效的市场营销策略，提升市场竞争力。

市场细分与目标市场定位是市场营销管理理论的另一个重要方面。市场细分是指将整个市场划分为若干个具有相似需求和特征的子市场，这一过程有助于企业更好地了解市场结构和消费者需求。目标市场定位则是企业根据自身的资源和能力，选择一个或多个具有发展潜力的子市场作为目标市场，并制定相应的市场营销策略。通过市场细分与目标市场定位的双重作用，企业可以更加精准地满足消费者需求，从而提高市场营销的效果。

然而，随着市场环境的变化和消费者需求的多样化，传统市场营销管理理论也面临着一些挑战。例如，互联网和移动技术的普及使得消费者获取信息的渠道更加多样化，传统的促销手段可能不再有效；同时，消费者对于产品的个性化和定制化需求也在不断增加，要求企业更加注重产品的创新和差异化。因此，企业需要在传统市场营销管理理论的基础上，不断探索和创新，以适应新的市场环境和消费者需求。

本节将进一步挖掘传统市场营销管理理论的深层次内容和实践应用的价值，并分析其在新时代背景下的局限性和改进方向。同时，我们也将介绍一些新兴的市场营销管理理论和方法，如客户关系管理、体验营销等，以帮助企业更好地应对市场挑战，实现可持续发展。

2.1.1 市场营销的经典基础理论

1. 4P 理论

1960 年，麦卡锡（Jerome McCarthy）教授在其《基础营销学》第一版中，第一次提出了著名的“4P”营销组合经典模型。这一理论的提出，简化了市场营销的复杂性，为企业提供了一个清晰且实用的营销框架，4P 理论迅速被广大营销经理和学者接受，并成为营销学中的基本理论之一，对后续的市场营销理论和实践产生了深远的影响。

（1）产品

产品是指企业提供给市场以满足客户需求的东西，这可以是有形的产品，也可以是服务、想法或者它们的组合，产品是市场营销的核心，一个优秀的产品不仅要有高质量和实用性，还要具备与众不同的特点，以便在竞争激烈的市场中脱颖而出。产品的设计、功能、品质、品牌和包装等因素都会直接影响消费者的购买决策。因此，企业需要密切关注市场动态和消费者需求，不断优化产品以满足市场的变化。

（2）价格

价格是指客户购买产品时的价格，包括折扣、支付期限等。价格决策与企业的利润、成本补偿和是否有利于产品销售等问题密切相关。价格是市场营销中非常敏感的因素，它直接影响到企业的利润和客户的购买成本，合理的定价策略能够平衡企业的盈利目标和消费者的支付能力，从而促成交易，价格还能作为市场定位的一种手段，高价可能意味着高端、奢华，而低价则可能吸引对价格敏感的客户。

（3）渠道

渠道指产品从生产企业流转到用户手上全过程中所经历的各个环节，它对扩大销售、提高经济效益起着重要的作用。渠道决定了产品如何到达消费者手中，一个有效的分销渠道能够确保产品在适当的时间、适当的地点以适当的数量出现在消费者面前，渠道的选择和管理对于降低销售成本、提高市场覆盖率以及增强市场竞争力至关重要。随着电子商务和物流技术的发展，渠道的选择也变得更加多样化和复杂化。

（4）促销

促销是指企业宣传、介绍其产品和说服、诱导客户购买其产品所进行的种种活动，促销是刺激消费者购买行为的重要手段，通过广告、销售促进、公共关系和人员推销等促销活动，企业可以提高产品的知名度和美誉度，激发消费者的购买欲望。有效的促销活动能够突破销售瓶颈，扩大市场份额，同时也有助于塑造和提升品牌形象。

2. 4C 理论

4C 理论是由美国营销专家劳特朋（Robert F. Lauterborn）教授在 1990 年提出的，它以消费者需求为导向，重新设定了市场营销组合的四个基本要素：客户（customer）、成本（cost）、便利（convenience）和沟通（communication）。

4C 理论中的四个要素是相互关联、相互影响的：客户要素强调深入理解消费者需求，企业应从消费者角度出发提供产品或服务。成本要素不仅包括生产成本，更重视消费者的购买成本，要求定价策略兼顾消费者购买能力和企业盈利。便利要素强调为消费者提供购物和使用便利，包括便捷的购买渠道和完善的售后服务。沟通要素强调企业与消费者之间应进行有效的双向沟通，建立真诚互信的关系。4C 理论的四个要素相互关联，了解客户需求是市场营销的出发点，成本要素基于客户需求确保产品价格合理，便利是满足客户需求的重要手段，有效沟通能加深企业对客户的了解并建立稳定关系。

3. 4R 理论

4R 理论是由美国学者唐·舒尔茨（Don E. Schultz）在 20 世纪 90 年代提出的，该理论以关系营销为核心，重在建立客户忠诚关系。下面将详细解释 4R 理论中的每个要素，并进一步探讨它们之间的关系和作用原理。

（1）关联（relevancy）

关联是指企业与客户之间建立起的紧密的联系，在竞争性市场中，由于顾客具有动态性且忠诚度可能会变化，因此与顾客建立关联显得尤为重要，这种关联应该是一种互助、互求、互需的关系，旨在将客户与企业紧密地联系在一起，从而减少顾客的流失并提高他们的忠诚度。

（2）反应（reaction）

反应强调的是企业对市场变化和客户需求的快速响应能力，在相互影响的市场中，企业需要站在客户的角度，及时倾听他们的希望、渴望和需求，并迅速做出反应来满足这些需求，这种快速响应不仅有助于提升客户满意度，还能为企业创造更多的市场机会。

（3）关系（relationship）

关系营销是4R理论的核心组成部分，它强调的是与客户建立长期、稳定的关系，通过与客户进行持续的沟通和互动，企业可以深入了解客户的需求和期望，并据此提供更加个性化的产品和服务。这种长期关系的建立有助于提升客户忠诚度和满意度，从而为企业带来持续的业务增长。

（4）回报（reward）

回报是指企业为客户提供有价值的产品和服务后所获得的回报，这既包括经济上的回报，如销售收入和利润增长，也包括客户满意度提升、品牌形象增强等非物质回报。追求回报是企业营销活动的最终目的，也是衡量营销活动成功与否的重要指标。

通过建立与客户的关联，企业能够更准确地捕捉客户的需求变化，并快速反应，提供符合客户期望的产品和服务，这种关联和反应的良性循环有助于增强客户对企业的信任和依赖。与客户建立长期稳定的关系可以为企业带来持续的回报。满意的客户更有可能成为忠诚客户，持续购买企业的产品和服务，并为企业带来口碑传播效应，这种长期关系的维护需要企业持续投入精力和资源，但最终会转化为可观的经济回报和品牌形象提升。

4R理论中的四个要素相互关联、相互促进，共同构成了一个完整的营销体系，通过与客户建立关联、快速反应客户需求、维护长期关系和追求合理回报，企业能够在竞争激烈的市场中脱颖而出，实现持续稳健的发展。

4. 波特五力分析模型

波特五力分析模型是由迈克尔·波特（Michael Porter）于 20 世纪 80 年代初提出的，它是一种用于分析行业竞争态势的有效工具。这个模型认为，一个行业的竞争格局由五种基本力量共同决定，这些力量影响着行业的吸引力以及现有企业的竞争战略决策。下面将详细解释这五种力量。

（1）同行业竞争

这是指同一行业内，提供相似产品或服务的企业之间的竞争，竞争的激烈程度取决于多种因素，如市场份额、产品差异化、品牌忠诚度等。比如一群狮子在草原上争夺同一只猎物，每只狮子都试图抢到最大的一块肉，这里的狮子就像是行业内的竞争者，而猎物就是市场份额和客户。智能手机市场就是一个高度竞争的行业，苹果、三星、华为、小米等品牌之间为了争夺市场份额，不断推出新功能和设计来吸引消费者。

（2）供应商议价能力

这指的是供应商在提高原材料价格或降低产品质量方面对企业施加压力的能力。在半导体行业中，芯片制造商对芯片的价格有很高的议价能力，因为芯片是电子设备的关键组件，且制造技术复杂、替代成本高昂。

（3）购买者议价能力

这是指购买者在压低价格或要求更高质量产品方面的能力。在菜市场，如果顾客（购买者）知道哪种菜更便宜、更新鲜，他们就有能力跟摊主（企业）讨价还价。在汽车销售行业，大型企业或政府采购部门往往拥有更强的议价能力，因为它们购买量大，可以要求更优惠的价格和额外的服务。

（4）潜在进入者的威胁

即新进入市场的竞争者可能带来新的产能和资源，从而改变行业的竞争格局。例如，一片森林里突然迁入了一群新的狮子，它们会与原住狮子争夺猎物，导致每只狮子分到的食物减少。在共享单车行业，新的竞争者如雨后春笋般涌现，它们带来了新的资金和技术，加剧了市场竞争。

（5）**替代品的威胁**

替代品是指能够满足相同或类似需求的不同产品或服务，它们的出现可能对现有产品构成威胁。电子书和纸质书之间的竞争就是一个典型的替代品威胁的例子，随着电子书阅读器的普及，越来越多的人选择阅读电子书而非纸质书，这对传统出版业构成了挑战。

通过波特五力分析模型，企业可以全面了解自身所处的行业竞争环境，从而制定出更加明智的市场竞争策略。

5. SWOT 分析

SWOT 分析是一种常用的战略规划工具，它可以帮助企业或组织对自身的内外部环境进行全面的审视和评估，下面将详细解释 SWOT 分析的各个部分。

（1）**优势**（strengths）

优势是指企业或组织在资源、技术、品牌、市场份额等方面相对于竞争对手所具有的长处和有利条件。如果把一个企业比作一个武士，那么优势就是这个武士的锋利宝剑和坚固铠甲，让他在战斗中更具胜算。苹果公司的优势之一是其强大的品牌影响力和创新能力。这使得苹果产品在市场上具有很高的辨识度和忠诚度，每次新产品发布都能引发消费者的热烈追捧。

（2）**劣势**（weaknesses）

劣势是指企业或组织在运营、管理、资源等方面存在的不足和短板，这些劣势可能会影响到企业的竞争力和市场表现。劣势就像是武士的软肋或者未受保护的部位，容易被敌人攻击。某家餐饮连锁品牌在口味和服务上受到好评，但由于其供应链管理不善，导致该连锁品牌的食材成本过高，这就是它的一个明显劣势。这个劣势可能会影响到餐厅的利润和扩张速度。

（3）**机会**（opportunities）

机会是指外部环境中有利于企业或组织发展的因素或趋势，抓住这些机会可以帮助企业实现快速增长和市场扩张。机会就像是战场上突然出现的援军或者是有利的地形变化，为武士提供了取胜的契机。随着 5G 技术的普及，智能家居行业迎来了巨大的发展机遇。对于一家专注于智能家居产品的企业来说，这是一个扩大市场份额、推出新产品和服务的好时机。

（4）威胁（threats）

威胁是指外部环境中可能对企业或组织造成不利影响的因素或趋势，包括竞争对手的激烈竞争、政策法规的变化、市场需求的变化等。威胁就像是战场上的伏兵或者突然降临的恶劣天气，可能会对武士造成致命的打击。一家传统零售商面临着来自线上电商平台的激烈竞争，后者通过更低的价格和便捷的购物体验吸引了大量消费者。这种竞争格局对传统零售商来说是一个巨大的威胁，迫使其不得不调整经营策略以适应市场变化。

通过 SWOT 分析，企业可以清晰地认识到自己在市场中的定位，明确自身的优势和劣势，及时发现并抓住市场机会，同时警惕和应对潜在的威胁。这样，企业就能更加有针对性地制定市场营销计划和商业策略，从而在激烈的市场竞争中脱颖而出。

6. PEST 分析

PEST 分析，这个宏观环境分析模型涵盖政治、经济、社会和技术四个关键领域，为企业提供了全面的外部环境洞察。下文将逐一解释这四个方面。

（1）政治（politics）

政治因素主要分析政府政策、法律法规以及国际政治形势等对企业经营环境的影响。这些因素可能直接影响企业的运营策略、市场准入和成本结构。政治环境就像是企业航行的“海流”，顺流而行，企业能够更高效地前进；逆流而上，则可能面临重重挑战。假设一家新能源汽车公司正在考虑进入一个新市场，如果该市场所在的国家政府大力推广环保政策，提供税收优惠和补贴来支持新能源汽车的发展，那么这家公司就迎来了一个有利的“顺流”，其市场进入和产品推广将会更加顺利。

（2）经济（economy）

经济因素关注的是国内外经济条件，如经济增长率、通货膨胀率、汇率、消费者购买力等，这些因素直接影响市场需求和企业的经营成本。经济环境就像是企业航行的“风向”，风力适中，可以助力企业前行；风力过猛或过弱，则可能让企业陷入困境。一家奢侈品公司在经济繁荣时期可能会迎来销售高峰，因为消费者购买力增强，对高端商品的需求增加，然而，在经济衰退时期，消费者购买力下降，该公司可能需要调整定价策略或推出更亲民的产品线来应对市场变化。

（3）社会（society）

社会因素涉及人口结构、文化背景、消费习惯等，这些因素影响着市场需求和消费者的购买决策。社会环境就像是企业航行的“海域”，不同的海域有着不同的生态和气候，企业需要了解并适应这些差异，才能安全航行。一家食品公司发现，随着健康意识的提高，越来越多的消费者开始追求低糖、低脂的健康食品。为了迎合这一市场趋势，该公司决定推出一系列健康食品，并在营销活动中强调产品的健康属性。

（4）技术（technology）

技术因素关注行业内外的技术发展趋势、创新能力和技术应用等，这些技术变革可能为企业带来新的机遇或挑战。技术环境就像是企业航行的“导航仪”，先进的导航技术可以帮助企业更准确地找到目标市场，提高运营效率。一家电商公司发现，随着人工智能和大数据技术的发展，他们可以通过精准营销和个性化推荐来提高销售额，于是，该公司决定投资开发一套智能推荐系统，为每位用户提供定制化的购物体验。

综上所述，PEST 分析就像是为企业量身定制的“航行图”，帮助企业识别并应对外部环境中的各种变量，从而确保航行的顺利与安全。

7. STP 理论

STP 理论是由美国营销学家温德尔·史密斯（Wendell Smith）在 1956 年最早提出的，此后，美国营销学家菲利浦·科特勒（Philip Kotler）进一步发展和完善了史密斯的理论，并最终形成了成熟的 STP 理论，STP 理论是企业营销战略的核心内容主要包含市场细分（segmentation）、目标市场选择（targeting）和市场定位（positioning）三个步骤。

（1）市场细分

市场细分是指将一个广泛的市场划分为若干个子市场或群体，这些子市场具有相似的消费者需求、购买行为或偏好，企业通过对市场的深入调研，识别出这些不同的细分市场，以便更准确地满足消费者的需求。市场细分就像是把一个蛋糕切成了几块不同口味的小蛋糕，每块小蛋糕都代表了一个特定的细分市场，有着不同的特点和需求。运动鞋市场可以细分为专业运动员市场、健身爱好者市场和日常休闲穿着市场，每个细分市场对运动鞋的功能、设计和价格都有不同的需求和期望。

（2）目标市场选择

目标市场选择是指企业在市场细分的基础上，评估各个细分市场的吸引力，并选择进入一个或多个细分市场来重点开展营销活动，这一步骤的关键是找到与企业资源和能力相匹配，且具有盈利潜力的细分市场。企业需要在众多细分市场中，选择最适合自己发展和盈利的目标市场，来开展营销活动。一家新兴的运动鞋品牌可能会选择专注于健身爱好者市场，因为这个市场正在快速增长，且该品牌的产品设计和价格策略与这个市场的需求高度契合。

（3）市场定位

市场定位是指在目标市场中，为企业的产品或服务构建独特的印象和认知，旨在与竞争对手形成显著区隔。通过市场定位，有助于企业明确自己的竞争优势，并在消费者心中塑造出独一无二的品牌形象。如同人们在选择了自己喜欢的小蛋糕后，如何让它与其他人的蛋糕区分开来呢？可以在上面加上独特的装饰，或者搭配一些特别的饮品。同样，企业也需要通过市场定位来为自己的产品或服务增添独特的元素和标签。在豪华汽车市场中，宝马公司聚焦于车辆的操控性能和驾驶乐趣，这一定位不仅凸显了宝马这一品牌独特的价值，还使其与奔驰的舒适豪华和奥迪的科技感形成鲜明对比，成功吸引了追求驾驶体验与车辆性能的消费者群体。

通过市场细分、目标市场选择和市场定位三个步骤的有机结合，企业可以更加精准地把握市场需求，提升营销效率，从而在激烈的市场竞争中脱颖而出。

8. GE 矩阵

GE 矩阵，也被称为麦肯锡矩阵或行业吸引力矩阵，是一种重要的战略规划工具。GE 矩阵是由美国通用电气公司和麦肯锡咨询公司在 20 世纪 70 年代共同开发的，这一工具最初是为了帮助通用电气公司分析其业务组合，并决定各战略业务单元的发展战略，它结合了 BCG 矩阵的概念，但进一步扩展和细化了评估维度，从而提供了更全面、准确的业务分析框架。GE 矩阵的核心在于通过两个关键维度来评估企业的业务单元：行业吸引力和企业竞争力。

（1）行业吸引力

这一维度主要考察外部市场环境对业务单元的影响。它涵盖了诸如市场规模、市场增长率、市场收益率、定价趋势、竞争强度、行业投资风险、进入障碍、产品 / 服务差异化机会、需求变动性等多个方面。简单来说，行业吸引力衡量了一个行业或市场的整体潜力和盈利前景。如果把企业比作一艘船，那么行业吸引力就像是海洋中的水流。水流强劲且顺畅，船就能更快地前行；反之，如果水流缓慢或存在漩涡，船的行进就会受阻。智能手机行业在过去十年中经历了快速增长，市场规模巨大，因此具有较高的行业吸引力。然而，随着市场竞争的加剧和技术创新的放缓，该行业的吸引力可能已有所下降。

（2）企业竞争力

这一维度则关注企业在特定业务单元内的相对竞争地位。它考虑了企业的品牌、技术、产品、价格、服务等多个内部因素。企业竞争力强意味着企业在该市场或行业中具有较大的市场份额、强大的技术实力和品牌影响力。像是船上的发动机。发动机越强大，船就能更好地应对水流的变化，甚至逆流而上。苹果公司在智能手机行业中具有强大的竞争力，凭借其创新的产品设计、卓越的品牌影响力和高效的供应链管理，长期占据市场领先地位。

通过绘制 GE 矩阵（如图 2–1 所示），企业能够清晰地观察到其各个业务单元在行业吸引力和企业竞争力这两个维度上的表现。这有助于企业做出以下决策：

投资。对于那些位于矩阵右上角（即高行业吸引力与高企业竞争力）的业务单元，企业应优先考虑投资，以扩大市场份额。

保持。对于那些位于矩阵中间区域的业务单元，企业可以采取保守策略，保持现状并密切监控市场动态。

收获或剥离。对于那些位于矩阵左下角（即低行业吸引力与低企业竞争力）的业务单元，企业可能需要考虑收获现有利润或剥离这些业务，以便将资源集中于更有前景的领域。

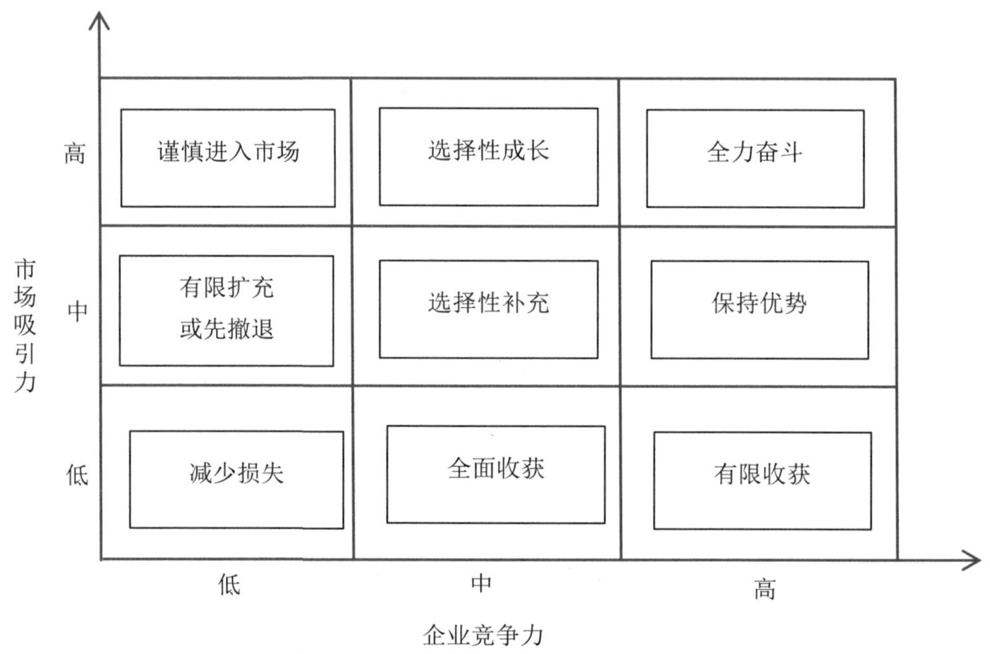

图 2-1　企业 GE 矩阵

总之，GE 矩阵为企业提供了一种全面且系统的业务组合分析工具，有助于企业更深入地理解并评估其各个业务单元的市场定位和发展潜力。

2.1.2 市场细分与目标市场定位

1. 市场细分

市场细分是指将一个广泛的市场划分为若干个子市场或群体，这些子市场具有相似的需求和偏好。这样做的目的是更好地理解客户，为不同的客户群体提供定制化的产品或服务。假如你是一家运动品牌的市场营销经理，你的品牌面向的是广大的运动爱好者，但你发现这个市场太过庞大和复杂，难以用单一的营销策略覆盖。于是，你决定进行市场细分。

（1）按运动项目细分

在运动用品市场中，细分市场策略发挥着至关重要的作用。为了让消费者能够更精确地找到适合自己的产品，运动品牌可以依据运动项目对市场进行细致划分。例如，跑步爱好者、篮球爱好者、健身爱好者等各个群体，他们对于运动装备的需求和偏好都有明显的差异。通过精准定位这些细分市场，运动品牌可以更好地满足消费者的需求，提高市场占有率。

跑步爱好者是一个庞大的消费群体。他们对跑步鞋的需求非常高，因为一双专业且舒适的跑步鞋是提升跑步体验的关键。针对这一市场，运动品牌可以推出具有不同特点的跑步鞋，如轻量化、支撑性、缓震性能等，以满足不同跑者的需求。此外，跑步服装和配件也是不可或缺的部分，如速干衣、运动耳机等。运动品牌可以运用科技手段，不断提升产品性能，为跑者带来更好的运动体验。

篮球爱好者市场同样有着巨大潜力。篮球运动员需要具备高度的爆发力、速度和敏捷性，因此他们对篮球鞋的要求非常高。运动品牌可以推出具有优秀支撑性、稳定性和耐磨性的篮球鞋，以满足运动员在比赛和训练中的需求。此外，篮球服装和配件如运动短裤、护具等也是重要产品线。运动品牌可以邀请篮球明星代言，提高品牌在篮球市场的知名度。

健身爱好者市场日益壮大。随着健康意识的普及，越来越多的人开始注重锻炼。针对这一市场，运动品牌可以推出功能性强大的健身装备，如专业运动服、健身器材等。这些产品应具备舒适、透气、耐用等特点，以适应健身爱好者在各种锻炼场景下的需求。此外，运动品牌还可以推出瑜伽、舞蹈等特定运动项目的装备，进一步扩大市场份额。

按照运动项目细分市场，有助于运动品牌精准定位消费者需求，提高产品研发和营销的针对性。通过针对跑步、篮球、健身等不同细分市场的特点，运动品牌可以推出多样化、专业化的产品，以满足消费者在运动过程中的各种需求。同时，运动品牌还应关注消费者需求的变化，不断调整和优化产品线，以保持竞争力。在激烈的市场竞争中，把握细分市场战略，运动品牌将更具优势。

（2）按照消费者年龄细分

在运动装备市场中，不同年龄段的消费者有着截然不同的需求和偏好。青少年、中年人和老年人分别代表着不同的生活阶段和生理状况，因此他们对运动装备的需求和审美观也存在显著差异。为了满足这些消费者的需求，商家可以通过市场细分策略，为不同年龄层的消费者提供更加符合他们审美和功能需求的运动装备。

青少年作为运动市场的重要消费群体，他们追求时尚、个性化的运动装备。青少年时期是身体发育的关键阶段，合适的运动装备能帮助他们更好地进行锻炼。因此，针对这一年龄段的运动装备应注重轻便、舒适、耐用以及时尚设计。此外，青少年对于运动装备的性价比也有一定要求，商家可以通过提供性价比较高的产品来吸引这一群体。

中年人在运动装备方面的需求更加注重功能性和实用性。随着年龄的增长，中年人的身体机能逐渐下降，运动锻炼成为他们保持健康的重要手段。因此，中年人更看重运动装备是否能有效帮助他们达到锻炼目的，如提高运动表现、减少受伤风险等。针对这一特点，商家可以研发具有科技含量的运动装备，如智能运动鞋、可穿戴心率监测设备等。同时，中年人对于运动装备的品质和舒适度也有较高要求，商家应在产品设计和材料选用上力求精益求精。

老年人作为运动装备市场的另一重要消费群体，他们的需求主要集中在安全性、舒适性和便捷性方面。随着年龄的增长，老年人的关节和肌肉系统逐渐老化，运动锻炼有助于延缓衰老。因此，老年人需要的运动装备应具备良好的支撑性、缓冲性和易用性。此外，老年人在选择运动装备时，还会关注产品的保健功能，如按摩器材、红外线理疗设备等。商家可以针对这些需求推出具有针对性的产品，以满足老年人的运动需求。

通过细分市场，为不同年龄段的消费者提供符合他们需求和偏好的运动装备，商家有望在激烈的市场竞争中脱颖而出。从青少年的时尚个性、中年人的功能性需求到老年人的舒适便捷，每个年龄段都有其独特的消费特点。只有把握这些特点，商家才能精准地满足各个年龄层消费者的需求，从而在运动装备市场中取得成功。

（3）按照消费水平细分

在市场竞争激烈的环境中，了解消费者的需求和喜好尤为重要。消费者根据其消费能力和需求可以分为高端消费者、中端消费者和低端消费者。他们对产品的关注点也有所不同：高端消费者可能更注重品质和品牌，而中低端消费者可能更看重性价比。因此，企业通过市场细分，推出不同价格区间的产品，以满足不同消费水平的客户需求，是一种十分明智的战略。

高端消费者注重品质和品牌，这是因为它们代表了消费者的身份和地位。高端产品往往采用了优质的原材料和精湛的工艺，使得产品具有较高的品质。同时，知名品牌所带来的信誉和口碑也是高端消费者选择产品的重要因素。因此，企业在针对高端消费者时，应着重强调产品的品质和品牌形象，以满足这部分消费者的心理需求。

中低端消费者更看重性价比。这意味着他们在购买产品时，会充分比较不同品牌和不同价位的产品，力求在满足自身需求的前提下，获得最高性价比。针对这一部分消费者，企业应注重产品的研究与开发，降低生产成本，提高产品性能，从而提供具有竞争力的价格。此外，通过提供丰富的产品款式和实用的功能，让消费者在满足需求的同时，感受到物超所值。

通过市场细分，企业可以精准地定位不同消费水平的客户，推出适合他们需求的产品。这种策略有助于企业开拓市场，提高市场份额，并实现利润最大化。

企业在实施市场细分策略时，需注意以下几点：

①充分了解消费者需求。消费者需求是企业产品设计和营销策略的基础，只有精准把握消费者的需求和喜好，企业才能生产出适销对路的商品，赢得消费者的青睐。因此，企业应不断收集和分析市场信息，以便更好地满足消费者的需求，提升市场竞争力。

对此，企业应建立健全市场调研机制。通过开展消费者调查、市场走访、线上问卷等方式，收集消费者对产品功能、价格、品质、服务等方面的意见和建议。此外，企业还应该关注行业内的竞争对手，了解其产品特点、营销策略和消费者反馈，以便找出自身优势和不足，为产品创新和营销调整提供依据。

企业应运用大数据分析技术，深入挖掘消费者行为和偏好。通过分析消费者的购物记录、浏览轨迹、社交媒体互动等数据，企业可以发现消费者的潜在需求，预测市场趋势。大数据分析还能帮助企业优化产品组合和库存管理，提高运营效率，降低成本。企业应注重消费者反馈的处理和应用。消费者对产品和服务的评价是企业改进和创新的重要参考。企业应设立专门的消费者服务部门，及时处理消费者的咨询、投诉和意见，并将这些信息与企业内部数据相结合，找出问题所在，制定相应的解决方案。

企业还须不断调整和优化产品策略和营销策略。根据市场调研和大数据分析的结果，及时调整产品结构和定价策略，以满足消费者不断变化的需求。在营销方面，企业可以通过线上线下多渠道开展推广活动，提高品牌知名度和美誉度，吸引更多消费者。

②保持产品创新。为了在市场竞争中保持优势，企业必须关注产品创新，不断优化产品线以满足消费者日益增长的需求。随着消费者收入的提高和生活品质的改善，他们对产品的品质、功能和外观等方面有着更高的要求。只有不断创新，企业才能满足消费者的期望，赢得他们的青睐。然而，产品创新并非易事。企业需要在研发、设计、生产、销售等环节投入大量的人力、物力和财力。

创新能够为企业带来核心竞争力。在竞争激烈的市场环境下，拥有独特、高品质产品的企业更容易吸引消费者，从而在市场中占据一席之地。产品创新有助于企业实现可持续发展。通过不断研发新产品，企业可以开拓新的市场空间，增加市场份额，进而实现盈利增长。

进行产品创新需要企业具备敏锐的市场洞察能力，及时捕捉消费者的需求变化。在这个过程中，企业应加大研发投入，招募优秀的研发人才，购置先进的研发设备，以提高产品创新的效率和质量。企业可以与高校、科研机构等合作，共同开展技术研究，推动科技成果转化为实际产品。企业应加强对知识产权的保护，确保创新成果不被侵犯，为企业创造更大的价值。

企业应摒弃一味追求市场份额和利润的短视观念，注重产品的长期发展和核心竞争力。

③注重售后服务。售后服务在消费者购买过程中的重要性不容忽视。良好的售后服务不仅能够提升消费者的购买体验，还能够增加客户的忠诚度，进一步促进企业的持续发展。

消费者在购买商品或服务时，除了关注产品或服务的质量、价格等因素外，售后服务也是他们衡量购物体验的重要指标。优质的售后服务能让消费者感受到企业的专业性和关心，从而提高他们的购物满意度。此外，售后服务还能够解决消费者在购买过程中遇到的各种问题，让消费者更加轻松、放心地进行购物。

在市场竞争激烈的今天，企业要想保持稳定的客户群，就必须关注客户的诉求，提供满意的解决方案。售后服务正是企业与客户沟通、解决问题的桥梁。当消费者在购买过程中遇到问题时，企业要及时回应，提供专业的建议和帮助。这样可以增加消费者对企业的信任，从而提高客户的忠诚度。长期下来，客户的口碑传播效应也将逐步显现，为企业带来更多的潜在客户。

因此，在提供优质售后服务的过程中，企业需要注重提升售后服务人员的专业素养，售后服务人员是企业与消费者直接接触的一环，他们的专业素养直接影响到消费者的购买体验，企业应定期对售后服务人员进行培训，提高他们的业务能力和服务水平。

企业需要注重建立健全的售后服务体系。售后服务体系包括售后服务流程、服务标准、投诉处理机制等。企业要确保这些体系的有效运行，让消费者在遇到问题时能够得到及时、满意的解决方案。

企业需要重视消费者反馈。消费者反馈是企业了解自身售后服务效果的重要途径。企业要充分重视消费者的意见和建议，及时调整和改进售后服务，以满足消费者的需求。

企业需要注重创新售后服务方式。随着科技的发展，消费者的购物方式也在不断变革。企业要紧跟时代步伐，创新售后服务方式，如线上线下融合、智能客服等，以满足消费者多样化的需求。

④合理分配资源。在市场经济中，企业生存与发展的重要原则就是根据市场需求来调整生产和经营策略。市场需求是多样化的，不同价格区间的产品在市场上都有其独特的竞争优势。企业应充分了解和把握市场需求，合理分配资源，确保各个价格区间产品的质量和性价比，以满足不同消费者的需求。

建立健全的市场调研机制，深入了解市场动态和消费者需求。通过市场调研，企业可以掌握消费者对不同价格区间产品的品质和性价比的期望，为合理分配资源提供依据。同时，企业还须关注竞争对手的动态，了解其在各个价格区间的产品策略，以便有针对性地进行调整。

根据市场需求调整产品结构和产能布局。在确保产品质量的前提下，要充分挖掘各个价格区间的潜力，以满足不同消费者的需求。例如，在低端市场，企业可以通过提高生产效率、降低成本来提升产品性价比；在中高端市场，企业则需注重产品创新和品牌建设，以差异化的产品和服务赢得消费者青睐。

加强内部管理，提高资源利用效率。通过优化生产流程、提高员工素质、引入先进技术等手段,降低生产成本,提升产品质量。同时,企业要关注供应链管理，确保原材料和零部件的供应稳定，降低库存成本，为提高产品性价比创造条件。

树立正确的营销理念，强化品牌宣传和渠道建设。通过多渠道、多层次的营销策略，将产品优势和品牌价值传递给消费者。在市场营销中，企业要注重消费者体验，提升服务水平，以诚信和口碑赢得市场。

2. 目标市场定位

目标市场定位是在市场细分的基础上，选择一个或多个细分市场作为企业的主要服务对象，并制定相应的营销策略。定位的目的是在目标消费者心中塑造一个独特、有价值的品牌形象。

继续以运动品牌为例，假设通过市场细分发现了三个有潜力的细分市场：高端跑步爱好者、青少年篮球爱好者和中年健身爱好者。接下来就需要进行目标市场定位。

（1）高端跑步爱好者

品牌定位是企业核心竞争力和市场地位的体现，对于一家跑步装备提供商来说，将品牌定位为“专业、高品质”意味着要以消费者的需求为导向，专注于提供专业且高品质的跑步装备。在产品设计、材料选择和营销策略上，都要贯彻这一定位，以赢得消费者的信任和忠诚。

在产品设计方面，作为专业跑步装备提供商，要充分了解跑步者的需求和痛点，为消费者提供符合运动生理学和人体工程学的设计。这包括对跑步鞋的舒适度、支撑性、缓震性能等方面的精细调整，以及对运动服饰的透气性、保暖性、抗菌性等指标的提升。此外，还可以根据不同跑步者的需求，提供针对性强的专业系列产品，如马拉松跑鞋、越野跑鞋、速度训练鞋等。

在材料选择上，专业、高品质的跑步装备应注重环保、舒适和耐用性。例如，选用高品质的天然皮革、透气网眼面料、环保型聚氨酯等材料，以保证产品在满足性能需求的同时，具有良好的环保性和舒适度。此外，还要关注材料的创新，积极引入前沿科技，如纳米技术、智能材料等，为消费者带来更具竞争力的产品。

在营销策略上，专业、高品质的跑步装备提供商应注重口碑传播和品牌形象塑造。通过邀请知名跑者、运动达人代言，分享他们的跑步故事和产品体验，让消费者感受到品牌的专业性和高品质。同时，加强与跑步赛事、俱乐部等合作，提升品牌在行业内的知名度和影响力。此外，还可以利用数字化营销手段，精准推送产品信息，为消费者提供个性化、全方位的购物体验。

（2）青少年篮球爱好者

在当前激烈的市场竞争中，针对细分市场，我们可以将品牌定位为一个充满活力、时尚潮流的篮球装备品牌。为了在青少年消费者中树立品牌形象，我们需要采取一系列策略，包括与流行文化和明星球员展开合作，以及推出限量版产品等。

我们要强调品牌的核心价值，即提供高品质、个性化的篮球装备。我们可以通过市场调研，了解目标客户的需求和喜好，设计出符合他们品味的产品。此外，还可以与时尚设计师合作，推出具有独特设计元素的篮球装备，让产品在功能性之外，更具时尚感和个性化。

与流行文化和明星球员展开合作，提升品牌知名度。与当红歌手、演员、舞者等展开合作，让他们成为品牌的代言人。同时，我们可以邀请明星球员参与产品设计和宣传，借助他们的影响力吸引更多篮球爱好者关注我们的品牌。

举办线上线下活动，与消费者互动，提高品牌忠诚度。我们可以在社交媒体上开展篮球技能挑战、产品评选等活动，激发消费者的参与热情。同时，在线下举办篮球训练营、球迷见面会等活动，让消费者亲身感受品牌的文化和魅力。

推出限量版产品，满足消费者的收藏欲望。我们可以定期推出限量版篮球装备，如特别版球衣、纪念品等，让消费者在购买产品的同时，也能感受到收藏的乐趣。此外，限量版产品的稀缺性也能激发消费者的购买欲望，进一步扩大品牌市场份额。

（3）中年健身爱好者

在当前健康意识日益提高的市场环境下，针对健身爱好者这一细分市场，我们可以将品牌定位为“健康、舒适”的健身装备提供商。通过提供高品质、实用的健身装备，满足消费者在锻炼过程中对舒适性和实用性的需求，进而提升他们的锻炼体验。

在产品设计方面，我们要关注细节，以舒适性和实用性为核心。在保证产品功能的同时，注重面料的选择，采用透气、吸湿、抗菌等优质材料，使产品在满足健身需求的同时，为消费者带来舒适的穿着体验。此外，还可以根据不同运动场景和人群特点，设计出针对性强的产品系列，满足各类消费者的需求。

在营销策略方面，我们要强化健康生活的理念，通过各种渠道传播品牌形象。可以利用社交媒体、线上线下活动、健身达人合作等方式，宣传健康的生活方式，强调科学锻炼的重要性。同时，还可以举办一些健身知识讲座、互动体验活动，提高消费者对健身装备的认识，帮助他们更好地选择适合自己的产品。

此外，为了进一步提升品牌影响力，我们可以与一些知名健身场馆、健身房、运动 App 等平台展开合作，共同推广健康生活方式，扩大品牌知名度。在售后服务上，提供专业、贴心的咨询和建议，让消费者感受到我们的关爱，从而提高品牌忠诚度。

市场细分就像是把一个大蛋糕切成不同口味的小块，而目标市场定位则是选择其中最美味的一块或几块蛋糕，并为其添加上独特的装饰和口味，使其在众多蛋糕中脱颖而出。市场细分和目标市场定位是市场营销管理创新的重要途径，通过精细化的市场细分和精准的目标市场定位，企业可以更有效地满足消费者需求，提升品牌竞争力。

2.2 创新理论及其在市场营销中的应用

创新理论是市场营销领域的重要基石，它强调通过独特的思维和方法来创造新的价值，从而满足消费者的需求并提升企业的竞争力。在市场营销实践中，创新理论的应用广泛而深入，为企业带来了显著的竞争优势。

首先，创新理论鼓励企业从消费者需求出发，寻找新的市场机会。通过对消费者的深入研究，企业可以发现消费者尚未被满足的需求，进而通过产品创新或服务创新来满足这些需求。例如，苹果公司通过不断创新，推出了 iPhone、iPad 等一系列颠覆性的产品，满足了消费者对智能化、便捷化生活的需求，从而赢得了市场的广泛认可。

其次，创新理论也要求企业在市场营销策略上进行创新。传统的营销方式可能已经无法适应新的市场环境，企业需要寻找更加高效、精准的营销方式。例如，社交媒体营销、大数据营销等新型营销方式的出现，为企业提供了更加广阔的市场空间和更加精准的营销手段。这些新型营销方式不仅提高了企业的营销效率，也为企业与消费者之间的互动提供了更加便捷的渠道。

再次，创新理论还强调企业在组织结构和文化上进行创新。企业需要建立更加灵活、开放的组织结构，鼓励员工提出新的想法和建议，同时营造一种鼓励创新、容忍失败的文化氛围。这样的组织结构和文化氛围有助于激发员工的创新热情，促进企业的持续创新和发展。

总之，在市场营销中创新理论的应用不仅体现在产品或服务的创新上，还体现在营销策略、组织结构、企业文化等多个方面。通过不断创新，企业可以不断提升自身的竞争力，赢得更多的市场份额和消费者的认可。因此，创新理论在市场营销中具有重要的地位和价值，值得企业深入研究和应用。

2.2.1 创新理论的起源与发展

创新理论，作为一种研究个体、组织和社会中创新现象的学说，其起源和发展历程充满了丰富性和多样性。在这一过程中，创新理论不仅涉及经济学、管理学等传统领域，还涵盖了社会学、心理学、战略管理等新兴领域。下面将对创新理论的起源与发展历程进行详细叙述，以期提供一个跨学科、多阶段的全面理解。

1. 早期思想萌芽

创新的概念最早可以追溯到经济学家约瑟夫·熊彼特（Joseph Schumpeter），他在 20 世纪初期提出了“创造性毁灭”的概念，他的工作对经济学和商业领域产生了深远的影响。

熊彼特在其 1911 年的著作《经济发展理论》中首次提出了“创造性毁灭”的概念。这个概念描述了一种经济现象：新的技术、产品、服务或商业模式的出现，会取代旧的技术和产品，从而导致市场结构和经济环境的变革。

在熊彼特的理论中，创新是经济增长和发展的主要驱动力。他认为，企业家通过引入创新，打破了市场的均衡状态，引发了经济的动态变化。熊彼特强调了企业家在创新过程中的关键作用。企业家是那些愿意承担风险、投资于新想法并将其商业化的人。他们的活动是创造性毁灭过程的催化剂。

创造性毁灭是一个不断进行的过程，市场总是在不断地被新的创新所颠覆。这种不断的变革推动了技术进步和生产效率提高，但也可能导致某些企业甚至整个行业的衰落。熊彼特认为，创造性毁灭是资本主义经济持续发展和繁荣的关键。通过不断地创新和变革，经济体能够实现长期的增长和发展。

创造性毁灭增加了市场竞争的激烈程度。新进入者通过创新挑战现有的市场领导者，迫使所有企业不断寻求创新以维持竞争力。尽管创造性毁灭带来了经济增长和技术进步，但它也可能带来社会成本的变化，如失业、企业倒闭和社会结构的变化。

熊彼特的理论对政策制定者提出了挑战，要求他们在促进创新和保护社会免受创新带来的负面影响之间找到平衡。熊彼特的创造性毁灭理论在今天依然具有重要意义。在快速变化的技术环境和全球化市场中，企业和政府必须理解并适应创造性毁灭的动态过程。

熊彼特的理论对后来的经济学家和学者产生了深远影响，他们在创新、企业家精神和经济发展等领域进行了进一步的研究和扩展。

2. 经济学视角

熊彼特将创新定义为新产品、新生产方法、新市场和新组织形式的引入，这些都能够打破市场均衡并推动经济发展。创新可以是创造全新的产品，以满足市场上未被满足的需求或提供比现有产品更优质的选择。新产品可能会使用新技术，或提供独特的功能和特性，从而吸引消费者并开拓新的市场。创新也可以体现在生产过程中，通过引入新的制造技术或工艺来提高效率、降低成本或改善产品质量。例如，亨利·福特（Henry Ford）引入的流水线生产方式就是一种创新，它极大地提高了汽车生产的效率。

企业通过发现或创造新的市场机会来实现创新。这会涉及识别新的消费者群体、地理区域或市场细分，并为这些市场提供定制化的产品和服务。组织创新涉及改变企业的组织结构和管理方式，以提高效率、灵活性和响应市场变化的能力。例如，现代企业可能会采用更加扁平化的组织结构，以减少管理层级并加快决策过程。

熊彼特认为，创新会打破市场均衡，因为创新者通过提供新的或更好的产品、服务和生产方式，改变了市场上的竞争格局，迫使其他企业也进行调整和改变。

创新是推动经济增长的关键因素。通过引入新的技术和生产方式，企业可以提高生产率，创造更多的财富和就业机会，从而促进整体经济的发展。创新增加了市场竞争的强度，可能导致市场结构的变化。新进入者通过创新挑战现有企业的市场地位，而现有企业则需要不断创新以维持其竞争优势。

从消费者的角度来看，创新可以提高产品的质量和多样性，降低价格，从而提升消费者福利。消费者有更多的选择和更好的体验，这是市场经济的一个重要目标。

创新是技术进步的催化剂。新技术的开发和应用推动了其他领域的创新，形成了一个正向的反馈循环，加速了整个经济的技术发展。

在全球化的背景下，创新不仅是国内经济发展的驱动力，也是国家在全球经济中竞争地位的关键，企业需要不断创新以在国际市场上保持竞争力。

3. 管理学的发展

进入 20 世纪中叶，管理学者开始关注如何在组织内部管理和促进创新。彼得·德鲁克（Peter Drucker）是 20 世纪最具影响力的管理学家之一，他强调创新在企业战略和管理中的重要性，他认为创新是企业生存和发展的关键。

德鲁克将创新定义为企业为了创造新的市场机会而进行的有目的、有系统的努力。他认为创新不仅仅是技术上的突破，更是对市场、社会需求的深刻洞察。同时认为创新是企业战略的核心组成部分。企业应该将创新作为长期规划的一部分，以确保持续的竞争优势和市场地位。他强调创新应该是一个系统化的过程，而不是偶然的灵感。企业需要建立一套系统的创新流程，包括市场研究、创意生成、可行性分析和实施计划。

德鲁克指出，创新可以来源于市场和顾客的需求，也可以来源于意外的事件、程序中的不一致性、行业或市场结构的变化等。他区分了不同类型的创新，包括产品创新、技术创新、市场创新、社会创新等，并强调不同类型的创新对企业的影响和要求不同。

德鲁克认识到创新伴随着风险，因此企业需要学会如何管理这些风险，包括通过多元化创新项目来分散风险，以及建立快速反应机制来应对创新过程中的不确定性。他认为，为了促进创新，企业可能需要调整其组织结构，以提高灵活性和响应速度。这可能包括建立跨部门团队、鼓励跨职能合作等。

德鲁克强调企业文化在创新中的重要性。一个鼓励尝试、容忍失败并持续学习的企业文化是创新成功的关键。他认为领导者在推动创新中扮演着至关重要的角色。领导者需要提供清晰的方向，激励员工参与创新，并为他们提供必要的资源和支持。他还强调了企业在创新过程中应承担的社会责任。创新不仅要追求经济效益，还要考虑对社会和环境的影响。他提倡企业应该持续地进行创新，而不是将其视为一次性的活动。创新应该是企业日常运营的一部分。企业应该能够测量和评估创新的效果，包括创新对企业绩效、市场份额和顾客满意度的影响。其创新理念为企业提供了一个全面的框架，帮助它们在不断变化的市场环境中寻找新的机会，并实现可持续发展。他的思想至今仍对企业管理者和学者具有重要的启发和指导作用。

4. 系统化理论的形成

随着时间的推移，系统化创新理论发展形成了一个涵盖多种类型和来源的全面框架。以下是对系统化创新理论的进一步阐述：

（1）技术推动的创新

技术推动的创新是一种以技术进步为核心的创新模式。在这种创新模式下，技术的研发活动成为推动创新的主要力量。当一项新技术或现有技术的改进被成功开发出来后，企业便会寻找将其应用到商业领域的最佳方法，从而实现商业价值的最大化。

技术推动的创新具有技术驱动、商业化导向、跨领域融合、持续迭代等特点。

技术驱动。技术创新的源头在于技术的不断进步，通过研发活动，企业不断探索和开发新技术，为市场提供更多的可能性。例如，互联网技术的诞生开启了全新的信息时代，为人类生活带来了极大的便利，同时也为电子商务的崛起创造了条件。

商业化导向。企业在研发出新技术后，会着重考虑如何将其应用于商业领域，以实现盈利。这要求企业在技术创新的过程中，不仅要关注技术的发展，还要关注市场需求，以确保技术创新能够转化为实际的商业价值。

跨领域融合。技术推动的创新往往涉及多个领域的知识和技术，需要跨学科、跨领域的团队合作。例如，在电子商务的发展过程中，不仅需要互联网技术，还需要物流、支付、信息安全等多个领域的支持。

持续迭代。技术推动的创新是一个持续不断的过程，新技术的开发和应用会不断推动原有技术的升级和优化。这种持续迭代的过程使得技术创新具有更高的活力和可持续性。

在我国，政府对技术驱动的创新给予了极高的重视，并推出了一系列政策措施，旨在鼓励企业加大研发投入，促进科技成果转化，并培育新兴产业。这些政策为技术推动的创新提供了良好的环境，助力我国经济高质量发展。

（2）市场拉动的创新

市场拉动的创新是一种以市场需求和消费者偏好为导向的创新模式。在这种模式下，企业将消费者的需求和期望作为创新的核心驱动力，通过不断研发新产品或服务来满足市场和消费者的需求。市场拉动的创新具有以下几个特点：

首先，市场调研是市场拉动创新的基础。企业需要深入了解市场动态、竞争对手以及消费者需求，从而为创新提供有力支持。市场调研可以帮助企业发现市场空缺和潜在商机，为创新提供方向。

其次，消费者需求和期望在市场拉动的创新中起到关键作用。企业需要密切关注消费者的需求变化，及时调整创新策略。消费者对新产品或服务的接受程度直接影响创新的成功与否。因此，企业要善于把握消费者心理，提高创新产品的市场竞争力。

再次，企业应注重协同创新。市场拉动的创新并非仅依靠企业自身力量就能完成，而是需要与供应链、研发机构等多方合作。企业要建立良好的合作关系，共享创新资源，提高创新效率。

此外，市场拉动的创新具有较高的风险。由于创新以市场需求为导向，市场变化可能导致创新成果无法满足消费者需求，从而导致创新失败。因此，企业在进行市场拉动的创新时，要充分评估风险，做好风险管理。

在我国，政府高度重视市场拉动的创新，积极推动企业转型升级。政府通过完善创新政策、加大研发投入、优化创新环境等措施，激发企业开展市场拉动的创新。随着我国市场经济的不断成熟，市场拉动的创新将为企业带来更广阔的发展空间。

（3）社会需求驱动的创新

在当今时代，企业在追求利润最大化的同时，更加注重企业的社会责任，以期能够实现可持续发展。社会需求驱动的创新成为一种新兴的创新模式，它是指企业针对环境保护、公共卫生、教育等社会领域所面临的问题和挑战，积极开发解决方案，以满足社会需求。这种创新模式不仅有助于企业树立良好的社会形象，提升品牌价值，还能为企业带来新的发展机遇。

随着社会问题的日益突出，人们对企业承担社会责任的期望越来越高。企业若想实现长远发展，必须关注社会发展需求，以创新为动力，解决社会问题。这不仅有助于企业树立良好的社会形象，还能为企业带来新的市场机会。例如，环保领域的创新技术可以为企业带来政策扶持和市场份额，公共卫生领域的创新产品可以满足人们对健康生活的需求，教育领域的创新服务可以提高人们的受教育水平。

社会需求驱动的创新要求企业具有高度的社会责任感和对公共政策的敏感性。企业应关注社会发展动态，积极响应政府政策，以社会需求为导向，开展创新活动。企业在追求经济效益的同时，要充分认识到社会责任的重要性，将社会责任融入企业战略、企业文化以及经营管理等方面。只有具备强烈的社会责任感，企业才能在创新中不断突破，为社会发展作出贡献。

企业要树立正确的价值观，将社会责任纳入企业发展战略之中，关注社会问题，积极参与社会公益事业。企业要密切关注政策动态，了解政府对各领域创新的支持政策，把握政策导向，发挥政策优势，推动创新成果转化。企业要建立健全创新激励机制，鼓励员工积极参与创新，培育创新型人才，为企业的社会需求驱动创新提供源源不断的动力。企业要加强与高校、科研院所的合作，共同开展研究，将研究成果应用于社会实践，解决社会问题。企业要积极参与国际市场竞争，学习借鉴国际先进技术和管理经验，提升企业创新能力和国际竞争力。

（4）用户中心创新

用户中心创新作为一种新兴的创新模式，越来越受到各类企业的重视。它强调以用户为中心的设计过程，通过深入了解用户的需求和体验来开发产品，以满足用户的实际需求。用户中心创新不仅仅是一种理念，更是一种具有实践性的方法。

用户中心创新注重用户的需求分析。企业在研发产品之初，便应着手收集并分析用户的需求信息。这包括了解用户的消费习惯、使用场景、痛点等，以便找出产品的创新点。通过深入了解用户需求，企业能够发现潜在的市场空白，为用户提供更具针对性的解决方案。

用户中心创新强调用户参与设计过程。在产品开发过程中，企业应积极邀请用户参与到设计中来。用户的参与能够使企业更加了解用户的真实需求，从而确保产品的设计更加符合用户的使用习惯。用户参与的方式多种多样，如线上问卷调查、线下座谈会、原型测试等。

用户中心创新关注用户体验。在产品设计过程中，企业需注重用户体验的优化。优良的用户体验能够使用户对产品产生好感，从而提高产品的口碑和市场占有率。为了提升用户体验，企业需从界面设计、操作流程、交互体验等方面进行细致入微地打磨。

用户中心创新要求企业持续优化产品。产品上市后，企业应密切关注用户的使用反馈，以便及时发现产品的不足之处。根据用户反馈进行产品迭代和优化，能使产品更加贴合用户的需求，提高用户的满意度。

（5）设计思维创新

设计思维创新是一种以人为中心、注重创新和迭代的思维方式，旨在开发出既具有创新性又能解决实际问题的解决方案。设计思维创新不仅适用于设计领域，也逐渐成为各行各业解决问题的关键工具。

设计思维首先强调的是同理心，即站在用户和利益相关者的角度去理解他们的需求和痛点。这种换位思考能够帮助我们在解决问题时更加精准地找到切入点，从而制定出更具针对性的解决方案。设计思维强调创新，鼓励人们跳出固有思维模式，挑战现状。通过发掘潜在需求、挖掘新的可能性，创造性地提出解决方案，从而实现问题的解决和价值的创造。设计思维注重快速迭代，不断优化和完善解决方案。在迭代过程中，团队可以根据用户反馈、实际效果和市场需求进行调整，使解决方案更加符合实际需求。

设计思维广泛应用于产品设计、服务设计、创新战略等领域。通过对用户需求的深入理解，设计师可以创造出更加贴合用户使用习惯和心理的产品，如苹果公司的 iPhone 和 iPad 等。设计思维可以帮助企业重新审视服务流程，优化用户体验，提高客户满意度。例如，一些航空公司运用设计思维优化登机流程，提高乘客的舒适度。设计思维可以帮助企业发掘新的市场机会，实现业务转型。例如，

IBM 通过设计思维，从一个传统的硬件公司转型为提供软件和服务的高科技公司。

要成功运用设计思维解决问题，需要遵循一定的实施方法。以下是一些策略：

①跨学科团队合作。设计思维鼓励团队成员来自不同学科背景，以便从多个角度审视问题。这样的团队能够更好地整合各方专业知识，提出创新性解决方案。

②快速原型制作。通过制作原型，团队可以快速验证解决方案的可行性和有效性。原型可以是实物、模拟器或模拟场景，旨在帮助团队在实际投入开发前进行充分测试。

③持续学习与反馈。在设计思维过程中，团队需要不断学习、收集信息和反馈，以便对解决方案进行优化。这种持续改进的精神是设计思维取得成功的关键。

（6）商业模式创新

商业模式创新涉及对企业发展至关重要的三个方面：价值创造、价值交付和价值获取。这种类型的创新不仅可能包括发掘新的收入来源，还可能涉及优化成本结构、调整渠道策略以及改进客户关系。在这个过程中，企业将重新审视整个商业生态系统，以期找到提高竞争力、实现可持续发展的方法。

在商业模式创新中，企业需要不断探索新的收入来源。这可能包括开发新的产品或服务、拓展跨界合作、利用互联网技术实现线上线下融合等。通过创新收入来源，企业不仅能满足消费者的多样化需求，还能打破传统的盈利模式，为自身带来更为稳定的现金流。

成本结构是影响企业盈利能力的关键因素。通过商业模式创新，企业可以寻求降低成本、提高生产效率的途径。这可能包括采用先进的生产技术、实现供应链协同、发挥大数据分析等手段。优化成本结构将有助于企业实现效益最大化，为竞争优势奠定基础。

在当今市场环境下，企业需要不断调整渠道策略，以适应日新月异的市场需求。商业模式创新中的渠道策略创新可以包括开发新的销售渠道、利用数字化手段进行精准营销、构建多元化的市场网络等。通过创新渠道策略，企业将能够触达更多的潜在客户，提高市场份额。

客户是企业生存和发展的基石。在商业模式创新中，企业需要关注客户需求，改进客户关系。这包括提供个性化服务、搭建客户服务平台、实施全生命周期管理等。通过改进客户关系，企业可以提升客户满意度和忠诚度，为口碑营销和持续发展创造条件。

（7）组织创新

组织创新是指对企业的内部结构、流程、文化和管理方式进行全面的改革与调整，以提升企业的运作效率、灵活应对市场变化以及增强创新能力。在当今竞争激烈的市场环境下，组织创新已经成为企业可持续发展的重要驱动力。

企业内部结构的优化是组织创新的关键环节。通过调整组织架构，打破原有的官僚体制，实现管理层级简化、权责明确，有助于提高企业的决策效率。此外，企业还需关注员工激励机制的创新，以激发员工的积极性和创造力。

企业流程的改进是提高运作效率的重要手段。通过对现有流程进行梳理、优化，去除不必要的环节，实现业务流程的简化、高效。在此基础上，企业还需关注业务流程的信息化、数字化，以便更好地应对市场变化。

企业文化的创新旨在塑造一种积极向上、开放包容的企业氛围。企业应当注重培育创新意识，鼓励员工勇于尝试、持续学习，培养团队协作精神。同时，企业还需关注企业价值观的传承与创新，使之与时俱进，引领企业不断发展。

管理方式的创新是组织创新的基石。企业应探索适合自身发展的管理模式，如采用敏捷管理方法，以提高团队的响应速度和适应性。此外，企业还需关注领导力的创新，培养具有战略眼光、创新思维和执行力的高层管理者。

（8）流程创新

流程创新作为一种重要的创新方式，涉及对企业的生产或服务流程进行改进或重新设计，旨在提高效率、降低成本或改善质量。在众多创新方法中，精益生产和六西格玛被誉为流程创新的两大基石。

精益生产（lean production）是一种源于日本的先进生产管理理念，其核心思想是在生产过程中，通过不断地去除浪费，实现资源的高效利用。精益生产主要包括五个方面的原则：确定价值、确定价值流、实现流动生产、按需生产以及追求完美。在实际应用中，精益生产手段多样，如看板管理、5S 现场管理等。

精益生产可以提高生产效率，通过去除生产过程中的浪费，实现资源的高效利用，提高生产效率。精益生产可以降低成本，精益生产关注全过程的成本控制，有效地降低生产成本。精益生产可以提高质量，精益生产强调全过程的质量管理，从而提高产品质量和客户满意度。精益生产可以提高企业竞争力，精益生产有助于提高企业的运营效率，降低成本，提高质量，从而增强企业的核心竞争力。

六西格玛（six sigma）是一种数据驱动的质量管理方法，旨在通过降低缺陷率，提高产品质量和客户满意度。六西格玛管理强调运用统计学方法和数据分析工具，对生产过程进行精确控制。六西格玛管理主要包括五个步骤：定义、测量、分析、改进和控制。

六西格玛管理关注过程控制，有效降低生产成本。六西格玛管理有助于提高产品和服务的质量，降低成本，从而提升企业竞争力。六西格玛管理强调数据分析和问题解决能力，有助于培养高素质的管理人才。

（9）产品和服务创新

产品和服务创新是指在现有产品和服务基础上，通过引入新颖的功能、设计或性能，从而开发出全新的产品或服务。这种创新可以分为两种类型：渐进式创新和突破式创新。

渐进式创新是指在原有产品或服务的基础上，通过逐步改进，实现功能、设计或性能的微小提升。这种创新通常以客户需求为导向，通过对市场反馈的持续关注和分析，不断优化产品或服务的细节，从而提高客户满意度。渐进式创新的过程较为稳定，风险较低，但往往难以带来颠覆性的市场变革。

突破式创新则是指跳出原有思维框架，挑战行业传统，开发出具有重大创新意义的产品或服务。这种创新往往能带来行业的革命性变革，为企业创造巨大的市场份额和竞争优势。然而，突破式创新的风险较高，成功率较低，需要企业具备较强的创新能力、资金支持和市场洞察力。

在我国，产品和服务创新已成为推动经济发展的重要引擎。政府高度重视创新工作，制定了一系列政策措施，为企业创新提供有力支持。企业也应抓住机遇，加大创新投入，提高自身竞争力。同时，社会各界也要共同营造有利于创新的环境，培养创新人才，推动我国产品和服务创新迈向更高水平。

（10）市场创新

市场创新是指企业采取一系列新颖的方法和策略，以拓展市场份额、提高市场竞争力和实现可持续发展。市场创新主要包括两个方面：

一方面，进入新的地理市场或市场细分是市场创新的重要途径之一。随着全球化的不断深入，企业有了更多机会进入国际市场。在这个过程中，企业需要充分了解目标市场的需求、消费习惯和文化特点，以便制定合适的市场策略。此外，企业还应关注新兴市场的发展趋势，以便抓住市场机遇。进入新的市场细分同样重要。企业需要不断挖掘潜在客户需求，为不同细分市场提供定制化的产品和服务。这样，企业可以扩大客户群体，提高市场份额。

另一方面，通过创新的营销和销售方式来吸引现有市场的新客户群体也是市场创新的关键。在竞争激烈的市场中，企业需要不断探索新的营销手段，以提高品牌知名度和影响力。创新的营销方法包括利用互联网、社交媒体、大数据等，实现精准营销和互动营销。此外，企业还应关注绿色营销、社会责任营销等新兴趋势，以提升企业形象。在销售方面，企业可以通过优化销售渠道、改进售后服务、实施差异化定价策略等手段，提高客户满意度和忠诚度。

市场创新对企业的发展具有重要意义。首先，市场创新有助于企业拓展市场份额，实现规模经济效应。其次，市场创新可以提高企业的核心竞争力，抵御市场风险。此外，市场创新还有助于企业实现可持续发展，为社会创造更多价值。

（11）系统创新

系统创新是一种涉及多个创新元素的综合性过程，它包括技术、产品、服务和流程等多个方面的整合。这种创新模式旨在创造出全新的系统或解决方案，以满足市场需求和提升企业竞争力。在系统化创新理论的形成过程中，企业获得了一个结构化的框架，有助于识别创新机会、选择创新路径，并有效地管理创新过程。

系统化创新理论强调了创新的多样性和综合性。多样性体现在创新来源、创新主体、创新领域等多个方面，为企业提供了丰富的创新选择。综合性则表现在创新过程中各个环节的相互关联和协同作用，使得创新成果更具价值和可持续性。此外，系统创新还注重创新在不同层面和领域中的应用，包括技术创新、产品创新、服务创新和流程创新等，以实现企业整体竞争力的提升。

在实践过程中，企业应根据自身特点和市场需求，灵活运用系统化创新理论，开展创新活动。首先，企业要识别创新机会，这需要关注行业趋势、技术发展、竞争对手和客户需求等多个方面，以确保创新方向的正确性。其次，企业要选择创新路径，包括自主研发、合作创新、收购兼并等，以充分发挥企业优势和资源。最后，企业要有效地管理创新过程，确保创新项目的顺利进行和成果的落地。

5. 跨学科融合

创新理论开始融合心理学、社会学等学科的见解，以更全面地理解创新过程中的个体和群体行为，以及这些行为如何受到社会结构和文化的影响。以下是对这一融合过程的详细阐述：

（1）心理学视角

心理学作为一门研究人类心理现象和行为规律的科学，为我们理解个体在创新过程中的认知、情感和行为提供了有力的工具。

创造力心理学是研究个体在创新过程中所表现出的心理特征和规律的分支。它旨在探讨创造力产生的心理机制，以及影响创造力的内外部因素。了解这些因素有助于我们培养和提高个体的创新能力，从而为我国的科技创新和社会进步贡献力量。

个性特征是影响个体创新能力的重要因素。研究发现，具有独立性、冒险性、好奇心、自信等特质的人往往具有较强的创新能力。这些特质可以通过心理测量工具进行评估，为选拔和培养具有创新能力的人才提供参考。

动机是推动个体进行创新活动的内在驱动力。研究表明，高度的动机可以激发个体的创新潜能，从而提高创新能力。动机可以从三个方面进行培养：一是兴趣，二是成就需求，三是责任感。通过激发这三个方面的动机，可以有效提高个体的创新能力。

认知风格是指个体在处理信息、解决问题时所表现出的认知特点。研究发现，场独立型和场依存型认知风格的人在不同程度上影响着个体的创新能力。场独立型的人在创新过程中更注重内在逻辑和本质，而场依存型的人则更善于从外部环境中寻找创新灵感。了解个体的认知风格，有助于我们因材施教，提高创新教育的效果。

（2）社会学视角

社会学作为一门研究人类社会行为和现象的学科，为我们提供了丰富的理论和方法，以分析群体行为、社会网络和社会结构对创新的影响。在创新研究领域，社会资本理论尤为重要，它强调了社会关系和网络在知识传播、共享和创新实践中的关键作用。

从社会学的角度出发，我们可以深入探讨群体行为如何影响创新。在复杂的社会环境中，个体的行为往往受到周围人的影响。当一个群体中的成员积极参与创新实践时，这种行为将激发其他成员的参与热情，从而营造出一种创新氛围。此外，通过持续的观察和模仿，群体成员可以迅速掌握新知识、新技能，从而提升整个群体的创新能力。

社会网络在创新过程中的作用也不容忽视。根据社会学的观点，社会网络是一种重要的资源，可以帮助个体获取知识和信息。在创新活动中，个体通过与网络中的其他成员互动，可以激发新的灵感和发展方向。同时，社会网络还可以为创新者提供必要的支持和合作机会，有效缓解创新过程中的风险和成本压力。因此，创新者应该注重构建和维护良好的社会关系，以提高创新的成功率。

社会结构对创新活动的影响也是一个不容忽视的研究议题。社会结构决定了社会资源的分配和人们的地位关系。在创新领域，社会结构可以通过优化资源配置、提升弱势群体的创新能力等方式，促进创新的发展。此外，公平和公正的社会结构有助于激发人们的创新激情，为创新提供源源不断的动力。

综上所述，社会学为我们提供了有力的理论工具，以研究群体行为、社会网络和社会结构对创新实践的影响。在此基础上，社会资本理论过一步强调了社会关系和网络在知识共享和创新活动中的重要性。为了推动我国创新事业的蓬勃发展，我们应当关注社会资本的培育和发挥，搭建有利于创新的社会结构和网络环境，从而为创新者提供更加广阔的舞台。

（3）组织行为学

组织行为学是一门深入探究组织内部行为模式的学科，它涵盖了诸多方面，如团队协作、领导方式和企业文化等。这些因素不仅对创新的发生和实施产生影响，而且在很大程度上决定了组织的整体运作和发展。

团队工作在组织创新过程中起着至关重要的作用。一个高效的团队能够充分调动其成员的积极性、主动性和创造性，从而促进创新成果的产生。此外，团队成员之间的协作和沟通也是创新过程中不可或缺的一环。只有保持良好的团队氛围，才能实现成员之间的知识、技能和经验的充分交流和整合，为创新提供源源不断的动力。

领导风格同样对组织创新有着重要影响。一位具备创新意识的领导者能够激发员工的潜力，鼓励员工勇于尝试、乐于创新。此外，领导者对创新的重视程度和支持力度也会影响到创新项目的实施。因此，在选拔领导者时，组织应注重其创新领导能力，以确保组织创新提供有力保障。

组织文化对于创新的发生和实施具有深远的影响。一个鼓励创新、包容失败的组织文化能够为员工提供宽松的工作环境和心理氛围，使他们敢于创新、乐于创新。此外，组织文化还应当注重对创新成果的保护和激励，以保持组织创新的持续性和活力。

总之，组织行为学关注的是组织内部的行为模式及其对创新过程的影响。团队工作、领导风格和组织文化这三个关键因素相互交织，共同塑造了一个组织创新的平台。只有深入研究和把握这些因素，才能为我国组织的创新和发展提供有力支持。在当前全球竞争日益激烈的背景下，重视组织行为学的研究对于提升我国组织的核心竞争力具有重要意义。

（4）认知心理学

在认知心理学这一领域，创意产生理论备受关注，因为该理论为我们提供了深入理解创新思维过程的途径。其中，发散思维和聚合思维是两个重要且相互关联的理论框架，旨在培养个性化的创新思维技巧，从而促进新想法的不断涌现。

发散思维是一种开放的、多元化的思维方式，它强调思维的广度和多样性。在这种思维模式下，个体可以从不同的角度、层面和维度来探讨一个问题，从而拓展问题的解决方案。发散思维的训练方法包括头脑风暴、思维导图等，这些方法都有助于打破传统的思维定式，激发创新潜能。

与发散思维不同，聚合思维是一种有序且系统的思维方式，旨在寻找问题的最佳解决方案。在这个过程中，个体需要将各种创意进行筛选、整理和优化，以达成创新目标。聚合思维的培养方法包括逆向思维、优化策略等，这些方法有助于提升解决问题的效率并促成创新成果的转化。

在实际应用中，发散思维和聚合思维往往相互结合，共同推动创新过程。通过发散思维，我们可以拓宽视野、探索更多可能性；而通过聚合思维，我们可以对这些可能性进行评估和优化，最终实现创新。二者相辅相成，使创新思维更具活力和效率。

在当今快速发展的时代，掌握这些理论和方法，对于提升个体和组织的创新能力具有重要意义。在实践中，我们应该灵活运用发散思维和聚合思维，不断挑战传统观念，开拓创新之路。

（5）社会心理学

社会心理学中的群体动力学理论，如社会促进和社会抑制，为我们揭示了群体环境对个体创新表现的潜在影响机制。在这一理论体系中，社会促进作用于个体创新的主要途径有两条：一是通过激发个体的竞争意识，激励个体不断提高创新能力和创新成果；二是通过模仿与学习，使个体在群体中获得创新的灵感与方法。与此同时，社会抑制则表现为两种形式：一是群体压力可能导致个体在面对创新挑战时产生畏惧心理，从而抑制创新思维的自由发挥；二是过度依赖群体共识，可能导致个体创新动力和独立思考能力的削弱。

从社会促进的角度审视，竞争是推动创新的重要因素。在群体环境中，个体往往受到竞争心理的驱动，力求在创新领域脱颖而出，从而带动整个群体创新水平的提升。此外，通过观察和学习他人的创新成果，个体可以迅速积累经验，发掘自身的创新优势，进一步促进创新能力的提升。

然而，社会抑制同样对个体创新表现产生了不利影响。在群体压力影响下，个体可能会过分关注他人的看法，从而限制创新思维的发展。此外，过度依赖群体共识使个体在创新过程中缺乏独立思考，容易陷入思维定式，制约了创新潜能的挖掘。

为了促进我国创新事业的蓬勃发展，我们需要充分认识到群体动力学理论在创新人才培养和激励机制建设中的重要作用。一方面，我们要充分利用社会促进的积极作用，培育个体的竞争意识，激发创新潜能；另一方面，我们要关注社会抑制因素的影响，帮助个体克服依赖心理，进而培养独立思考和创新能力。

群体动力学理论为我们提供了有益的启示，有助于我们更好地理解群体环境对个体创新行为的影响。通过深入研究这一理论，并采取有效措施激发个体创新潜能，有望为我国创新事业的发展注入新的活力，推动其持续进步。

（6）文化研究

文化研究理论在探讨创新过程时，不同文化背景对创新的影响，这一问题备受瞩目。创新不仅是一个技术过程，它还涉及社会、心理和文化等多种因素。因此，理解文化差异如何影响创新过程显得尤为重要。

风险态度对创新过程有着重要影响。在某些特定文化背景下，人们倾向于规避风险，遵循传统路径，这在一定程度上限制了创新的可能性。相反，在其他文化背景中，较高的风险接受程度，敢于冒险的精神可能促进创新的发展。因此，企业和社会应关注文化差异对风险态度的影响，以便更好地培育创新氛围。

对权威的尊重也是影响创新的重要因素。在某些文化中，人们尊重权威，遵循既定规则，这可能抑制创新精神。而在其他文化中，人们更注重个人能力和成就，对权威的看重程度较低，这可能为创新提供更广阔的空间。因此，在鼓励创新时，必须考虑文化对权威尊重的差异，以营造有利于创新的环境。

个人主义与集体主义价值观在创新过程中也发挥着重要作用。个人主义文化鼓励个人追求自我实现，尊重个人能力和成就，这有助于创新的发展。而集体主义文化强调团结协作，注重整体利益，这可能对创新产生一定的制约。然而，集体主义文化中的协同合作也有助于解决复杂问题，推动创新。因此，在促进创新时，需要权衡个人主义与集体主义价值观的利弊，以实现创新的最大化。

文化研究理论为我们提供了理解创新过程的新视角。了解不同文化背景对创新的影响，有助于我们更好地培育创新氛围、激发创新潜能。在风险态度、权威尊重、个人主义与集体主义价值观等方面，我们需要关注文化差异，以便在创新过程中实现优势互补，推动社会进步。在当今全球化的背景下，跨越文化界限、整合文化资源，将成为创新的重要动力。因此，深入研究文化对创新的影响，对于我国乃至全球的创新发展具有重要意义。

（7）经济学与创新

经济学在创新决策和市场行为分析方面具有重要作用。它为企业提供了诸多实用工具，有助于评估创新项目的可行性，从而确保企业在投资和创新方面的决策更加明智和高效。在众多经济学工具中，成本效益分析和投资回报分析等方法在创新项目评估中尤为重要。

成本效益分析是一种比较不同项目成本与收益的方法。通过对创新项目的成本和收益进行详细分析，企业可以更好地了解项目的经济效益，从而做出更合理的决策。在进行成本效益分析时，企业需要关注项目的直接成本和间接成本，以及项目实施过程中可能产生的风险和不确定性。通过对成本和收益进行权衡，企业可以确保创新项目在有限的资源下实现最优分配。

投资回报率是衡量创新项目盈利能力的重要指标。投资回报率反映了企业投资创新项目所获得的收益与投资成本之间的比例关系。通过对投资回报率的分析，企业可以评估创新项目的盈利潜力，并为后续投资决策提供参考。投资回报率的计算方法有多种，如净现值、内部收益率等。这些方法可以帮助企业发现具有较高投资价值的创新项目，从而提高企业的整体竞争力。

除了成本效益分析和投资回报率之外，经济学还提供了许多其他工具，如市场调研、竞争分析等。这些工具可以帮助企业全面了解创新项目所处的市场环境，从而更好地把握市场机遇。通过对竞争对手的战略和市场份额进行研究，企业可以发现自身创新项目的竞争优势，并制定相应的发展策略。

总之，经济学在创新决策和市场行为分析方面具有重要作用。通过运用成本效益分析、投资回报率等经济学工具，企业可以更加准确地评估创新项目的可行性，确保企业在投资和创新方面的决策更加科学和合理。此外，企业还应关注市场动态和竞争对手，以便在激烈的市场竞争中立于不败之地。在我国经济发展的新阶段，企业应充分利用经济学的理论和方法，不断提高创新能力和核心竞争力，为实现高质量发展贡献力量。

（8）技术预测

技术预测理论在当今世界发挥着重要作用，为政府、企业和个人提供了宝贵的指导。其中，S 曲线和 Gartner 的炒作周期（hype cycle）模型是两种广泛应用的预测方法，有助于我们了解技术发展的趋势和市场接受程度，从而为企业规划创新路径提供有力支持。

S 曲线是一种描绘技术发展阶段的经典模型，它将技术从诞生到成熟的过程分为三个阶段：创新阶段、成长阶段和成熟阶段。这个模型形象地展示了技术从初期到普及的过程，为企业提供了一个参考框架，使他们在不同阶段采取相应的发展策略。通过分析技术所处的阶段，企业可以更好地判断其在市场竞争中的优势和劣势，以及何时进行技术更新和改进。

Gartner 的炒作周期模型则是另一种有益的工具。这个模型描绘了技术从诞生到死亡的过程，其中包括了五个阶段：创新、期望过高、失望、复苏和成熟。这个模型强调了市场中泡沫的存在，并提醒人们在投资和技术发展过程中保持理性。通过了解炒作周期，企业可以避免在技术发展过程中陷入盲目投资的陷阱，从而确保资源的合理分配。

结合这两种技术预测理论，企业可以更好地规划创新路径。在创新阶段，企业应注重技术研发和人才培养，为未来发展奠定基础。在成长阶段，企业要关注市场动态，抓住市场机遇，适时调整发展策略。在成熟阶段，企业应巩固自身地位，积极开展技术创新，以维持竞争力。

总之，技术预测理论为企业创新提供了有力支持。通过了解技术发展规律，企业可以更好地规划创新路径，抓住发展机遇，实现可持续发展。在当前科技日新月异的时代，技术预测理论的重要性不言而喻。我国企业应充分利用这些理论，加强创新能力，为国家的科技进步贡献力量。

（9）制度理论

制度理论是一种分析社会现象的重要理论框架，它主要探讨了社会规范、规则和政策如何塑造创新行为，以及企业如何通过制度变革来促进创新。在这个理论框架下，我们可以更好地理解社会制度对创新的影响，以及企业如何在现有制度环境下进行创新。

社会规范是指社会中对个体行为产生约束或引导的一种非正式规则，它对创新行为的产生和发展具有重要意义。在某种程度上，社会规范可以激励或抑制创新。例如，一个鼓励冒险和实验的社会氛围有利于创新行为的产生，而一个保守的社会氛围则可能抑制创新。

此外，政策作为政府对社会的干预手段，也在很大程度上影响着创新行为。政府可以通过制定和实施相关创新政策，为企业提供创新所需的资源和支持。例如，政府对研发投入的税收优惠、创新基金的设立以及对创新成果的保护等措施，都可以激发企业的创新积极性。

制度变革是指在社会制度环境下，企业对内部管理制度、组织结构和文化进行改革，以提高创新能力和竞争优势。企业通过改革内部管理制度，优化资源配置，使创新资源更加集中和高效利用。企业通过调整组织结构和文化，鼓励员工勇于创新、敢于尝试，从而提高整体创新能力。企业通过制度变革，提升创新能力和市场响应速度，以适应不断变化的市场环境，增强竞争力。企业通过与外部创新主体建立紧密合作关系，共享创新资源，提高创新成功率。

（10）复杂性科学

复杂性科学为我们提供了一系列丰富的工具和理论，以深入理解创新系统在复杂环境中的动态演变。网络理论、自组织等理论框架，为我们揭示了创新如何在复杂系统中逐步显现、演化和影响整个生态系统的过程。

网络理论强调创新主体之间的相互关联和互动，展示出创新现象的非线性特征。在创新网络中，节点代表各种创新主体，如企业、研究机构、高校等，而边则表示它们之间的合作关系。通过研究创新网络的拓扑结构、节点和边的权重等属性，我们可以更好地理解创新如何在网络中传播、汇聚和产生。此外，网络理论还揭示了创新生态系统的稳定性与脆弱性，为我们防范和应对创新过程中出现的风险提供了理论支持。

自组织理论为研究创新系统的动态性提供了有力工具。自组织现象是指在一定条件下，系统中的元素自发地形成有序结构。在创新系统中，自组织过程体现在创新主体根据市场需求、技术发展趋势等因素，自发地调整创新策略、合作关系等。通过自组织，创新系统能够在不断变化的环境中保持适应性，并实现创新资源的优化配置。自组织理论强调了创新过程中的非线性、不确定性和涌现特征，有助于我们捕捉创新现象中的规律性和启示。

除了以上两种理论，其他复杂性科学理论（如遗传算法、模拟退火等），在创新研究中也有着广泛的应用。它们有助于我们解决复杂创新问题，挖掘创新潜力，提高创新效率。

复杂性科学为我们提供了一套深刻的理论框架，揭示了创新系统在复杂环境中的动态性。通过运用网络理论、自组织等理论工具，我们可以更好地认识创新现象，并以此指导创新实践，推动我国创新体系建设。

苹果的创新文化深受其创始人史蒂夫·乔布斯（Steve Jobs）的个性和领导风格的影响，同时也受到公司内部鼓励风险和接受失败的组织文化的支持。3M 的 15% 规则允许员工将 15% 的工作时间用于他们选择的项目，这种政策鼓励了员工的自主性和创新性，产生了如便利贴等创新产品。

通过跨学科融合，创新理论能够更全面地解释创新的复杂性，包括个体和群体层面的行为、组织和市场结构的影响，以及文化和社会规范的作用。这种融合为企业提供了一个更为丰富的知识基础，帮助它们在不断变化的环境中有效地促进和管理创新。

6. 开放式创新

进入 21 世纪，亨利·切斯布罗（Henry Chesbrough）在其《开放式创新：进行技术创新并从中赢利的新规则》（*Open Innovation: The New Imperative for Creating and Profiting from Technology*）一书中提出了开放式创新的概念，主张企业应该超越传统的组织边界，通过广泛合作和知识共享，来获取新的创意和资源。它强调市场导向和知识权管理，加速了创新过程，并在创新生态系统中实现价值的创造。

宝洁公司是开放式创新理念的积极实践者，其通过“连接 + 开发”（connect + develop）战略，与全球范围内的研究人员、初创企业和供应商广泛合作，以获取新的产品创意和技术。类似的，谷歌的安卓操作系统也是一个开放式创新的典型，谷歌允许设备制造商和软件开发者访问、定制安卓平台，从而推动了移动应用的创新和发展。

开放式创新为企业提供了一种新的创新模式，帮助企业在快速变化的市场中保持竞争力。通过整合外部资源，建立合作关系，企业可以更有效地应对市场挑战、加速创新，并在此过程中创造新的价值。

7. 创新扩散理论

埃弗雷特·罗杰斯（Everett M. Rogers）是一位著名的社会学家，他在《创新的扩散》（*Diffusion of innovations*）一书中提出了创新扩散理论，这一理论对理解新观念、产品和实践如何在社会中传播提供了重要的视角。

创新扩散理论的核心内容在于揭示创新在社会中传播的过程、机制及影响因素。该理论强调创新的五个特征——相对优势、兼容性、复杂性、可试验性和可观察性——对传播的影响，并详细描述了创新扩散的五个阶段：知晓、兴趣、评估、试验和采纳。同时，理论还区分了不同类型的采纳者，并分析了社会网络、关键意见领袖、传播渠道、时间因素、社会结构和文化因素在创新扩散过程中的作用。这些因素共同构成了创新扩散的复杂系统，为我们理解和预测创新的传播提供了有力的理论框架。

创新扩散理论为理解创新如何在社会中传播提供了一个有利的框架，并被广泛应用于市场营销、公共卫生、农业发展和教育等领域。通过了解影响创新采纳的因素和过程，可以更有效地设计和实施创新推广策略。

8. 国家创新体系

随着全球化的发展，国家层面的创新体系已成为学者们研究的重点，这些研究关注政府政策如何塑造创新环境、促进创新活动，并最终影响国家竞争力。

国家创新体系由经济学家克里斯托弗·弗里曼（Christopher Freeman）和理查德·R. 纳尔逊（Richard R.Nelson）等提出的，指的是一个国家内所有与创新活动相关的机构和组织的网络，包括企业、大学、研究机构、政府和金融机构，旨在促进创新活动。政府通过政策和法规激励创新，如研发补贴和税收优惠。研究者分析政策工具对创新的影响，评估创新环境，并进行国际比较研究。创新集群如硅谷展示了地理集中对创新的促进作用。学者们评估创新政策效果，探讨技术预见和创新路线图，以及创新如何推动经济发展和国际竞争力。创新生态系统研究强调不同参与者间的相互作用，为政策制定者提供创新政策建议。

芬兰通过投资教育和研发，建立了强大的国家创新体系，特别是在移动通信和清洁技术领域。韩国政府通过有针对性的政策支持，如对半导体和汽车行业的支持，促进了这些行业的快速发展和国际竞争力的增强。

学者们通过这些研究，为理解和改进国家层面的创新体系提供了理论基础和实证证据，帮助政府制定更有效的创新政策，以提高国家的创新能力和全球竞争力。

9. 创新生态与环境

近年来，创新生态的概念受到重视，研究者关注创新如何在复杂的生态系统中发生，包括企业、研究机构、政府和用户之间的相互作用。创新生态是一个多维度、多参与者的系统，它强调在创新过程中不同实体之间的相互作用和协同效应。

创新生态系统包括知识流动、资源共享、协同创新、网络结构、环境因素、迭代创新过程、风险与机会共享、政策与治理、创新集群和创新平台等多个维度。

硅谷是一个著名的创新生态系统，它以高度的企业和人才密度、强大的风险投资网络和开放的创新文化而闻名。欧洲分子生物学实验室（European Molecular Biology Laboratory，EMBL）亦是如此，作为一个研究机构，EMBL 通过与其他研究机构和企业的合作，推动了生物科学领域的创新。

创新生态系统的概念强调了创新不是孤立发生的，而是一个涉及多个参与者、资源和环境因素的复杂过程。通过理解和优化这些相互作用，可以更有效地促进创新，并提高整个系统的创新能力和竞争力。

10. 数字化与技术创新

随着数字技术的发展，数字创新成为研究的热点，包括大数据、人工智能、区块链等技术如何推动新的创新模式。数字创新已经成为推动经济增长和社会进步的关键力量。以下是对数字创新及其推动新创新模式的详细阐述：

（1）大数据

大数据是指超出传统数据处理能力范围的大量、高速、多样的数据集合。它通过高级分析和机器学习技术，帮助企业洞察消费者行为、优化运营流程、预测市场趋势。Netflix 利用大数据分析用户的观看习惯，为其推荐个性化的影视内容，从而提高用户满意度和黏性。

（2）AI 技术

AI 技术通过模拟人类智能，使机器能够执行学习、推理、自我修正等任务。AI 在图像识别、自然语言处理、智能决策等领域的应用，极大地推动了业务流程自动化和智能化。根据阿玛拉定律（Amara's Law），我们倾向于高估技术短期内的影响，而低估其长期影响。AI 的长期潜力可能远超我们当前的预期。IBM 的 Watson 通过 AI 技术辅助医生进行疾病诊断，提高了诊断的准确性和效率。

（3）区块链

区块链是一种分布式账本技术，它通过加密和共识机制确保数据的不可篡改性和透明性，区块链在供应链管理、金融服务、智能合约等领域的应用，为创新提供了新的可能性。区块链可以被看作一个不断增长的图书馆，每一本书（区块）都包含着独特的信息，并且所有读者（节点）都能验证这些信息的真实性。比特币作为区块链技术的第一个成功应用，彻底改变了我们对货币和支付系统的认识。

（4）数字创新的推动作用

数字技术的融合和应用推动了新的创新模式，如用户参与创新、开放式创新、平台经济等。这些模式利用数字技术连接不同的参与者，促进知识共享和协同创新。

（5）创新模式的变革

数字技术使消费者能够直接参与产品设计和改进过程，如通过众包平台收集用户创意。企业通过开放 API、在线协作工具等手段，与外部开发者、创业者共同开发新产品或服务。数字平台连接供需双方，促进资源共享和交易，如 Airbnb、Uber 等。

（6）数字创新的挑战

数字创新同时也带来了数据安全、隐私保护、伦理道德等方面的挑战。企业和政府需要制定相应的政策和规范，以确保创新的可持续性和社会责任。

（7）数字创新的未来趋势

随着 5G、物联网、量子计算等新技术的发展，数字创新将继续拓展其应用领域和深度，推动更多行业和领域的数字化转型。

通过以上阐述，我们可以看到数字技术如何成为创新的主要驱动力，它们不仅改变了产品和服务的开发方式，还重塑了企业与消费者、企业与企业之间的互动模式。数字创新的潜力巨大，但也需要我们在享受其带来的便利和效率提升的同时，关注和解决伴随而来的挑战。

11. 创新政策与战略

在全球化和技术迅猛发展的宏观背景下，企业与政府纷纷着手制定一系列创新政策和战略，以促进技术进步和经济增长。这些政策和战略的制定不仅展现了对当前市场和技术趋势的深入理解，也明确指出了未来发展的方向。

随着全球化进程的不断深入，企业正面临国际竞争的加剧和市场需求的多样化。技术的快速进步同样在不断改变产业结构和商业模式。因此，企业与政府必须通过创新政策和战略来适应这些变化，以维持其竞争力。

创新政策和战略的核心目标是推动技术进步，提升生产效率和产品质量，同时促进新兴产业的发展和传统产业的转型。这些政策和战略还致力于营造一个有利于创新的环境，以激发企业和个人的创新潜能。

为了实现这些目标，企业和政府采取了多种政策工具，如研发补贴、税收优惠、知识产权保护、技术转移支持和创新基金的设立。这些工具旨在降低创新成本，分散创新风险，并提高创新的回报率。

创新政策和战略的制定通常具有前瞻性，它们不仅关注当前的技术进步和经济增长，还考虑未来的发展需求和潜在挑战。这要求企业和政府进行深思熟虑，制定可持续的创新路径。

在执行创新政策和战略时，企业和政府需要协调各方资源和行动，以确保政策的有效实施。这包括跨部门合作、建立公私伙伴关系，以及与国际标准的对接等。

鉴于市场和技术环境的持续变化，企业和政府制定的创新政策和战略必须具备适应性和灵活性，以便根据实际情况进行调整和优化。

为了确保创新政策和战略的有效性，企业和政府需要建立评估机制，定期监测政策效果，收集反馈信息，并根据评估结果进行必要的调整。

在企业层面，华为通过建立研发中心、与高校合作、投入基础研究，形成了以创新为核心的发展战略，保持了其在全球通信市场的领先地位；在政府层面，我国政府通过实施《国家创新驱动发展战略纲要》，明确了到 2050 年建成世界科技创新强国的目标，并制定了相应的政策措施来推动科技和产业创新。

通过这些创新政策和战略的制定与实施，企业和政府能够更好地应对全球化和技术变革带来的挑战，促进经济的持续健康发展，并在激烈的国际竞争中保持优势。

12. 创新测量与评估

随着社会经济的不断发展，学者和政策制定者也越来越关注创新的测量和评估，开发了一系列指标来量化创新活动的影响。在知识经济时代，创新被认为是推动经济增长和社会进步的关键因素。因此，学者和政策制定者需要了解创新活动如何影响经济和社会，这就要求对创新进行有效的测量和评估。

量化创新活动可以帮助我们理解创新对经济产出、生产效率、就业、竞争力等方面的具体影响。通过量化，创新的影响可以更加直观和易于比较。为了量化创新，学者和政策制定者开发了一系列指标，如研发投入（R&D 支出）、专利申请和授权数量、高科技产业的增长率、创新产品的市场份额等。

创新测量不仅关注数量指标，还关注质量指标，如创新的质量、创新对环境可持续性的影响、创新的社会包容性等。创新评估可以采用不同的方法，包括案例研究、调查问卷、计量经济学模型、数据包络分析（data envelopment analysis，DEA）等。通过对创新活动的测量和评估，政策制定者可以更好地了解现行政策的效果，为制定或调整创新政策提供依据。创新指标还可以用于国际比较，帮助一个国家了解其在全球创新体系中的位置，识别优势和差距。尽管创新指标提供了量化创新的有用工具，但它们也有局限性。例如，某些指标可能无法完全捕捉到创新的所有方面，或者可能存在数据的可获得性和准确性问题。学者和政策制定者需要不断地评估和改进创新测量的方法和指标，以确保它们能够适应快速变化的创新环境。

欧盟委员会每年发布欧盟创新指数，评估成员国的创新表现，包括创新投入和产出等多个维度。世界知识产权组织（World Intellectual Property Organization，WIPO）发布的全球创新指数，通过评估知识产权申请活动、研发支出、市场成熟度等因素，对全球经济体的创新能力进行排名。

13. 社会责任与可持续创新

当前，创新理论研究越来越多地考虑到社会责任和可持续性，旨在探讨如何在创新过程中实现经济、环境和社会目标的平衡。

创新活动不再仅以经济利益最大化为目标，更加注重其对社会各方面的影响，包括就业、教育、健康和社会公正等。同时，创新理论强调减少对环境的负面影响，推动清洁能源、绿色技术和循环经济的发展，以实现自然资源的可持续利用。此外，创新需要在提高企业竞争力和盈利能力的同时，确保其对社会的正面影响，如通过创造就业机会、提供公共产品和服务来增进社会福祉。创新理论鼓励开发既能提高生产效率又能减少环境污染的技术和产品，以实现经济增长与环境保护的双赢。在创新过程中，满足社会基本需求，如通过技术创新解决贫困、教育不平等和医疗保健问题，也成为重要考量。对创新的评估不再局限于经济指标，而是包括社会责任和环境可持续性等指标，如企业的社会责任报告和环境影响评估。创新过程中广泛听取和考虑各方利益相关者的意见和需求，包括消费者、员工、社区、政府和非政府组织，成为必要环节。政府通过制定支持性政策和法规，如提供研发税收抵免、鼓励绿色投资和实施环境标准，来促进社会责任和可持续性的创新。企业在制定创新战略时，需要将社会责任和可持续性纳入其核心价值和长期规划，以提高其社会形象和市场竞争力。创新模式正从单一的技术突破转向系统集成，强调跨学科、跨行业的合作，以解决复杂的社会和环境问题。

例如，太阳能技术的发展不仅推动了可再生能源的利用，减少了温室气体排放，还创造了新的就业机会和社会经济效益。共享经济通过优化资源配置，减少了资源浪费，同时也提供了灵活的就业机会，促进了社会包容性。

2.2.2 创新在市场营销策略中的应用实例

在当今这个信息爆炸、消费者需求日益个性化的时代，市场营销策略的创新已成为企业获得竞争优势的关键。创新理论在市场营销中的应用，为传统的市场营销策略注入了新的生命力和活力，使得企业能够在竞争激烈的市场环境中脱颖而出。

1. 社交媒体营销的创新应用

2010 年至今，社交媒体就像是一个巨大的虚拟集市，企业通过在这个集市上开设自己的“摊位”（官方账号），并利用各种创新手段吸引“顾客”（用户）的关注和互动。

小米公司在社交媒体营销方面的创新应用堪称典范，自 2010 年成立以来，小米就积极利用微博等社交媒体平台，通过发布新品信息、互动活动、用户反馈等方式，与粉丝保持紧密互动，这种创新的社交媒体营销策略不仅提升了小米品牌的知名度，还成功地将粉丝转化为忠实的消费者。

2. 体验式营销的创新应用

2000 年至今，体验式营销就像是为消费者打造一场身临其境的“盛宴”，让消费者在享受产品或服务的同时，也能感受到品牌的独特魅力和价值。

星巴克在中国市场的体验式营销做得非常成功，他们通过打造独特的咖啡文化氛围，提供舒适的用餐环境，以及举办各种咖啡品鉴活动等方式，让消费者在品尝美味咖啡的同时，也能深入体验到星巴克的品牌文化和价值观。这种创新的体验式营销策略为星巴克赢得了大量忠实的粉丝。

宜家在家居行业的体验式营销方面也具有代表性，他们通过打造逼真的家居展示场景，让消费者在购物过程中能够亲身感受到产品的实用性和舒适性，此外，宜家还经常举办各种家居装饰讲座和 DIY 活动，让消费者在参与过程中更深入地了解宜家的产品和品牌理念。

3. 定制化营销的创新应用

2015 年至今，定制化营销就像是为消费者量身定制一套合身的“西装”，让消费者感受到品牌的专属服务和个性化关怀。海尔智家在智能家居领域通过定制化营销取得了显著成效。他们根据消费者的不同需求和偏好，提供个性化的智能家居解决方案，消费者可以根据自己的喜好选择家电产品的颜色、款式和功能等，这种创新的定制化营销策略满足了消费者对个性化和差异化的追求。

耐克在运动鞋领域的定制化营销也颇具特色。他们推出了 Nike By You 服务，允许消费者在线定制个性化的运动鞋。消费者可以选择鞋面颜色、材质、鞋带样式等，打造出独一无二的专属运动鞋。这种创新的定制化服务不仅提升了耐克品牌的附加值，还增强了消费者的参与感和归属感。

通过社交媒体营销、体验式营销和定制化营销的创新应用，企业能够在市场营销中实现与消费者的深度互动，提升品牌形象，增强市场竞争力。这些创新营销策略的成功实施，不仅需要企业对市场趋势的敏锐洞察，还需要对消费者需求的深刻理解。

第 3 章　市场营销管理创新途径探索

市场营销管理创新途径的探索，是企业在面对日益激烈的市场竞争和消费者需求变化时，不断寻求突破和发展的重要手段。

企业需要深化对消费者需求和行为的研究。通过大数据分析、AI 等技术手段，深入挖掘消费者的购买偏好、消费习惯、心理需求等信息，以更加精准地定位目标市场和消费者群体。同时，企业还可以通过与消费者的互动和反馈，不断优化产品和服务，提升消费者满意度和忠诚度。

企业需要拓展营销渠道和方式。传统的营销渠道和方式已经难以满足现代消费者的多样化需求，企业需要积极探索新的营销渠道和方式，如社交媒体营销、内容营销、直播营销等。同时，企业还可以考虑跨界合作、联合营销等方式，以扩大品牌影响力和市场份额。

企业需要注重营销团队的培训和管理。营销团队是企业实现市场营销目标的重要力量，企业需要加强对营销团队的培训和管理，提升团队的专业素质和创新能力。通过定期的培训、分享和交流等活动，激发团队成员的创新思维和创造力，为企业的市场营销管理创新提供源源不断的动力。

企业需要关注社会责任和可持续发展。在市场营销管理创新的过程中，企业需要注重履行社会责任，关注环境保护、公益事业等方面。同时，企业还需要关注可持续发展，通过创新的方式实现经济效益、社会效益和环境效益的协调发展。

3.1 产品创新途径

产品创新途径的探索，是企业提升市场竞争力、满足消费者需求的重要手段。在当前的市场环境下，企业需要从以下几个方面来实现产品创新。

企业需要加强研发投入，提升技术创新能力。通过不断研发新技术、新材料和新工艺，企业可以推出具有差异化竞争优势的新产品，满足消费者的多元化需求。同时，企业还需要注重知识产权保护，确保创新成果得到合理保护和应用。

企业需要关注市场趋势和消费者需求的变化。通过深入了解市场趋势和消费者需求的变化，企业可以及时调整产品策略，推出符合市场需求的新产品。此外，企业还可以通过与消费者互动以及消费者的反馈，收集用户对产品的意见和建议，为产品改进和创新提供重要参考。

企业还需要注重跨界合作和资源整合。通过与其他行业或企业的跨界合作，企业可以获取更多的创新资源和灵感，实现资源共享和优势互补。同时，企业还可以借助外部资源，如科研机构、高校等，共同开展产品研发和创新活动，提升创新效率和质量。

最后，企业需要注重产品的可持续性和环保性。在产品研发和创新过程中，企业需要注重环保和可持续发展理念的应用，推出符合环保标准和可持续发展要求的新产品。这不仅有助于提升企业的社会形象和市场竞争力，还有助于推动整个行业的可持续发展。

3.1.1 新产品开发流程与策略

1. 新产品开发流程

新产品开发的流程从市场调研开始到产品最终发布，通常包括以下几个关键步骤：

（1）市场调研

在这一阶段，为了对消费者的需求、市场的发展趋势以及竞争对手的状况有一个深入的了解，我们主要通过市场调研等手段搜集相关情报。调研的方法多种多样，包括但不限于问卷调查、深度访谈和市场观察等，目的是全面地评估新产品的市场潜力，并明确其市场定位，从而为后续的产品开发和市场策略提供有力的数据支持。

市场调研是新产品开发流程中至关重要的一步，它相当于在广阔海域中寻找宝藏前的“勘探”阶段。这一阶段的主要任务是运用各种方法深入探索和理解市场的实际情况，为接下来的产品开发——即“开采”阶段——打下坚实的基础。想象一下，如果你是一位准备探索未知丛林的探险家，在出发前你会做哪些准备？你无疑会仔细研究地图，了解地形，调查当地的风俗习惯，甚至可能会寻求向导的帮助以获取更多信息。市场调研正是扮演了这样的角色，通过数据的收集与分析，帮助我们绘制出市场的“地形图”。

具体来说，市场调研就像是用“望远镜”和“显微镜”同时观察市场。用“望远镜”来远观整个市场的概况和趋势，比如哪些产品正受欢迎，消费者的购买习惯有何变化等，这就像是在丛林中判断哪片区域更有可能藏有宝藏。而用“显微镜”则是为了近距离审视消费者的具体需求和偏好，以及竞争对手的动向，这好比是探险家在与当地居民交流，了解哪些区域是禁地，哪些地方更有可能发现宝藏。

通过深入细致的市场调研工作，企业能够更准确地把握市场需求和消费者偏好，从而为自己的新产品找准定位。这就好比探险家根据收集到的信息，绘制了一张详细的“宝藏地图”，为后续的探险行动提供有力的方向性指导。所以，可以把市场调研看成在探险前的情报收集工作，通过“望远镜”和“显微镜”的视角，为新产品开发指明方向，确保最终能够找到市场的“宝藏”。

（2）创意生成与筛选

基于市场调研的信息，通过头脑风暴、设计思维等活动，团队产生出新产品的创意。新产品开发流程中的关键环节离不开创意的生成与筛选。就如同烹饪前的选材过程，要从众多食材中挑选出最适合的原料，从而制作出美味佳肴。在这个阶段，团队成员集思广益，通过头脑风暴、设计思维等创造性方法，激发出大量新颖的产品创意。这些创意就像是未经雕琢的璞玉，蕴含着无限的潜力和可能。然而，并非所有的创意都适合进一步开发。因此，团队需要对这些创意进行细致的评估和筛选。这一过程就像是对食材进行挑选，要综合考虑食材的新鲜度、口感、营养价值等因素，以确保最终烹饪出的菜肴色香味俱佳。同样，在筛选创意时，团队也会根据市场需求、技术可行性、潜在竞争优势等多个维度，对每一个创意进行深入剖析，挑选出最具潜力和价值的创意进行后续开发。这一过程可以比作一个厨师在准备烹饪大赛的食材。首先，他会从市场上购买大量的食材，这些都是他的“创意”。然后，他会根据比赛的主题（市场需求）、自己的烹饪技艺（技术可行性）以及食材的特色（潜在竞争优势）来筛选食材。最终，他会挑选出最能展现他厨艺水平、最符合比赛主题、最具特色的食材，为烹饪大赛做好充分的准备。

苹果公司的创意具有典型性和代表性。这家科技巨头在开发新产品时，总是能够引领市场潮流，这得益于其强大的创意生成与筛选能力。在 iPhone 的开发过程中，苹果公司的设计团队通过头脑风暴和设计思维，提出了许多颠覆性的创意。这些创意在经过市场需求分析、技术评估以及竞争优势考量后，最终形成了今天我们所熟知的 iPhone 产品。其独特的触控界面、强大的应用商店等功能，都是经过精心筛选和优化的创意成果。

我国的小米公司，在开发米家智能家居产品时，也淋漓尽致地体现了创意生成与筛选的重要性。小米的设计团队在深入了解用户需求和把握市场趋势的基础上，提出了众多富有创新理念的家居产品设计方案。经过严格的筛选和优化，最终推出了一系列深受用户喜爱的智能家居产品，如米家空气净化器、米家智能灯泡等。这些产品的成功推出，不仅提升了小米的品牌影响力，也进一步巩固了其在智能家居市场的领先地位。

（3）概念形成与测试

当团队从众多创意中筛选出最有潜力的点子后，下一步就是将这些创意点子进一步细化和具体化，形成明确的产品概念，这一过程就好比是将一个模糊的想法或梦想，逐渐勾勒出清晰的轮廓和细节，使其变得更加生动和具体。

产品概念的形成，是将抽象的创意转化为消费者能够理解和感知的具体描述，这就像是一个雕刻家，从一块原始的石材开始，逐渐雕刻出一个人像的轮廓，再进一步细化出五官和表情，最终呈现出一个栩栩如生的雕塑作品。同样，团队会将筛选出的创意，通过添加具体的功能、设计元素和用户界面等细节，塑造出一个完整且引人入胜的产品概念。

然而，仅仅形成一个产品概念并不足以确保其市场接受度。因此，团队需要通过各种测试方法来收集目标消费者的反馈，这一过程就像是雕塑家在完成作品后，邀请观众来观赏并提出意见，以便进一步完善作品，团队通常会采用问卷调查、小组讨论等方式，了解消费者对产品概念的看法和感受，这些反馈信息对于团队来说至关重要，因为它们可以帮助团队发现产品概念中可能存在的问题和不足，从而及时进行优化和调整。

这一过程就像是一个厨师在研发新菜品。他首先有了一个大致的菜品构思（产品概念），然后他会制作出一个初步的样品（产品原型），并邀请食客（目标消费者）来品尝，食客们的反馈会帮助他调整菜品的口味、摆盘等细节（优化产品概念），直到最终呈现出一道令大多数人满意的佳肴。

以特斯拉为例，这家新能源汽车制造商在推出其首款电动轿车 Model S 之前，经历了多次产品概念的测试和优化，特斯拉的团队首先形成了一个创新的电动汽车概念，这个概念融合了高性能、长续航、智能驾驶等多个前沿技术元素，为了验证这一概念的可行性，特斯拉进行了广泛的市场调研和消费者测试，通过收集潜在消费者的反馈，特斯拉发现市场对于电动汽车的续航里程和充电便利性存在较大的关注，因此，团队在产品概念中进一步强化了这些方面的设计，并不断优化车辆的电池技术和充电网络布局。最终，特斯拉成功推出了备受欢迎的 Model S，奠定了其在电动汽车市场的领导地位。

华为在推出其 P 系列智能手机之前，华为的团队也会经历类似的产品概念形成与测试过程，他们首先会基于市场趋势和消费者需求，形成一个创新的智能手机产品概念，然后，通过问卷调查、线上论坛讨论等方式，收集目标消费者对于新产品功能的期望和意见，这些反馈帮助华为不断优化其产品概念，确保最终推出的智能手机能够符合消费者的实际需求和期望，华为 P 系列智能手机的成功，很大程度上得益于其精准的产品定位和优化的产品概念。

（4）市场营销战略制定

市场营销战略制定是产品成功上市的关键环节，在选择最佳产品概念后，企业接下来要做的，就是为这个产品量身打造一套市场营销战略。

企业必须清晰地界定自己的潜在客户群体。这不仅仅是年龄、性别、地域的简单划分，更包括消费习惯、购买动机、价值观等深层次的分析，只有找准了目标，才能确保后续的营销活动有的放矢。

产品定位是企业在市场中的独特卖点，也是消费者选择该产品的理由，就像每个人在社交场合中都有自己独特的标签和形象一样，产品定位就是产品在市场中的“人设”，它是奢华的、亲民的、创新的，还是实用的？这些都需要企业在市场营销战略中明确。

销售目标和利润预期是企业战略中可量化的指标，销售目标的设定是基于市场容量、竞争态势、产品定位等多方面的考量后制定的具体目标，而利润预期则是企业盈利能力的体现，它要求企业在制定价格策略、成本控制等方面做出精细化的规划。

预期价格设定是一个需要慎重权衡的决策点，价格过高可能导致消费者望而却步，价格过低则可能损害品牌形象和利润空间，因此，企业需要根据产品定位、目标市场以及竞争对手的情况来设定一个既能吸引消费者又能保证利润的价格点。

分销渠道规划则是产品从生产线到达消费者手中的桥梁，在数字化时代，分销渠道的选择更加多元化，线上平台、实体店、社交媒体等都可能成为产品的销售渠道，企业需要根据产品特性和目标市场的消费习惯来选择合适的分销渠道。

营销预算的合理编制是整个市场营销战略得以实施的物质基础，它涉及广告投放、促销活动、市场推广等各个方面的费用支出，合理的营销预算能够确保企业在关键时刻有足够的资源来推动产品的销售和品牌的建设。

比如，一位电影导演准备拍摄一部新电影，在确定了电影的主题和剧情后（产品概念），需要开始规划如何让这部电影在市场上取得成功。首先要确定目标观众是谁（目标市场描述），然后决定这部电影是走文艺片路线还是商业大片路线（产品定位），接着，需要设定一个票房目标以及预期的盈利情况（销售目标和利润预期）。当然，你还要考虑电影的票价定多少合适（预期价格设定），是通过院线放映还是网络平台播出（分销渠道规划），以及拍摄和宣传这部电影需要投入多少资金（营销预算的编制）。

以国内的新能源汽车品牌蔚来为例，蔚来在推出其电动汽车产品时，制定了精准的市场营销战略。首先确定了目标市场——追求环保、科技感和高品质生活的中高端消费者。然后，蔚来将自己的产品定位为高端智能电动汽车，强调其创新科技、智能驾驶以及用户社区的独特性。在价格设定上，蔚来的车型价格相对较高，以体现其高端品牌价值。在分销渠道上，蔚来除了传统的汽车销售渠道外，还积极利用线上平台、社交媒体以及自家的蔚来之家体验店等多种渠道来接触和服务消费者。最后，在营销预算方面，蔚来投入了大量资金用于产品研发、品牌建设和市场推广，以确保其市场营销战略的有效实施。通过这一系列精心策划的战略举措，蔚来成功地在新能源汽车市场中占据了一席之地。

（5）商业分析

商业分析，即探讨一个产品的赚钱能力和它在市场上的前景，这就像是在考虑投资一只股票或基金前，要先做一番调查研究，看看它有没有上涨的潜力，能不能为我们带来回报。

经济效益分析主要是对新产品进行成本和收益的预测。我们需要算出产品从研发到生产、再到销售，总共要花多少钱，然后再预测这个产品卖出去之后能赚多少钱。这就像在计划一场旅行，我们得先知道路费、住宿费、餐饮费等的花费，再预计旅行结束后，我们可能的人生体验值是多少。

商业潜力评估就是要看看这个新产品有没有大卖的可能，也就是说，市场上有多少人可能会买这款产品，他们愿意花多少钱买。这就像是在评估一个歌手的市场潜力，要看有多少粉丝愿意买票听他的演唱会，票价可以定多少。

在做了前面两项分析之后，我们就可以预测这个新产品未来能赚多少钱了。假如你是一位果农，打算种植新品种的水果之前，你得先分析一下这种水果的种植成本是多少（比如种子、化肥、农药的费用），再预测一下这种水果在市场上能卖多少钱一斤，你还要看看市场上对这种水果的需求大不大，如果大家都喜欢这种水果，愿意出高价买，那你的盈利预期就会很高。这个过程，就像是对新产品进行经济效益分析，评估其商业潜力和盈利预期。

以国内优秀的家电企业“美的”为例，在推出每一款新产品前，都会进行深入的市场调研和经济效益分析。比如,“美的”曾推出过一款智能电饭煲,在推出前,先分析了这款电饭煲的研发成本、生产成本和销售成本。然后，又通过市场调研，了解了消费者对智能电饭煲的需求和购买意愿,以及他们愿意支付的价格。最后，美的根据这些分析，预测了这款智能电饭煲的销售量和盈利情况，从而制定了相应的生产和销售策略。最终，这款智能电饭煲在市场上大获成功，为美的带来了可观的收益。

（6）产品开发

产品开发是一个复杂且精细的过程，其中涉及将经过验证和优化的产品概念逐步转化为一个具体的、可触摸的实体产品，这一过程涵盖多个关键环节，从初步设计到原型制作，再到功能测试，每一步都至关重要。

设计环节是产品开发的起点，它涉及产品的外观设计和内部结构设计。设计师们会依据产品概念，运用专业知识，绘制出产品的详细图纸，从而确定产品的形状、尺寸、颜色等要素。这就像是一个建筑师在设计一座大楼时，不仅要考虑大楼的外部是否美观，还要考虑其内部结构是否合理，能否满足使用功能。

在图纸设计完成后，下一步就是根据图纸制作出产品的原型。原型的制作非常关键，它可以帮助团队更直观地理解产品，也是产品后续功能测试的基础。

功能测试是产品开发过程中不可或缺的一环。在这一阶段，产品原型会接受各种严格的测试，以确保其性能稳定、功能完善。这就像建筑师在完成大楼模型后，需要进行各种压力测试和结构测试，以确保大楼在实际建造时能够安全稳固。

大疆是全球领先的无人机制造商，其产品开发流程非常严谨。在设计环节，大疆的设计师们会深入研究用户需求，绘制出既美观又实用的无人机设计图纸。随后，他们会制作出无人机原型，并进行严格的功能测试，包括飞行稳定性、航拍效果等。正是这种精益求精的产品开发态度，使得大疆的无人机产品在全球市场上备受好评。

（7）市场试销

市场试销是产品开发流程中的一个重要环节，其主要目的是在小范围市场上对新产品进行实际销售测试。这样做有助于企业评估新产品在真实市场环境中的表现，以及消费者对产品的接受程度和潜在销售力。

市场试销通常会选择一个相对较小、具有代表性的市场区域进行。这样做的好处是可以控制试销的规模和成本，同时确保试销结果能够在一定程度上反映更大范围市场的可能结果。在新产品正式全面推向市场之前，企业会在选定的市场区域内进行试销。试销期间，企业会密切关注产品的销售数量、销售速度、消费者反馈以及市场动态等信息。

通过试销，企业可以直观地了解到消费者对新产品的接受程度。如果产品销售情况良好，消费者反馈积极，那么这通常意味着新产品的市场接受度较高。反之，如果销售不佳或消费者反馈消极，企业则需要重新审视产品定位、功能设计或市场策略。

试销不仅为了检验产品市场接受度，还要评估新产品的销售潜力。通过观察试销期间的销售数据，企业可以预测产品在更大市场上的可能表现，从而做出更为明智的生产和销售决策。

（8）产品发布与商业化

产品发布与商业化是产品开发流程的终端环节，标志着产品从开发阶段正式转向市场销售阶段。这一过程涉及产品的批量生产、市场推广和销售策略，是确保产品成功上市并实现商业价值的关键步骤。

在市场试销阶段，企业会收集到关于产品的各种反馈，包括消费者的使用感受、产品的优缺点、市场需求等。根据这些反馈，企业会对产品进行必要的调整，如改进设计、优化功能或调整定价策略，以提升产品的市场竞争力。

在产品调整完善后，企业会进行大批量生产，以准备充足的产品库存，满足市场需求。大批量生产能够降低单位产品的生产成本，提高生产效率，并为后续的市场推广活动做好物资准备。

企业会通过各种广告形式来宣传产品，如电视广告、网络广告、户外广告等。广告能够迅速提升产品的知名度，吸引潜在消费者的注意。促销活动如打折、赠品、满减等，是刺激消费者购买欲望的有效手段，通过促销活动，企业可以在短时间内快速提升产品销量、扩大市场份额。渠道是产品从生产商到消费者手中的重要通路，企业需要建立完善的销售渠道，包括线上和线下渠道，以确保产品能够覆盖更广泛的市场，同时，与渠道合作伙伴建立良好的合作关系，也是保障产品顺畅销售的关键。

2. 新产品开发策略

在新产品开发过程中，不同的策略会对产品创新产生显著影响。

（1）开放式创新

开放式创新打破了企业传统的封闭式研发模式，倡导企业与外部研究机构、其他企业乃至终端用户展开深入合作，共同为产品创新贡献力量。相较于孤军奋战，汇聚多方智慧更有利于将创意或技术推向市场，是这种开放式创新策略的核心理念之所在。首先，开放式创新能够吸纳更广泛的创意与资源。每个组织或个人都拥有其独特的观点和资源。通过开放式创新，企业能够广泛吸收这些多元化的创意与资源，为自身的产品创新注入新的活力。其次，开放式创新能够加速产品开发的进程。多方合作意味着任务的分担，不同的合作伙伴可以同时开展工作，这显著缩短了产品研发的周期。此外，开放式创新有助于降低创新过程中的风险。尽管创新总是伴随着风险，但通过开放式创新，这些风险可以由多个合作伙伴共同承担，从而减轻单个企业所面临的风险负担。

想象一下，你正在筹备一场盛大的晚宴，需要准备很多菜肴。如果你一个人完成，可能会出现手忙脚乱的现象，而且口味和创意都有很大的局限性，但如果你邀请了几位厨艺高超的朋友共同完成，每个人只需要负责几道菜，准备起来会相当高效，而且晚宴的菜肴不仅样式丰富多样，同时口味也能够呈现出多样性且富于变化，这就是开放式创新的精髓所在。

宝洁公司是开放式创新应用的成功典范。面对研发成本攀升和创新步伐放缓的挑战，该公司决定采纳开放式创新策略。为此，宝洁构建了一个全球性的网络平台，邀请世界各地的科研人员和研究机构提交创新方案。这一策略不仅为宝洁注入了丰富的创新灵感，还显著降低了研发开支。海尔作为国内家电行业的领军企业，同样积极拥抱开放式创新，与全球的研究机构、高等教育机构以及初创企业建立了广泛的合作网络，共同开发新技术和产品。例如，一款能够根据用户饮食习惯智能调节冷藏和冷冻室温度的智能冰箱就是海尔与麻省理工学院的合作成果之一，得到了市场的充分检验。这两个案例充分证明了开放式创新在促进企业产品创新方面的巨大潜力。

（2）用户参与设计

用户参与设计，顾名思义，就是在产品设计的过程中积极引入用户的意见和建议。这不仅仅是在产品设计完成后进行用户测试，还在设计的各个阶段都让用户参与其中，从产品设计初期就开始收集用户的反馈，以确保最终产品能够紧密贴合用户的实际需求和使用习惯。

用户参与设计可以提高实用性和市场竞争力，由于产品是在用户的直接参与下设计的，因此它更有可能满足用户的真实需求。这样的产品在市场上会更具吸引力，因为它解决了用户真正关心的问题。

用户参与设计可以增强用户的认同感和忠诚度，当用户感到他们的声音被听到并纳入产品设计时，他们会与产品产生更深的情感联系。这种参与感和归属感会转化为对品牌的忠诚度，从而增加用户的复购率和产品口碑的传播。

想象一下，你正在为自己的家装挑选家具。如果你只是去家具店挑选现成的家具，可能会发现很难找到完全符合你心意的款式，但如果你能够参与到家具的设计过程中，告诉设计师你的具体需求和喜好，那么最终得到的家具就会更加符合你的期望，这就是用户参与设计的魅力所在——它让产品更加个性化，更加贴近用户的实际需求。

小米是国内非常成功的科技企业，其成功的秘诀之一就是紧密地与用户互动，让用户参与到产品的设计和改进过程中。小米通过论坛、社交媒体等渠道积极收集用户的反馈，并经常推出根据用户反馈优化的新版本产品或功能。这种做法不仅提升了产品的实用性，也培养了用户对小米品牌的忠诚度。

乐高是全球知名的玩具品牌，其成功在很大程度上归功于其独特的用户参与策略。乐高不仅鼓励孩子们玩积木，还通过在线平台邀请粉丝们分享他们的创意和设计，这种用户参与的方式不仅为乐高提供了无尽的创新灵感，还加深了用户与品牌之间的情感联系。

3.1.2 产品差异化与创新点挖掘

在当前竞争激烈的市场环境中，产品的差异化是吸引消费者、提升品牌影响力和市场份额的关键。通过产品特性、设计或技术实现差异化，是企业在市场竞争中立足的重要手段。以下将详细介绍企业如何通过这三个方面实现产品差异化，并举例说明如何挖掘和实现产品的创新点。

1. 通过产品特性实现差异化

产品特性是消费者在购买决策中非常关注的一个方面，企业可以通过深入研究市场需求和消费者偏好，开发出具有独特功能或性能的产品，从而实现差异化。例如，某智能家居品牌推出了一款智能空气净化器，其独特之处在于具备实时监测室内空气质量、自动调节风速和净化模式的功能，这一特性使得该产品能够根据室内环境实时调整工作状态，提供更优质的空气净化效果，相较于其他同类产品，这款空气净化器因其智能化和个性化的特性而备受消费者青睐。

2. 通过设计实现差异化

设计是产品差异化的另一个重要方面，独特且符合消费者审美和功能需求的设计，能够让产品在市场上脱颖而出。以某时尚品牌推出的智能手表为例，该品牌注重产品的外观设计，将时尚元素与智能功能相结合，其智能手表采用了简约流线型的设计，搭配多种颜色和表带选择，满足了不同消费者的个性化需求，同时，手表界面也进行了独特设计，操作便捷且美观大方。这种设计上的差异化使得该品牌在智能手表市场上占据了一席之地。

3. 通过技术实现差异化

技术是实现产品差异化的核心手段之一，企业可以通过引入新技术或优化现有技术，提升产品的性能和用户体验。以某电动汽车品牌为例，该企业采用了先进的电池技术和电机系统，使得其电动汽车在续航里程、加速性能和智能驾驶方面均优于同类产品，此外，该企业还不断研发新技术，如自动驾驶、车联网等，以提升产品的科技含量和用户体验。这些技术优势使得该品牌的电动汽车在市场上具有较强的竞争力。

综上，企业可以通过产品特性、设计和技术三个方面实现差异化，在实际操作中，企业应结合自身资源和市场定位，有针对性地挖掘和实现产品的创新点。例如，可以关注新兴技术的发展趋势，将其应用于产品研发中；深入了解消费者需求，开发出更符合市场需求的产品特性和设计；加强技术研发和投入，提升产品的技术含量和性能等。这些措施有助于企业在激烈的市场竞争中脱颖而出，实现可持续发展。

3.2 服务创新途径

服务创新是企业提升竞争力的关键途径之一，通过不断创新服务模式、提升服务质量和用户体验，企业可以赢得消费者的信任和忠诚，进而实现市场份额的扩大和盈利能力的提升。企业可以通过个性化服务、智能化服务、增值服务和跨界合作等途径实现服务创新，这些创新方式不仅可以提升消费者的满意度和忠诚度，还可以为企业带来更多的商业机会和竞争优势。在实际操作中，企业应结合自身特点和市场需求，有针对性地选择和应用这些服务创新途径，以实现可持续发展和市场竞争力的提升。

3.2.1 服务质量与客户体验提升方法

1. 服务质量的重要性

服务质量是企业在与客户互动过程中所提供和展现的服务水平，是交互环节的核心所在。它代表了企业满足客户需求和期望的能力与表现，是衡量企业如何精准捕捉并满足客户需求与期望的标尺。具体来说，服务质量涵盖了服务的及时性、专业性、可靠性以及客户的整体体验感等多个方面。其重要性主要体现在以下四个方面：

（1）提升客户满意度

客户满意度是衡量服务质量的关键指标，就像晴雨表是天气状况的直接体现一样，它直接反映了客户对产品或服务体验后的心理满足程度和整体认可度。卓越的服务能够显著提升顾客满意度，进而增强客户的忠诚度。当客户对企业的服务感到满意时，他们更有可能成为回头客，愿意再次光临，并且自愿成为企业代言人，通过口口相传，不断吸引新客户的加入。这种情感的联结，客户成了企业最坚实的后盾。

（2）铸就品牌声誉

卓越的服务不仅能够为企业塑造积极的品牌形象，更能赢得客户的信任和认可，极大地提升了品牌的市场感召力与竞争力，从而提升品牌的市场竞争力。在激烈的市场竞争中，一个拥有良好服务声誉的企业，有更大的概率脱颖而出，更能吸引众多目光，成为客户心中的首要选择。

（3）提高企业竞争力

在日益激烈的市场竞争中，卓越的服务质量是企业获得竞争优势的关键法宝。

通过提供超越客户预期的服务体验，企业不仅能够留住老客户，同时能够吸引大量新客户，为企业发展注入活力，巩固其市场地位，确保企业在市场的潮起潮落中稳健前行。优质的服务能够使企业在竞争中脱颖而出，成为客户的首选，更能成为行业标杆。

（4）促进企业可持续发展

优质的服务不仅有助于提升企业的品牌声誉与市场地位，更是推动企业长远发展的不竭动力。优质的服务能够帮助企业吸引更多的客户，从而为企业带来更高的收入和更多的发展资金，为企业的可持续发展奠定坚实的基础。一个致力于提升服务质量的企业，能够在客户满意度与忠诚度的双重驱动下，实现长远规划与持续繁荣。

综上所述，服务质量在企业运营中起到了举足轻重的作用。它不仅直接影响客户的满意度和忠诚度，还关系到企业的品牌形象、市场竞争力以及可持续发展。因此，企业应将提升服务质量视为一项长期而艰巨的任务，始终将提升服务质量作为核心战略之一，高度重视服务质量的提升，不断优化服务流程，提高服务水平，以顾客为中心，满足客户的需求和期望，实现企业与用户的双赢。

2. 提升顾客体验的方法

（1）服务蓝图

服务蓝图,就是一张“服务系统的地图”。想象一下,你要去一个陌生的城市，没有地图你可能会迷路。同样，对于一个复杂的服务系统，没有服务蓝图，团队成员可能就像是在迷宫中摸索。服务蓝图，就是一个能够帮助我们“看见”服务全貌的工具。它不仅展示了服务中的各个环节，还标明了在这些环节中涉及的不同角色——比如服务人员、客户、后台支持人员等。更重要的是，它还揭示了这些角色之间如何通过信息流相互连接和沟通。我们可以把服务蓝图比作是一部电影的剧本,电影中有不同的角色（演员）,他们通过对话（信息流）来推动剧情（服务环节）的发展，服务蓝图就像是这样一个剧本，它告诉我们每个角色在什么时间应该做什么，以及如何与其他角色互动。

下面我们将通过一些优秀企业的案例来进一步理解服务蓝图的实际应用。

案例一　迪士尼乐园

迪士尼乐园作为服务行业的典范，不仅提供游乐设施，更致力于打造一个全面的娱乐体验。其服务蓝图涵盖了游客从入园、体验游乐设施、观赏表演到餐饮购物等多个环节。在这些环节中，各岗位工作人员（包括售票员、导游、表演者等）通过精确的信息传递和紧密协作，确保每位游客都能获得愉悦的体验。这宛如一部精心策划的舞台剧，每个演员都扮演着自己的角色，共同为观众献上一场精彩的表演。

案例二　阿里巴巴

在电子商务领域，阿里巴巴为服务蓝图提供了一个优秀的案例。他们的服务蓝图可能包括用户浏览商品、下单支付、物流配送、售后服务等多个环节。在这个过程中，买家、卖家、客服、物流人员等多个角色通过平台的信息流紧密相连。阿里巴巴通过不断优化服务蓝图中的各个环节和角色间的协作，提升了用户体验和交易效率。这就像是一部高效的机器，每个部件都精准运作，确保整体流程的顺畅。

通过这些案例，我们可以看到，服务蓝图不仅是一个理论工具，更是企业提升服务质量、增强客户满意度的实用操作指南。它帮助企业从全局出发，系统地审视和优化服务流程，确保每个环节都能紧密衔接，每个角色都能发挥最大的作用。这样，企业就能为客户提供更加优质、高效的服务体验。

（2）客户旅程地图

客户旅程地图，这是一个深入探索客户内心世界与外在行为的工具，就像是一本详细的旅行日志，记录了客户从初次接触产品或服务，到成为忠实用户的整个过程中的点点滴滴，它不仅描绘了客户的行动路径，更揭示了在这条路径上客户的情感波动、需求变化以及可能遇到的困难和挑战。想象一下，你正在规划一次长途自驾旅行。你会考虑从哪里出发，途经哪些景点，最终到达哪里，这就是你的旅行路线。而在这个旅途中，你可能会遇到美丽的风景而心情愉悦，也可能因为路况不佳或迷路而感到沮丧。这些情感变化和沿途的需求，比如加油、休息、用餐等，就构成了你的旅行体验。客户旅程地图正是这样一张描绘客户“旅行”

全过程的“地图”。

案例一 盒马鲜生

盒马鲜生是阿里巴巴集团旗下的新零售平台，以其线上线下融合的购物体验和高效的物流配送而著名。盒马通过线上广告、社交媒体推广等方式吸引潜在客户的注意，简洁明了的品牌形象和信息传递帮助客户快速建立品牌认知。盒马App提供便捷的搜索和浏览功能，帮助客户轻松找到所需商品。同时，智能推荐系统根据用户的购物历史和偏好提供个性化推荐。盒马提供多种支付方式，简化购买流程。明确的商品信息和价格策略让客户购物无忧。盒马强调商品的品质和新鲜度，提供快速的配送服务，确保食品在最短的时间内送达客户手中。盒马提供完善的售后服务，包括退换货政策、客户咨询等，以解决客户在购买后可能遇到的问题。通过精心设计和优化客户旅程地图，盒马鲜生成功吸引了大量忠实客户，其客户转化率远高于传统电商，这一成功很大程度上归功于盒马对客户旅程的细致规划和不断优化。

案例二 京东

在电商领域，京东也是一个充分利用客户旅程地图提升用户体验的典范。京东的客户旅程地图涵盖了用户从浏览商品、下单、支付到收货的整个过程。在这张“地图”上，京东标注了用户可能遇到的各种问题和挑战，比如商品选择困难、支付流程烦琐、物流配送慢等。针对这些问题，京东不断优化其平台功能和服务流程，比如通过智能推荐系统帮助用户快速找到心仪的商品，简化支付流程，提高物流配送效率等。这些改进都是基于对客户旅程地图的深入理解和应用。

3. 其他提升顾客体验的策略

除了服务蓝图和客户旅程地图外，还可以采取以下策略来提升顾客体验：

（1）精确了解客户需求

通过市场调研和用户反馈，深入了解客户的偏好、期望和需求，以便根据客户需求进行产品或服务的创新。比如，苹果公司在推出新产品前，会进行大量的市场调研和用户访谈，以确保其产品能够满足用户的期望和需求。华为也非常注重用户反馈，他们通过线上社区、用户调研等方式收集用户意见，并据此进行产品改进和创新。这些企业的成功，很大程度上归功于他们对客户需求的精准把握。

（2）提供个性化的服务

利用客户关系管理系统等工具记录客户信息，提供个性化的建议和服务，让客户感受到被重视和关心。假设有一个电商平台，它利用先进的客户关系管理系统（customer relationship management, CRM）来跟踪和分析用户的购物行为和偏好，当用户登录平台时，系统会根据其过去的购物记录、浏览历史和搜索行为，为其推荐相关的商品。比如，如果用户经常购买户外运动装备，系统就会在其主页上展示最新的户外装备、运动鞋或相关的运动配件。此外，当用户查看某一类商品时，系统还会根据用户之前的购买习惯和评价，提供个性化的尺码、颜色或款式建议。这种个性化的推荐和服务不仅提高了用户的购物体验，还增加了平台的销售额和用户忠诚度。

（3）场景化设计体验

考虑客户在使用产品或服务时的整个体验过程，设计和布局特定的场景以提高客户体验。星巴克作为全球知名的连锁咖啡店，其成功在很大程度上归功于对客户体验的极致追求，特别是在场景化设计方面的精心打造。当客户走进星巴克咖啡店时，他们不仅是为了喝一杯咖啡，更是为了享受一种特定的氛围和体验。星巴克深谙此道，因此在店铺设计和布局上下了很大功夫，创造出一个舒适、温馨且富有社交性的场景。星巴克的店内装潢通常采用温暖的色调，如棕色、米色和金色，这些颜色组合在一起，营造出一种温馨而舒适的感觉。店内摆放着柔软的沙发和舒适的座椅，鼓励客户停留下来，放松身心。星巴克的咖啡吧台设计得非常讲究。咖啡师在吧台后面忙碌的身影，以及咖啡豆研磨、咖啡机咕嘟声和咖啡香气的飘散，都成为这个场景中不可或缺的元素。客户可以亲眼看到咖啡的制作过程，这种透明度和互动性增强了客户的参与感和期待感。此外，星巴克还通过音乐选择来增强场景氛围。店内播放的通常是轻松舒缓的音乐，这有助于客户放松心情，享受当下的咖啡时光。

（4）提供多渠道服务

满足客户通过各种渠道与企业互动的需求，提供一致的品牌形象和服务质量。提供多渠道服务就像是建造了一座多功能立交桥，每个通道都通向同一个目的地，但客户可以根据自己的喜好和需求选择不同的路径。有的客户喜欢开车上高速通道，快速直达；有的客户喜欢走辅道，沿途欣赏风景；还有的客户选择乘坐公共交通，省心省力。无论客户选择哪条路，都能顺利到达目的地，并享受到同等级别的服务和体验。这就是多渠道服务的魅力所在。

（5）加强员工培训和素质提升

培养专业、有经验的员工队伍，提供优质的客户服务。加强员工培训和素质提升，就像是为一支运动队进行系统的训练和技能提升。如果一支篮球队想要赢得比赛，运动员仅仅拥有天赋是不够的，他们还需要经过严格地训练、磨炼技术，并学习团队协作和战术策略。同样，企业通过不断地培训和素质提升，能够打造出一支专业、有经验的"球员"队伍，使他们在客户服务的"赛场"上表现出色，为客户提供精准、高效、优质的服务，从而赢得客户的满意和忠诚。

（6）预防和解决问题

建立快速响应客户问题的体系，有效解决客户疑虑，避免问题影响客户体验。预防和解决问题，就像是为一座大坝建立坚固的防洪系统。当雨季来临，河水猛涨时，防洪系统能够迅速响应，有效地排泄洪水，保护大坝不被冲毁，确保下游居民的安全。同样，企业建立的快速响应客户问题的体系，就像是这个防洪系统，能够在客户遇到问题时，迅速介入并解决，避免小问题变成大麻烦，确保客户的体验不受影响，从而维护企业的良好形象和客户的忠诚度。

（7）持续改进客户体验

持续关注客户反馈和评价，通过持续改进来提升客户体验。定期进行客户满意度调查，并根据反馈进行改进和调整。持续改进客户体验，就像是一位雕塑家对作品的不断雕琢和完善。雕塑家在完成初步作品后，并不会停止他的创作，而是会持续观察、反思，并根据观众的反馈和自己的审美追求，对作品进行细微的调整和优化，直至达到心目中的完美。企业对待客户体验也应如此，要时刻关注客户的反馈和评价，就像是雕塑家聆听观众的声音，然后通过持续改进和调整，精心雕琢出更加出色的“作品”，即更优质的客户体验。这样，企业才能像雕塑家一样，创作出令人赞叹的“杰作”，赢得客户的喜爱和忠诚。

3.2.2 服务流程再造与优化

在当今快速发展的商业环境中，服务流程再造与优化已成为企业提升服务质量和客户满意度的关键策略。

1. 服务流程再造的概念

服务流程再造是一种以客户需求为核心，对现有服务流程进行根本性重新思考和彻底重新设计的管理方法。它要求企业打破传统的服务流程框架，通过创新思维对服务流程进行重组，以提高服务效率、降低成本、增强服务价值，最终实现客户满意度的显著提升。

2. 服务流程再造的重要性

在竞争激烈的市场环境中，企业必须不断寻求创新和改进，以保持其竞争优势。服务流程再造能够帮助企业识别和消除服务流程中的瓶颈和浪费，优化资源配置，提高服务质量，加快响应速度，从而在客户心中建立起积极的品牌形象。

3. 服务流程优化的方式

（1）简化和自动化流程

简化流程的核心目标是通过消除一些不必要的步骤、减少冗余操作以及优化任务的执行顺序，达到显著提高工作效率的目的。同时，自动化技术的应用也是提高效率的重要手段之一。通过利用各种技术手段，大大减少人工干预的环节，从而降低人为错误的发生概率，提升任务处理速度。例如，在订单处理系统中，自动化技术可以实现从接收到处理订单的全过程自动化。这样不仅可以显著缩短交易时间，还能确保订单处理的准确性和一致性。最终，这将极大地提升客户的购买体验，使他们感受到更快捷、更高效的服务。通过简化流程和自动化技术的结合，企业可以在激烈的市场竞争中获得更大的优势。

（2）引入先进技术和系统

若想要显著地改善服务的流程，可通过引入先进的技术和系统来实现。当前主流的人工智能、大数据分析和云计算等技术能够有效助力企业深入洞察顾客行为，预测顾客的服务需求，并为其提供定制化的服务。例如，利用大数据分析，企业能够更加精准地掌握客户的偏好，进而为用户提供个性化服务或专属的产品推荐。

（3）加强团队协作和沟通

服务流程的优化需要跨部门之间的协作和沟通。通过建立有效的沟通机制，我们能够确保信息的及时传递和共享，从而减少误解，避免重复工作，提高团队协作的效率。例如，通过项目管理软件，团队成员可以实时更新项目进度，及时解决出现的问题。

（4）提供培训和支持

员工是服务流程中的重要环节。定期的培训和专业发展机会能够帮助员工掌握新的技能和知识，提高工作效率和质量。同时，通过提供必要的支持，如技术支持和资源获取，可以确保员工在服务过程中能够更好地满足顾客需求。

（5）关注客户体验和反馈

客户体验和反馈是服务流程优化的重要参考指标。企业应建立多渠道的反馈收集机制，如在线调查、顾客访谈、社交媒体监控等，以便全面了解客户的感受和建议。通过对反馈的分析，企业可以不断调整和改进服务流程，提升顾客满意度。

4. 实施服务流程再造的挑战

服务流程再造过程中企业也会面临各种各样的挑战。比如，企业可能会面临员工的抵触情绪、技术投资成本高、变革管理难度大等问题。因此，企业在推进服务流程再造时，需要进行全面的规划和详尽的风险评估，确保变革的顺利进行。

总之，服务流程再造与优化是企业提升服务质量、增强竞争力的有效手段。通过简化自动化流程、引入先进技术、加强团队协作、提供员工培训和关注客户体验，企业可以显著提升服务效率和顾客满意度。然而，企业也应意识到实施过程中可能遇到的挑战，并采取相应的策略来应对。通过持续地努力和改进，企业可以在激烈的市场竞争中获得优势，实现可持续发展。

3.3 营销渠道创新途径

营销渠道的创新途径是当今企业面临的重要议题。在市场竞争日益激烈的背景下，企业需要借助创新营销渠道来满足消费者的需求，提高产品或服务的市场份额。本节将重点探讨多渠道营销策略与实践，以及电子商务与社交媒体营销渠道的开拓，以期为企业的营销渠道创新提供有益的参考。

我们要明确传统营销渠道正面临的变革。随着科技的发展和消费者行为的变迁，传统营销渠道已经无法满足市场需求。消费者在购物过程中，希望获得更加便捷、个性化和多样化的服务。因此，企业需要不断创新营销渠道，以适应市场和消费者的需求。

多渠道营销策略是一种有效的解决方案。多渠道营销指的是企业通过多种不同的渠道将产品或服务传递给消费者，以满足消费者在不同场景下的需求。例如，企业可以通过线下实体店、电商平台、移动应用等多种渠道开展营销活动。多渠道营销可以帮助企业实现市场份额的最大化，提高品牌知名度。在实施多渠道营销策略时，企业需要注意渠道之间的协同效应，确保各种渠道之间的产品和服务质量保持一致，为消费者提供统一的购物体验。

电子商务与社交媒体营销渠道的开拓是企业营销渠道创新的另一重要方向。随着互联网的普及，电子商务已经成为消费者购物的重要途径。企业可以通过自建电商平台或与其他电商平台合作，拓展线上销售渠道。同时，社交媒体营销也是企业不可忽视的营销手段。社交媒体平台拥有庞大的用户基础，企业可以通过发布有趣、有价值的内容，与消费者建立互动关系，提高品牌口碑。此外，企业还可以利用社交媒体平台的广告投放功能，精准推送产品信息，实现高效的营销效果。

营销渠道的创新是企业在市场竞争中脱颖而出的关键。企业应关注多渠道营销策略与实践，积极开拓电子商务与社交媒体营销渠道，以满足消费者的需求，提升品牌形象。在创新营销渠道的过程中，企业还需不断调整和优化策略，以应对市场和消费者的变化。通过持续创新，企业将能够在激烈的市场竞争中立于不败之地。

3.3.1 多渠道营销策略与实践

1. 多渠道营销的概念

多渠道营销是一种商业策略，它指企业通过不同类型的可触达消费者的渠道或平台，与消费者进行互动。这些渠道包括但不限于传统零售店铺、电子商务网站、社交媒体、电话销售、直销等。多渠道营销的核心是向消费者提供多元化的购买途径，以更广泛地覆盖潜在客户，从而增加销售额并提高品牌知名度。

2. 多渠道营销策略

在多渠道营销策略中，整合线上线下渠道，以实现顾客体验的无缝衔接至关重要。以下是一些关键的整合策略：

（1）建立统一的会员体系

通过构建一个整合了线上线下渠道的通用会员体系，消费者得以使用单一会员身份参与购物活动，并且在此过程中累积积分。这种策略不仅显著提高了消费者购物的便捷性，确保消费者在各个渠道都能享受到统一的会员服务，还使企业能够更全面、更深入地洞察消费者的购物行为和偏好。在此基础上进行数据分析，企业能够更精准地优化产品和服务，提供更加定制化的购物体验，进而提升消费者的满意度和忠诚度。

（2）实现商品库存共享和互通

为了进一步提升消费者的购物体验，企业的线上线下渠道的库存应该实现互通共享，让消费者可以随时随地了解商品的实时库存情况，这样一来，消费者可以就近选择线下门店进行购买或体验。这种库存共享和互通的做法使消费者可以更加灵活地安排自己的购物时间和方式，为消费者带来更多的便利，提高消费者的购物满意度。对于企业而言，可以根据实时的库存数据，更加精准地进行调配和补货，从而降低库存成本，提高运营效率，从而增强企业的市场竞争力，提升品牌形象。开创了企业和消费者双赢的局面。

（3）同步线上线下营销活动

企业可以通过网络平台发布各种优惠券、促销活动及营销信息，以此吸引新老客户。同时，确保所有营销活动都能够为消费者提供在实体店铺使用的机会，从而实现线上与线下活动的互动。此外，实体店铺亦可主动开展与线上活动相辅相成的营销策略，推动线上线下之间的积极互动。诸如此类的综合策略不仅能显著提升消费者的参与度，还能进一步加深消费者对品牌的忠诚度。

3. 数据整合与分析

将线上线下的数据资源进行有机融合，借此企业能够更深入地洞察消费者的购物行为和偏好。这种融合不仅包括传统的销售数据，还包括社交媒体互动、在线浏览记录、客户反馈等多种形式数据的融合。通过对这些数据的深入分析，识别出消费者的购买模式、品牌偏好、价格敏感度等关键信息，从而为制定精准的营销策略提供了有力支持。企业能够获得更为全面的消费者画像，从而制定出更加精准的营销方案。最终有助于提高销售额和提升客户满意度。

4. 提供一致的购物体验

无论消费者选择网络购物还是实体购物，企业都应当确保其品牌信息、价格体系、客户服务及购物体验保持一致。这种一致性对于在消费者心中建立对企业品牌的信任至关重要，能够显著提高消费者的忠诚度与黏性。同时，这种统一的购物体验亦能有效提升企业在市场中的竞争力，使企业在激烈的市场竞争中脱颖而出。

3.3.2 电子商务与社交媒体营销渠道开拓

电子商务和社交媒体作为新兴营销渠道，已经在企业营销策略中占据了重要地位。以下是对其作为新兴营销渠道的详细介绍，并对一些成功案例和策略进行了分析。

1. 电子商务作为新兴营销渠道

电子商务通过互联网进行商业活动，为消费者提供了便捷、快速的购物体验。作为营销渠道，电子商务具有以下优势：

（1）覆盖面广

电子商务突破了地域的限制，触及了更广泛的潜在客户群体。在传统商业模式下，企业的销售范围通常受限于实体店铺的地理位置，例如，一个位于某城市的实体店铺，其主要客户群体可能仅限于该城市或周边地区。然而，通过电子商务平台，企业可以展示和销售其产品或服务给全国乃至全球的客户，互联网的无边界性使得电子商务具有极大的覆盖范围，能够触及传统商业模式难以接触到的潜在客户。

在一个传统的集市中，摊主只能在集市上向过往的行人展示和销售他们的商品。这些行人主要来自集市附近的区域，这个集市就好比一个实体店铺，其销售范围是有限的，受到地域的限制。现在，一个全球性的在线市场，类似于一个巨大的虚拟集市，在这个虚拟集市中，每个摊位（即电子商务网站或店铺）都可以向全世界展示和销售商品，无论客户身处何地，只要他们能上网，就能访问这个虚拟集市，浏览和购买商品，这个虚拟集市就好比电子商务平台，它具有无限的覆盖范围，能够跨越地域限制，吸引更广泛的潜在客户群体。

（2）成本效益高

相比传统实体店，电子商务的运营成本更低，能够以更优惠的价格吸引消费者。传统实体店需要承担店铺租金、装修费用、人员工资、水电费、库存成本等多项开支。这些固定成本和变动成本加起来，使得实体店的运营成本相对较高，为了覆盖这些成本，实体店往往需要在商品价格上加价，这可能会影响消费者的购买意愿。相比之下，电子商务主要依赖互联网进行销售，无需承担昂贵的店铺租金和装修费用。

此外，电子商务平台可以实现自动化和高效的库存管理，减少库存积压和浪费。在人员方面，虽然需要技术支持和客户服务人员，但总体上人员成本是低于实体店的。这些因素共同作用，使得电子商务的运营成本相对较低。由于运营成本较低，电子商务企业可以提供更具竞争力的价格，吸引价格敏感的消费者。这种成本效益优势是电子商务迅速崛起并逐渐成为主流购物方式的重要原因之一。

（3）数据驱动

电子商务平台能够收集大量用户数据，为精准营销提供有力支持。在电子商务平台上，用户的每一个行为（如浏览商品、搜索关键词、加入购物车、下单购买等）都会被系统记录下来。这些数据数量庞大且宝贵，因为它们反映了用户的真实需求和偏好。通过数据分析工具，电子商务平台可以对这些数据进行深度挖掘和分析，了解用户的购物习惯、兴趣爱好、支付偏好等。有了这些数据支持，企业就可以更精准地制定营销策略，如推出符合用户口味的商品，设定合适的价格，或者通过个性化的推荐和广告来吸引用户。这种数据驱动的营销方式不仅提高了营销的效率和效果，还降低了盲目投放广告带来的浪费。企业可以更加精确地触达目标用户，提高转化率和客户满意度。

2. 社交媒体作为新兴营销渠道

社交媒体以其互动性、实时性和病毒性传播等特点，成为企业营销的重要阵地。其作为营销渠道的优势包括以下几个方面：

（1）互动性强

社交媒体允许企业与消费者进行实时互动，增强品牌与消费者之间的联系。在传统的营销方式中，企业与消费者之间的沟通往往是单向的，如电视广告、报纸杂志广告等，消费者很难直接与企业进行互动或反馈。然而，在社交媒体平台上，企业可以创建官方账号，发布内容，并与消费者进行实时互动。

这种互动性体现在多个方面。首先，企业可以及时回复消费者的评论和问题，提供个性化的服务和建议，这不仅能解决消费者的疑惑，还能让他们感受到企业的关注和重视。其次，消费者可以通过点赞、分享、转发等方式表达对企业或产品的喜爱和支持，这种正面的社交互动有助于提升企业的品牌知名度和美誉度。最后，社交媒体还提供了丰富的互动功能，如投票、问答、直播等，这些都能进一步拉近企业与消费者之间的距离。

（2）传播速度快

社交媒体内容易于分享，信息能够在短时间内迅速传播。社交媒体平台的设计使得内容分享变得异常简单，用户只需点击几下，就可以将感兴趣的内容分享到自己的社交网络，这种易分享性极大地促进了信息的流通和传播。一旦内容被分享，它就有可能被更多的人看到并再次分享。这种“病毒式”的传播方式意味着一条信息可以在极短的时间内触达成千上万甚至更多的人。这种迅速传播的能力对于需要快速传达信息或推广活动的企业来说是非常有价值的。

（3）目标群体精准

通过数据分析，企业可以在社交媒体上精准定位目标受众。社交媒体平台会记录用户的各种行为数据，如浏览历史、点赞、评论和分享等。这些数据为企业提供了深入了解用户兴趣和偏好的机会。通过对这些数据的分析，企业可以发现用户群体中的共同特征和趋势，从而精确地定位到目标受众。例如，如果数据显示某一类内容特别受某一用户群体的欢迎，企业就可以针对这个群体进行更精准的营销活动。精准定位可以使企业的营销信息更加针对性地触达潜在消费者，从而提高转化率和销售额。

通过精准定位，企业可以避免将资源浪费在不感兴趣或不太可能购买的受众身上，从而降低营销成本。当企业的营销信息与目标受众高度匹配时，受众更有可能对企业品牌产生积极印象，从而增强品牌的影响力。

3.4 促销与沟通创新途径

社交媒体在现代企业营销中的重要作用已经不言而喻。它为企业提供了丰富的促销和沟通创新途径，这些途径不仅有助于提升品牌形象，更能有效促进销售增长。作为一种新兴的营销渠道，社交媒体凭借其互动性强、传播速度快、目标群体精准以及促销与沟通创新途径丰富等优势，已经成为企业营销的重要阵地。

在数字化时代，社交媒体平台为企业提供了一个与消费者直接互动的平台，有助于提升品牌形象。品牌形象是消费者对品牌的总体认知和感受，它不仅包括产品质量和售后服务，还包括企业的社会责任和价值观。通过社交媒体，企业可以更好地传递品牌价值观，展示企业社会责任，从而提升品牌形象。

此外，社交媒体的传播速度极快，企业可以迅速将促销信息和新产品信息传递给消费者。这种高效的传播方式有助于提高销售额，促进销售增长。同时，社交媒体的精准定位功能使企业能够精确找到目标消费者，开展有针对性的营销活动，进一步提高销售业绩。

在社交媒体环境下，企业与消费者之间的联系更加紧密。通过社交媒体平台，企业可以及时了解消费者的需求和反馈，从而调整营销策略，满足消费者需求。

此外，企业还可以通过社交媒体与消费者进行实时互动，解答消费者的疑问，提高消费者满意度。

本节将重点探讨广告创意与传播方式的革新，以及公共关系与品牌建设的新思维。广告创意与传播方式的革新有助于企业在社交媒体上吸引更多关注，提高品牌知名度。公共关系与品牌建设新思维则有助于企业更好地在社交媒体上展示品牌形象，提升品牌美誉度。

为了在激烈的市场竞争中立于不败之地，企业需要紧跟时代步伐，不断创新和优化营销策略。这意味着企业需要掌握促销与沟通的创新途径，充分利用社交媒体的优势，实现与消费者的深度互动。同时，企业还应关注市场动态，及时调整营销策略，以更好地适应市场变化和满足消费者需求。

总之，社交媒体为企业提供了宝贵的营销机遇，企业应充分利用其优势，不断创新和优化营销策略，以提升品牌形象、促进销售增长并加强与消费者的联系。只有这样，企业才能在激烈的市场竞争中脱颖而出，实现可持续发展。

3.4.1 广告创意与传播方式革新

1. 广告创意的重要性

（1）吸引注意力

在信息爆炸的时代，消费者的注意力成了稀缺资源，富有创意的广告能够迅速抓住消费者的眼球，使品牌在激烈的市场竞争中脱颖而出，就像在一片繁花似锦的花园中，一朵色彩独特、形状新奇的花更容易吸引人们的目光。

（2）增强品牌记忆

独具匠心的广告创意能够让消费者对品牌产生深刻的印象，当消费者在未来的购买决策中回想起这些广告时，他们更倾向于选择那些留下深刻印象的品牌，这就如同一首旋律优美的歌曲，听过之后让人难以忘怀，时不时会在脑海中回响。

（3）传递品牌价值

广告创意是传递品牌价值的重要手段，通过巧妙的构思和表现，广告可以向消费者展示品牌的独特性和核心价值，从而建立起品牌与消费者之间的情感联系，这类似于一位优秀的演讲者，通过精彩纷呈的言辞和表达，将听众带入一个全新的世界，让人深刻感受到其所传递的理念和价值。

（4）促进销售和市场份额增长

创新的广告策略能够激发消费者的购买欲望，推动销售和市场份额的增长，这就像是一场精心策划的促销活动，通过各种吸引人的元素和方式，激发消费者的购买冲动，并促使他们采取相应行动。

2. 数字时代的传播方式革新

数字时代的来临，彻底改变了信息传播的方式。在这个时代背景下，原生广告和影响者营销成为两种备受瞩目的新型传播方式。

（1）原生广告

原生广告，一种与媒体环境融为一体的广告形式，以其高度的融合性和用户体验，赢得了广告界和消费者的青睐。它不再像传统广告那样突兀，而是以与周围内容相似的形式和风格出现，使得广告信息更为自然地传递给受众。这种广告方式的优势在于，它能够提高广告的点击率和用户参与度，从而提升品牌形象。例如，某社交媒体平台上的推广帖子，以其与平台风格一致的设计和内容，吸引了大量用户的关注和互动，有效提升了品牌知名度。

（2）影响者营销

影响者营销，则是通过与具有一定社交媒体影响力和粉丝基础的个人或机构合作，来推广品牌或产品。这种方式借助影响者的口碑和影响力，将品牌信息传播给更广泛的受众。其优势在于，影响者与粉丝之间建立的信任关系，使得品牌信息更具说服力，能够有效提升品牌形象和销售额。以某知名化妆品品牌为例，他们与多位美妆博主合作，通过博主的推荐和教程视频，成功吸引了大量粉丝关注和购买，显著提升了品牌的市场占有率。

这两种传播方式对品牌形象、传播速度和受众选择产生了深远影响。原生广告通过提供与媒体环境高度融合的广告内容，增强了用户对品牌的认知和好感度。

影响者营销则通过借助影响者的力量，迅速将品牌信息传播给目标受众，提高了传播速度和精准度。

3.4.2 公共关系与品牌建设新思维

在当今这个信息爆炸、消费者注意力稀缺的时代，公共关系（public relations, PR）与品牌建设的新思维显得尤为重要。品牌不再只是一个标志或者一个口号，它更是一种体验，一种价值观，一种与消费者建立情感联系的方式。

1. 公共关系的重要性

公共关系作为品牌建设的重要组成部分，其新思维的运用能够为企业带来深远的影响。公共关系在品牌建设中起着至关重要的作用。

公共关系能够帮企业提升品牌的知名度和曝光度。通过举办新闻发布会、参加行业展览、赞助社会活动等手段，品牌可以在公众视野中频繁出现，从而让更多的人了解并记住品牌。这就像是在人群中多次挥手，使得大家都能注意到你的存在。

公共关系有助于塑造品牌的正面形象。通过与媒体、消费者、行业内合作伙伴等建立良好的关系，品牌可以传递出积极、负责、可信赖的信息。当品牌在面对危机时，良好的公共关系还能够帮助品牌迅速应对，减少负面影响。这就像是在人群中树立起一个值得信赖的形象，使得大家在面对选择时更倾向于你。

公共关系可以促进企业品牌与消费者之间的互动和沟通。通过借助社交媒体、线上论坛等渠道，品牌可以及时了解消费者的需求和反馈，从而调整策略，更好地满足市场需求。这就像是在与人群中的个体进行对话，了解他们的想法和需求，以便更好地为他们服务。

公共关系还能够帮助企业品牌进行市场拓展。通过与行业内外的合作伙伴建立稳固的关系，品牌能够获得更多的资源和机会，从而进一步拓展市场份额。这就像是在人群中结交更多的朋友，共同开拓更广阔的天地。

2. 品牌建设新思维的内涵

品牌建设新思维主要体现在以下几个方面，这些方面共同构成了品牌在数字时代市场中的竞争力和吸引力。

（1）品牌故事化

品牌需要讲述一个能够表达企业品牌形象的故事，这个故事不仅要能够传达品牌的核心价值和理念，还要能够与消费者在情感上产生共鸣。通过对品牌的历史、创始人的愿景以及品牌所代表的生活方式的娓娓道来的讲述，使消费者对品牌形成深刻记忆的同时更加认同和信任品牌，从而与企业建立起深层次的情感联系。

（2）数字化战略

在数字化时代，利用数字平台和相应的工具，根据大数据分析了解用户实际需求，有针对性地开展线上营销，这一系列动作可以提高品牌的在线可见度和互动性，从而使品牌可以更有效地触达目标受众，提升用户对企业产品和服务的体验，并实现精准营销。

（3）社交媒体互动

当前社交媒体已经成为企业与消费者沟通的重要工具。通过在各大社交平台上与消费者建立直接的沟通和互动，企业可以及时了解消费者的需求和对使用效果的反馈，增强消费者的参与感和忠诚度。此外，社交媒体还可以作为品牌传播的重要工具，通过创意内容和互动活动吸引更多的关注和分享。

（4）个性化体验

随着消费者对个性化需求的日益增长，品牌为消费者提供的产品和服务需要根据消费者的个人喜好进行定制。通过数据分析和人工智能技术，品牌可以更精准地了解消费者的习惯偏好，从而提供“千人千面”的个性化购物体验。这种个性化的服务不仅能够提升消费者的满意度，还能够增强品牌的辨识度和竞争力。

（5）社会责任

品牌需要积极承担社会责任，这不仅能提升品牌形象，还能为社会带来积极的影响。通过参与公益活动、推动可持续发展以及关注环境保护等方面，品牌可以彰显其对社会的深切关怀和贡献。社会责任的承担不仅有助于赢得消费者的尊重和信任，还能吸引那些注重企业道德和社会责任的消费者。

综上所述，品牌建设的新思维涵盖了品牌故事化、数字化战略、社交媒体互动、个性化体验和社会责任等多个方面，这些方面共同构成了品牌在现代市场中的竞争优势和品牌价值。

3. 公共关系在品牌建设中的作用

公共关系就像是品牌和大众之间的桥梁，它在很多方面都发挥着重要作用：

（1）让品牌更有影响力

通过发布新闻、举办活动，公共关系能让品牌在大家心中的知名度飙升。比如说，当品牌推出新产品时，公关团队会策划一场盛大的发布会，邀请媒体和行业专家来报道，然后通过社交媒体和广告把这些信息传播出去。这样一来，大家就会对品牌的新产品有所了解，慢慢地品牌的名字就会变得家喻户晓。

（2）塑造品牌形象

通过一系列积极的公关活动，公共关系能让品牌看起来更积极向上、更具有吸引力。比如，品牌可以参与一些公益活动，类似植树造林、帮助贫困儿童等，这样不仅能展示品牌的社会责任感，还能让大众觉得品牌很有爱心。此外，品牌还可以请一些有影响力的代言人，通过他们的形象和口碑来提升品牌的正面形象。

（3）应对危机

如若品牌遇到困境麻烦，公共关系部门能协助引导公众的看法，减少负面影响。比如，如果品牌的产品出现了质量问题，公关团队会迅速行动，第一时间向公众道歉，并说明解决问题的措施。同时，他们还会通过各种渠道发布准确的信息，避免谣言的传播，让大家知道品牌正在积极应对问题，从而减少大家对品牌的不满和质疑。

（4）建立信任

公共关系通过公开透明的沟通，让消费者更信任品牌，这样大家才会更愿意买账。比如，品牌可以定期发布一些关于产品和服务的信息，让消费者了解品牌在做什么、怎么做。此外，品牌还可以设立客户服务热线，让消费者有问题时能及时得到解答。这样一来，消费者就会觉得品牌很可靠，愿意长期支持品牌。

4. 新思维下的公共关系策略

（1）内容营销

内容营销是指通过创造有价值且引人入胜的内容，吸引并维系消费者的忠诚度。这种策略不仅能够提升品牌形象，还能在竞争激烈的市场中脱颖而出。通过精心设计的内容，品牌可以与消费者建立更深层次的情感联系，从而提高客户的黏性和转化率。

（2）跨界合作

跨界合作是指与不同行业或品牌携手合作，共同开拓新的市场机遇并提升消费者的体验。这种合作方式可以打破行业壁垒，实现资源共享和优势互补。通过跨界合作，品牌可以拓展新的客户群体，同时为现有客户提供更多元化的产品和服务，从而提升整体的市场竞争力。

（3）社群营销

社群营销是指构建品牌社群，借助社群的凝聚力来增强品牌的影响力。品牌社群可以是线上社区、会员俱乐部或粉丝群体等，通过这些平台，品牌可以与消费者进行更直接的互动和沟通。社群营销的核心在于建立信任和忠诚度，通过社群活动和互动，品牌可以更好地了解消费者需求，从而提供更贴心的产品和服务。

（4）数据驱动

数据驱动是指运用数据分析来洞察消费者行为，以此优化公关策略。通过收集和分析大量的消费者数据，品牌可以更准确地了解市场需求和消费者偏好。数据驱动的策略可以帮助品牌制定更有效的营销计划，提高广告投放的精准度，从而提升品牌知名度和市场份额。

5. 数字化时代的公共关系工具

（1）社交媒体管理工具

例如 Hootsuite 和 Buffer，通过提供一个集中的平台，帮助品牌高效地管理和协调多个社交媒体账户。这些工具使品牌能够轻松地安排和发布内容到不同的平台，从而大幅提升了内容发布的效率和一致性。此外，它们还提供了分析和报告功能，使品牌能够更好地了解其社交媒体活动的表现，进而优化其策略。

（2）数据分析工具

例如 Google Analytics，为品牌提供了强大的数据洞察力，帮助它们深入了解用户的行为和偏好。通过跟踪和分析用户在网站上的互动，品牌可以识别出哪些营销策略最有效，哪些需要改进。这些工具的详细报告和实时数据使品牌能够迅速做出调整，优化其营销战略，从而提高投资回报率（ROI）。

（3）搜索引擎优化（search engine optimization，SEO）工具

例如 Ahrefs 和 Moz，致力于帮助品牌提高其在搜索引擎结果页（search engine results page，SERP）上的排名，从而吸引更多的有机流量。这些工具通过提供关键词研究、竞争对手分析和反向链接数据等功能，使品牌能够优化其网站内容和结构，以满足搜索引擎的排名算法。通过持续地优化，品牌可以提高其在线可见性，吸引更多潜在客户。

（4）客户关系管理系统

例如 Salesforce 和 Zoho，是企业用来维护和管理与客户关系的重要工具。CRM 系统通过整合客户数据，提供全面的客户视图，使企业能够更好地了解客户需求和偏好。此外，CRM 系统还支持自动化营销活动和客户服务流程，帮助企业提供定制化的服务，提高客户满意度和忠诚度。通过有效利用 CRM 系统，企业可以实现更高效的销售和营销活动，从而推动业务增长。

6. 公共关系与品牌建设的实践案例

（1）苹果公司

凭借其不断创新的产品和卓越的用户体验，苹果公司成功地建立起了一个强大的品牌形象。这家科技巨头以其独特的设计美学、先进的技术以及对细节的极致追求，赢得了全球消费者的青睐。苹果不仅仅是一个品牌，更是一个时代的象征，代表着创新、简洁和高品质的生活方式。

（2）**特斯拉**

特斯拉凭借其颠覆性的电动汽车技术和对环保理念的坚定承诺，成功塑造了一个创新和前瞻的品牌形象。这家电动汽车制造商不仅在技术上取得了重大突破，如电池续航里程的提升和自动驾驶技术的开发，还通过其环保理念和可持续发展的商业模式，引领了全球汽车行业向绿色出行的转型。特斯拉的愿景和行动力使其成为电动汽车领域的领头羊。

（3）**星巴克**

通过独特的咖啡文化和积极的社会责任活动，星巴克赢得了全球消费者的喜爱和信任。这家国际咖啡连锁品牌不仅仅提供高品质的咖啡，还致力于打造一个温馨、舒适的第三空间，让人们在忙碌的生活中找到片刻的宁静。星巴克通过其社会责任项目，如公平贸易咖啡豆的采购和环保包装的使用，展示了其对社会和环境的关怀。这些努力使星巴克不仅成为一家成功的商业企业，更是一个深受人们尊敬和喜爱的品牌。

7. 公共关系危机管理

（1）**预防策略**

为了降低危机发生的概率，企业应致力于打造一个积极且强大的品牌形象，并与消费者建立深厚而稳固的关系。这可以通过提供高质量的产品和服务、积极倾听消费者的意见和建议，以及通过各种渠道与消费者保持良好的沟通来实现。通过这些努力，企业可以在消费者心中树立起正面的形象，从而在一定程度上预防潜在的危机。

（2）**应对策略**

当危机不可避免地发生时，企业应迅速采取行动，以透明和负责任的态度回应公众关切。这意味着企业需要在第一时间公开承认问题的存在，并向公众详细解释危机发生的原因、当前的应对措施以及未来的改进计划。通过这种方式，企业可以最大限度地减少危机带来的负面影响，避免公众对企业的信任进一步受损。

（3）恢复策略

在危机过后，企业需要通过积极的沟通和切实的改进措施来逐步恢复公众的信任。这包括定期发布关于改进进展的报告，邀请第三方机构进行评估和监督，以及主动接受媒体和公众的监督。同时，企业还应加强内部管理，确保类似危机不再发生。通过这些努力，企业可以逐步重建公众的信任，恢复其在市场中的地位。

8. 公共关系与品牌建设的未来趋势

（1）人工智能广泛应用

领域广泛且多样，其中 AI 技术在内容创作、用户行为分析等方面的应用尤为显著。通过利用人工智能技术，公关团队可以更高效地生成高质量的内容，同时通过分析用户行为数据，能够更精准地了解目标受众的需求和偏好。这不仅提高了公关工作的效率，还增强了信息传播的精准度，使得品牌信息能够更准确地传达给目标受众，从而提升整体的公关效果。

（2）AR 和 VR 技术提供全新体验

AR 和 VR 技术为品牌营销和用户体验提供了全新的互动方式和体验。通过 AR 技术，品牌可以将虚拟元素融入现实世界，为用户提供独特的互动体验，例如通过手机或 AR 眼镜看到产品在现实环境中的效果。而 VR 技术则能够创造一个完全沉浸式的虚拟环境，让用户在其中体验品牌的世界观和产品特性。这些新技术不仅为品牌提供了创新的宣传手段，还极大地提升了用户的参与感和体验感，从而增强了品牌与用户之间的互动和联系。

（3）物联网技术助力需求分析

物联网（Internet of Things，IoT）技术的发展使得品牌能够更好地了解消费者的需求，并提供更加个性化的产品和服务。通过将各种设备和传感器连接到互联网，品牌可以实时收集和分析大量的消费者数据，从而更准确地把握消费者的行为模式和偏好。基于这些数据，品牌可以设计出更符合消费者需求的产品，提供更加个性化的服务，从而提升消费者的满意度和忠诚度。物联网技术的应用不仅提高了品牌的运营效率，还为消费者带来了更加便捷和贴心的体验。

总之，品牌建设新思维是一种全面的、战略性的思维方式，它要求企业从多个角度思考和创新。公共关系与品牌建设新思维是企业适应数字化时代、建立和维护品牌形象的关键。在这个过程中，企业需要不断学习、适应和创新，以满足不断变化的市场需求和消费者期望。

品牌建设新思维的实施，需要企业在战略规划、组织结构、企业文化等方面进行相应的调整和优化。企业应该建立一个开放、创新、灵活的组织环境，鼓励员工积极参与品牌建设，发挥他们的创造力和想象力。同时，企业还应该加强与外部合作伙伴的合作，共同推动品牌的发展和创新。品牌建设是一个长期且复杂的过程，它需要企业不断地学习、适应和创新。通过上述新思维和工具的运用，品牌可以更好地与消费者沟通，提升品牌形象，建立忠实的消费者群体，最终实现可持续发展。在这个过程中，企业应该始终保持敏锐的市场洞察力，紧跟时代的步伐，不断创新和优化品牌建设策略。

在数字化时代，品牌建设新思维还要求企业充分利用数字技术，如大数据分析、人工智能、物联网等，提高品牌的智能化水平，为消费者提供更加个性化、智能化的产品和服务。此外，企业还应该关注消费者的需求变化，及时调整品牌定位和营销策略，满足消费者的期望和需求。通过实施新思维，企业可以提升品牌形象，增强市场竞争力，实现可持续发展。在这个过程中，企业应该始终保持对市场和消费者的敏感度，紧跟时代的步伐，不断创新和优化品牌建设策略。

第 4 章　创新应用案例剖析

当下，创新已经成为推动各行各业发展的核心驱动力。无论是科技、经济、文化，还是社会领域，创新都发挥着至关重要的作用。因此，对创新应用案例的深入剖析，不仅有助于我们更好地理解挖掘创新的价值，还能全面揭示其背后的实践智慧与深远意义。

对创新应用案例的深入剖析有助于我们认识到创新的价值。在现代社会，创新已经渗透到各个领域，成为推动各行各业进步的重要力量。例如，科技的不断创新为我们带来了智能手机、人工智能等前沿技术，极大地改变了我们的生活方式；经济的不断创新推动了产业升级和商业模式的变革，为企业带来了更高的效益；文化的不断创新使得艺术作品更加多元化，满足了人们日益增长的精神需求；社会领域的不断创新则为弱势群体提供了更多机会，促进了社会的公平与和谐。深入剖析创新应用案例，让我们看到了创新在不同领域所展现出的巨大价值。

对创新应用案例的深入剖析能让我们更好地领悟创新实践的意义。创新并非无本之木，它扎根于现实的土壤，致力于解决实际问题。通过对创新应用案例的研究，我们可以发现，成功的创新实践往往具有以下特点：一是具有敏锐的前瞻性，能够准确把握未来发展趋势；二是具有较强的实用性，能够解决实际问题；三是具有可持续性，能够为社会和环境带来长期的益处。在创新实践中，我们需要学习借鉴这些成功案例的经验，以提高创新的成功率。

深入剖析创新应用案例有助于我们总结经验，为未来的创新实践提供借鉴和启示。创新并非一蹴而就，它需要持续不断地试错、改进。通过研究创新应用案例，我们可以了解到创新过程中的困难、挑战以及应对策略，从而在未来的创新实践中避免重复犯错误。同时，创新应用案例还能为我们提供多元化的创新思路，激发我们的创造力，使我们能够在原有基础上实现更大的突破。

总之，深入剖析创新应用案例对于我们理解创新的价值和实践意义具有重要意义。只有通过深入研究、总结经验，我们才能在未来的创新道路上走得更远、更快。

4.1 产品创新案例：苹果公司的 iPhone

4.1.1 iPhone 的创新点分析

自 2007 年 iPhone 首次推出以来，其设计、技术和市场策略的创新是其取得巨大成功的关键因素。这些创新点不仅在个人应用层面上引人注目，而且各方面协同效应共同塑造了 iPhone 在市场上的领先地位。以下是对 iPhone 在设计、技术和市场策略方面的创新点的详细深入分析，以及这些因素如何共同作用于产品，促成了产品的成功。

1. 设计创新

iPhone 以其简约美观的设计著称，这种设计理念从最初的 iPhone 就开始贯彻。苹果公司通过使用优质材料，如铝合金和玻璃，创造出高端、精致的外观。iPhone 4 首次引入了玻璃和不锈钢的设计，奠定了现代智能手机的美学标准。iPhone X 采用了全面屏设计，取消了 Home 键，增加了屏占比，进一步提升了用户的视觉体验。苹果公司对用户体验的重视在 iPhone 设计中得到了充分体现，iOS 系统的用户界面简洁直观，易于上手。iPhone 是首个大规模采用多点触控技术的手机，带来了革命性的交互体验。自 iPhone 4 以来，苹果引入了高分辨率 Retina 显示屏，提升了屏幕的视觉效果。

2. 技术创新

苹果公司每年都会推出新的 A 系列芯片，这些芯片为 iPhone 提供了卓越的性能和能效。自 A11 芯片开始，苹果引入了神经引擎，专门用于处理 AI 和机器学习任务，提高了图像处理、AR 等功能的效率。A13 Bionic 芯片采用了 7 纳米工艺，拥有 85 亿个晶体管，是市场上最强大的手机芯片之一。A15 芯片在

Geekbench 评分中，CPU 单核得分为 2 410 分，多核得分为 6 150 分，展示了强大的运算能力。这得益于其先进的制程工艺，确保了高效能的同时也有更好的能效表现。具体来说，A15 芯片的 CPU 大核能效相当于 1.77，意味着用户在使用高性能的同时，设备发热和耗电量得到了有效控制，从而延长了电池续航时间。

由于 A 系列芯片在图像处理方面的出色表现，iPhone 成为优秀的游戏平台。例如，在 A 系列芯片的加持下，GPU 性能得到持续提升，其强大的图形渲染能力让用户能够享受到更加逼真流畅的视觉效果。无论是玩 3D 游戏还是观看高清视频，用户都能得到极致的体验。近年来，苹果在 A 系列芯片中集成了 AI 加速引擎，这为 iPhone 带来了强大的 AI 计算能力。这种能力显著提升了语音识别、人脸解锁及相机智能拍摄等方面的性能。比如，在拍照时，AI 加速引擎可以实时优化照片质量，提供更高质量的图像输出；在人脸识别解锁方面，也能提供更快速准确的识别服务。A 系列芯片还注重小核性能的提升。以 A15 芯片为例，其小核性能相比前代有显著提升，在处理轻量级任务时能够更高效地完成工作，这有助于提升设备的整体性能和系统的流畅性。iPhone 在摄像技术方面的创新也非常显著，多次引领行业标准。iPhone 11 Pro：配备三摄系统，包括超广角、广角和长焦镜头，提供了极佳的拍摄体验。夜间模式在低光环境下大幅提升了照片质量，受到用户和评测界的高度评价。

苹果公司一贯重视用户数据的安全和隐私，iPhone 在这方面也有多项技术创新。自 iPhone X 起，苹果引入了基于 3D 面部识别的 Face ID，提供了更安全便捷的解锁方式。iMessage 和 FaceTime 通话均采用端到端加密，确保用户通信的隐私性。

3. 市场策略创新

苹果通过其独特的品牌定位，成功将 iPhone 塑造成高端手机的代名词。其产品定价策略和优质服务使其在竞争激烈的市场中脱颖而出。苹果始终坚持高价策略，但通过创新和品质赢得了用户的信任。以 iPhone 13 为例，尽管其起售价高于很多竞争对手,但仍然取得了巨大的市场成功 。苹果采用了全渠道营销策略，包括线下 Apple Store、线上 Apple 官网和授权零售商，确保了用户在购买和售后服务中的优质体验。Apple Store不仅是销售渠道，更是品牌展示和用户体验的重要场所。用户可以在这里体验产品、获得技术支持和参与各种活动。苹果为其设备提供长时间的软件更新支持，这不仅延长了设备的使用寿命，还增强了用户忠诚度。即使是多年前的旧款iPhone也可以享受到最新的iOS更新。例如，2021年的iOS 15可以支持到iPhone 6s系列（2015年发布）。

设计、技术和市场策略的创新共同作用，提升了iPhone的综合用户体验。这种无缝的体验涵盖了从外观设计、硬件性能、软件体验到售后服务的各个方面，确保了用户的高度满意度和品牌忠诚度。它不仅增加了用户黏性，也推动了苹果其他产品的销售。这种综合创新策略使得iPhone在全球智能手机市场中占据了重要地位。IDC数据显示，2021年第三季度，iPhone占全球智能手机市场份额的16.7%，在高端市场（价格在600美元以上）中的份额更是高达75%。

4.1.2 iPhone对市场营销的影响与启示

1. 品牌定位和产品定位

iPhone始终坚持高端品牌定位，类似于将自己打造成奢侈品。就像劳力士手表或法拉利跑车，iPhone通过其卓越的设计和高品质的用户体验，成功将自己塑造为智能手机中的顶级品牌。

启示：其他企业应注重品牌定位，通过高品质的产品和一致的品牌形象，提升品牌的市场地位。例如，一家初创公司如果能在产品设计和用户体验上下足功夫，就能在细分市场中建立高端品牌形象。

2. 整体用户体验

苹果通过打造一个无缝连接的生态系统，将iPhone与其他苹果设备（如Mac、iPad、Apple Watch）和服务（如iCloud、Apple Music）紧密结合，提供了完整的用户体验。这就像一个精心设计的花园，每一朵花（产品）都在协同作用，为用户带来愉悦的体验。

启示：企业应注重打造一个无缝的客户体验体系。通过产品和服务的整合，提供一致且流畅的用户体验。例如，一家软件公司可以通过云服务和桌面应用的无缝集成，为用户提供便捷的跨设备使用体验。

3. 营销传播策略

苹果的广告和宣传策略一直以来都以简洁、直观且富有情感共鸣著称。例如，iPhone 的广告往往强调其设计美学、功能创新和用户体验，而不是技术规格的堆砌。这就像一个讲故事的高手，用生动的故事而非枯燥的数据打动观众。

启示：企业在制定广告策略时，应注重情感共鸣和品牌故事的传达。通过讲述引人入胜的故事，让消费者产生情感连接，而不仅仅是罗列产品特点。例如，某服装品牌可以通过讲述设计师的灵感故事，增加产品的情感价值。

4. 渠道管理

苹果通过在全球范围内开设 Apple Store，不仅仅是为了销售产品，更是为了提供品牌体验。这些体验店就像是品牌的展览馆，通过极致的服务和互动体验，增强了用户对品牌的认同感。

启示：企业应重视线下渠道的体验设计。通过打造独特的线下体验店，提供卓越的客户服务，增强品牌影响力。例如，一家化妆品公司可以通过高端的线下体验店，提供个性化的美容咨询和产品试用服务，提升用户体验和品牌忠诚度。

5. 社交媒体和社区建设

苹果通过社交媒体和用户社区建设，培养了大量忠实的品牌粉丝。这些粉丝不仅是消费者，更是品牌的传播者和拥护者。就像一个忠实的球迷俱乐部，成员们不仅购买球队的商品，还在各种场合为球队呐喊助威。

启示：企业应利用社交媒体和社区平台，培养和维护忠实的用户群体。通过互动、反馈和社交活动，增强用户对品牌的归属感和忠诚度。例如，一家游戏公司可以通过在线社区和社交媒体，定期与玩家互动，收集反馈并组织线上线下活动，增强玩家的品牌黏性。

6. 创新营销策略

苹果经常在新品发布时采用限量版和预购策略，激发消费者的购买欲望和紧迫感。这就像一场限时抢购的超级促销活动，消费者会因害怕错过而迅速行动。

启示：企业可以通过限量版、预购和限时优惠等策略，激发消费者的购买欲望和紧迫感。例如，一家电子产品公司可以在新品发布时推出限量版，并通过预购渠道提供独家优惠，吸引早期购买者。

4.2 服务创新案例：亚马逊的客户服务体系

4.2.1 亚马逊客户服务体系的创新实践

亚马逊在客户服务体系中的创新实践对增强客户忠诚度起到了关键作用。通过一系列技术和流程上的创新，亚马逊成功地将客户服务提升到了一个新的高度。以下是亚马逊通过服务创新增强客户忠诚度的详细介绍：

1. 个性化推荐系统

亚马逊利用大数据和机器学习算法，分析用户的浏览和购买行为，提供个性化的商品推荐。这不仅提高了用户的购物体验，还增加了用户对平台的依赖度和忠诚度。如果用户经常浏览科技类书籍，亚马逊会根据用户的兴趣推荐最新出版的科技书籍或相关产品。通过这种方式，用户感觉亚马逊“懂”他们的需求，从而增加了用户黏性。

2. 便捷的退货和退款政策

亚马逊的退货政策非常宽松，用户可以在 30 天内享受无理由退货服务，亚马逊甚至提供免费的退货服务。这种无忧退货的政策极大程度上消除了用户的购买顾虑，增强了用户的购买信心。假如某用户购买了一件衣服，但不满意尺寸或款式，亚马逊提供免费退货和快速退款，用户无须承担任何费用和不便。这种无后顾之忧的体验让用户更加愿意在未来继续在亚马逊购物。

3. 亚马逊 Prime 会员服务

亚马逊 Prime 会员提供快速免费配送、独家优惠和流媒体服务等多种增值服务。这些服务不仅提升了用户的购物体验，还增加了用户的忠诚度。Prime 会员可以享受两日达甚至当日达的快速配送服务，同时还能免费观看 Prime Video 上的影视内容。这种全方位的服务使得用户对亚马逊产生更强的依赖性和忠诚度。

4. 客户服务自动化和 AI 技术

亚马逊通过引入 AI 技术，如智能语音助手 Alexa 和自动客服系统，提高了客户服务的效率和质量。这些技术不仅能够快速响应用户需求，还能提供个性化的服务。实例：用户在使用亚马逊产品时遇到问题，可以通过 Alexa 获取帮助，或者使用自动客服系统快速解决常见问题。这种快捷便利的服务体验增强了用户的满意度和忠诚度。

5. 社交媒体和社区互动

亚马逊的产品评论和客户问答功能为用户提供了一个互动交流的平台，让用户可以分享和获取购买经验。这种互动增强了用户对平台的信任和依赖。实例：潜在的用户在决定购买一款电子产品之前，可以浏览其他用户的详细评论和使用心得体验，或者在问答区提出具体问题等待相关评论回复。通过这种社区互动，用户获得了更多的信任感，从而增强了对亚马逊的忠诚度。

6. 卓越的物流和供应链管理

亚马逊通过自建物流网络，实现了高效的配送服务。这不仅提高了配送速度，还增强了用户的购物体验。实例：在亚马逊购物，用户可以享受快速且准时的配送服务，尤其是在节假日等高峰期，亚马逊依然能够保持稳定的配送效率。这种可靠的服务增强了用户的满意度和忠诚度。

7. 客户反馈机制和改进

亚马逊高度重视用户反馈，并据此持续改进产品并优化服务。这种以用户为中心的服务理念不仅让用户感到被重视，而且提升了用户的忠诚度。同时，用户在购买和使用过程中遇到问题，亚马逊都会迅速响应并解决，根据用户的反馈不断优化产品和服务流程。用户感受到自己的意见得到重视，增强了对亚马逊的信任和忠诚度。

4.2.2 服务创新对企业竞争力的提升作用

服务创新是指企业通过改进或提供新的服务来满足客户需求，从而提升客户满意度和忠诚度。服务创新不仅能够增强企业的市场竞争力，还能为企业带来显著的经济效益。下面将详细介绍服务创新如何帮助企业在市场中获得竞争优势。

1. 服务创新的理论支撑

（1）服务主导逻辑

服务主导逻辑（service-dominant logic）是一种经济理论，它强调了服务在经济活动中的核心地位。这一理论是在 2004 年至 2006 年间由 Vargo 和 Lusch 为首的学者提出的，它重新审视了传统的商品主导逻辑，将焦点从商品转向了服务。

在服务主导逻辑中，服务被视为所有经济交换的根本性基础。这里的“服务”不仅指传统的服务行业所提供的服务，更广义地包括了人类的技能和知识。这种观点认为，无论是微观上的物物交换还是宏观上的社会经济运行，其本质都是基于“知识和技能”的交换。在这一理论框架下，产品被视为服务的载体。这意味着产品本身并不是交换的最终目的，而是传递服务、实现价值的一种手段。产品所体现的是一种服务关系，只有当它被视为一项服务的形式时，才真正具有意义。企业不再仅仅是产品的提供者，更是服务的提供者。企业的目标应该是通过提供优质的服务，帮助客户创造价值。这要求企业深入了解客户的需求，提供能够满足这些需求的服务。

在服务主导逻辑下，企业和客户之间的关系不再是简单的买卖关系，而是共同创造价值的合作关系。通过提供优质的服务，企业不仅满足了客户的需求，还实现了自身的利益增长。这种共同创造价值的过程有助于建立长期、稳定的企业与客户关系。因此，企业应将重点从产品转移到服务，通过持续改进服务来满足客户需求。例如，苹果公司不仅销售硬件产品，还通过提供软件更新、技术支持和 Apple Care 服务，提升客户体验。

（2）资源基础理论

资源基础理论（resource-based view，RBV）是一个在战略管理中非常重要的理论框架，它主张每个企业都拥有独特的有形和无形资源，这些资源的独特性和稀缺性是企业获得竞争优势的基石。简而言之，RBV认为，如果企业能够拥有某些其他企业难以模仿或替代的特别资源或能力，那么这些独特的资源就能转化为市场上的竞争优势。

服务创新，作为无形资源的一种，指的是在提供服务过程中引入的新想法、新技术或新流程，旨在提升服务的质量和效率，或是创造出全新的服务体验。这种创新可以是服务模式上的，如提供定制化服务；也可以是技术层面的，比如通过数字化手段改善客户体验。想象一下，有两家提供咖啡的连锁店，我们称之为“咖啡之家”和“咖啡驿站”。“咖啡之家”遵循传统的咖啡店运营模式，提供标准的咖啡和简单的服务。而“咖啡驿站”则不断在服务上进行创新，比如他们推出了一个手机应用，让客户可以提前预订咖啡，到店直接取餐，节省了等待时间；同时，他们还提供咖啡品鉴课程和咖啡文化交流活动，形成了一个围绕咖啡的社区。

在上述案例中，“咖啡驿站”通过服务创新，不仅提升了服务效率，还为客户创造了额外的价值体验，从而吸引了更多的顾客。这些服务创新成为“咖啡驿站”的独特资源，使其在市场上获得了竞争优势。这就像是在一片相同的森林中，“咖啡驿站”这棵树因为长出了与众不同的枝叶（服务创新），而更加引人注目。通过这个例子，我们可以看到服务创新作为一种重要的无形资源，确实能够显著增强企业的市场竞争力，这正是资源基础理论所强调的：独特资源和能力是获得竞争优势的关键。亚马逊正是通过其独特的物流网络和客户服务体系，构建了难以复制的竞争优势，使其在全球电商市场中占据领先地位。

2. 服务创新的具体形式及其效果

（1）个性化服务

通过数据分析和机器学习技术，企业能够深入理解客户的偏好、行为和需求，从而为他们提供高度个性化的服务。这种服务模式与传统的“一刀切”方式截然不同，它更注重每个客户的独特性和个别需求，就如同一位精湛的裁缝为客户量身定制西装一样。在这个比喻中，数据分析和机器学习技术就像是裁缝的尺子和剪刀，帮助企业精准地“测量”客户的各种数据，进而“剪裁”出最适合他们的服务。比如，一个在线视频平台通过分析用户的观看历史、搜索记录和反馈意见，能够为用户推荐更符合其口味的视频内容。这种基于数据的个性化推荐，就像是裁缝根据客户的身材和喜好，量身打造出一套合身的西装。

从市场营销的角度来看，这种个性化服务策略能够极大地提高客户满意度和忠诚度。想象一下，如果一位顾客走进一家商店，店员不仅知道他的名字，还能根据他过去的购物记录和偏好，为他推荐最适合的商品或优惠活动，这种体验无疑会让顾客感到被重视和理解，从而更愿意与该品牌保持长期关系。

以亚马逊为例，这家电商巨头凭借其强大的数据分析能力和机器学习算法，为每位用户提供个性化的购物体验。当你浏览亚马逊网站时，它会根据你的购物历史、搜索记录以及点击行为，为你推荐相关产品。这种“猜你喜欢”的功能，就像是一个洞悉你所有喜好的私人购物顾问，总能精准地找到你心仪的商品。

（2）无缝客户体验

企业通过不断优化服务流程来提供无缝的客户体验，这一策略在服务创新和市场营销管理中占据着举足轻重的地位。

在服务创新方面，实现无缝客户体验意味着企业不断寻找和消除服务流程中的摩擦点和断点，这就像是修建一条从山顶到山脚的平滑滑道，确保滑行者在整个过程中都能享受到顺畅无阻的体验。为了实现这一点，企业需要对现有的服务流程进行深入分析，找出可能导致客户困惑、延误或不满的环节，并进行针对性的改进。以一家电商平台为例，其可能发现用户在结算过程中经常因为支付失败的问题导致购物体验中断，放弃购买商品。为了解决这一问题，平台可以引入更多的支付方式，优化支付界面，甚至提供一键支付等功能，从而确保用户在整个购物过程中都能享受到顺畅无阻的体验。

在市场营销管理方面，提供无缝客户体验同样至关重要。一个流畅、高效的服务流程不仅能够提升客户满意度，还能增强客户对企业的信任和忠诚度。这种信任是企业最宝贵的资产之一，因为它能够促使客户在未来继续选择该企业的产品或服务，甚至向亲朋好友推荐。

以一家航空公司为例，他们通过改进登机流程、提升客舱服务质量和优化行李托运等环节，为乘客提供了一站式的无缝旅行体验。这种体验让乘客在整个飞行过程中都感到轻松愉悦，从而对该航空公司形成了深刻的印象和良好的口碑。当这些乘客在未来需要再次飞行时，他们很可能会首选这家航空公司，甚至向身边的亲朋好友推荐。

假如你正在使用一款名为“顺畅出行”的打车应用。这款应用通过智能算法快速为你匹配附近的司机，并在你上车后自动规划出最快捷的路线，在行驶过程中，应用还会实时更新路况信息，确保你能够准时到达目的地，到达目的地后，你可以通过应用轻松完成支付，并立即获得电子发票。整个过程无须排队、无须进行现金交易、无须办理烦琐的手续——这就是“顺畅出行”为你提供的无缝出行体验。

（3）便捷的售后服务

提供高效、便捷的售后服务是企业服务创新和市场营销管理中的重要环节。在售后服务领域，服务创新主要体现在提供更高效、更便捷的解决方案上，这不仅仅意味着快速响应客户的问题和需求，更重要的是通过技术手段，如智能化的客户服务系统、远程故障诊断等，来优化服务流程，提升服务效率。想象一下，你购买了一款智能家居设备，但在使用上遇到了问题。如果企业提供了智能化的售后服务，你可能只需通过手机应用或网站提交问题，系统就会自动为你提供解决方案，或者远程连接你的设备进行检查和修复。这种创新的售后服务方式，无疑比传统的电话咨询或上门服务更加高效和便捷。

从市场营销的角度来看，提供便捷的售后服务是提升客户满意度和忠诚度的重要手段。当客户遇到问题时，如果企业能够迅速、有效地提供帮助，那么客户就会感受到企业的专业和关怀，从而增强对企业的信任。这种信任不仅有助于维护现有的客户关系，还可能通过口碑传播吸引更多的新客户。以一家知名电子产品品牌为例，他们提供了24小时在线客服和快速的维修服务。当客户的设备出现故障时，可以随时联系客服并获得及时的帮助。如果需要维修，品牌还提供上门取件和快速修复服务。这种高效的售后服务，让客户感受到了品牌的诚意和专业性，从而更加信任和依赖该品牌。

提供便捷的售后服务就像有一个可靠的“朋友”在身边。当你遇到困难时，这个“朋友”会随时伸出援手，帮助你解决问题。同样地，当客户遇到产品或服务上的问题时，企业提供的高效、便捷的售后服务就像是这个可靠的“朋友”，让客户感受到温暖和支持。

某家电商平台在市场上享有很高的声誉，其中一个重要原因就是他们提供了出色的售后服务。实际案例：一次，一位顾客在该平台购买了一台洗衣机，但在安装过程中遇到了问题。顾客立即通过平台的在线客服系统寻求帮助，客服人员迅速响应并提供了详细的安装指导，然而问题仍未解决，于是平台立即安排了技术人员上门服务。技术人员在短时间内到达了顾客的住所，并迅速解决了安装问题。顾客对平台的售后服务表示非常满意，并在之后的购物中继续选择了该平台。

3. 服务创新带来的竞争优势

（1）增强客户忠诚度

根据卡普拉和巴德瓦尔德（Kaplan & Baldwar）的研究，客户满意度与忠诚度之间存在正相关关系，满意的客户更可能成为忠实客户。服务创新可以提升客户满意度，从而增强客户忠诚度，满意的客户更可能重复购买，并向其他潜在客户推荐企业的产品或服务。

服务创新是企业为了在激烈的市场竞争中脱颖而出而采取的一种策略。它可能涉及对服务流程、交互界面、技术应用等方面的改进或全新设计，旨在提供更优质、更便捷、更个性化的服务体验。当企业成功实施了服务创新，客户会感受到与众不同的服务质量和关怀，从而增加对企业的好感和信任。

客户满意度是衡量客户对企业服务评价的重要指标。当客户认为企业提供的服务超出了他们的期望，他们就会感到满意。这种满意感不仅仅是对单次服务的评价，更是对企业整体形象和服务能力的认可。

客户忠诚度则是客户满意度的自然延伸。一个高度满意的客户更容易成为企业的忠实拥趸，他们不仅会持续选择该企业的产品或服务，还会在社交媒体、朋友聚会等场合主动为企业做宣传，吸引更多的人成为企业的新客户。

打比方来说，服务创新就像是为客户准备了一顿丰盛的晚宴。晚宴上的每一道菜都是精心烹制的，不仅味道鲜美，而且摆盘精致，让人食欲大增。客户在享受这顿晚宴的过程中，感受到了企业的用心和热情，自然就会对企业产生好感。而客户满意度和客户忠诚度就像是晚宴后的回味和再次光顾的意愿。如果客户对晚宴赞不绝口，那么他们不仅自己会再次光顾，还会向朋友们推荐这家餐厅。

（2）形成差异化竞争

迈克尔·波特的竞争优势理论强调，差异化战略可以帮助企业在竞争中脱颖而出。通过服务创新，企业能够提供与众不同的服务，从而在激烈的市场竞争中脱颖而出，形成自己独特的竞争优势，这种优势就像一道壁垒，保护企业不受竞争对手的冲击。

差异化竞争是企业战略中的一种重要手段。在众多相似产品或服务中，如何让自己的品牌或服务赢得消费者的青睐，是每一个企业需要面对的问题。服务创新就是实现差异化竞争的一个有效途径。服务创新可能包括新的服务方式、独特的客户体验、个性化的服务流程等。当企业提供了市场上独一无二的服务时，这种服务就成为企业的一个标志，让消费者在选择时能够立刻想到该企业。这种差异化不仅能够帮助企业在消费者心中建立一个独特的形象，还可以形成竞争壁垒。竞争壁垒就像是一道护城河，保护企业的市场地位不受侵犯。即使竞争对手想要模仿，也需要投入大量的时间和资源，而且未必能够达到相同的效果。打比方来说，差异化竞争就像是一场独特的音乐会。每个乐队都有自己的特色乐器和曲目，这些独特的元素吸引了不同的观众。服务创新就像是乐队中的那首独特的主题曲，让人一听就能联想到这个乐队。而其他乐队即使想要模仿，也很难完全复制那种独特的韵味和感觉。

星巴克就是一个典型的差异化竞争策略的案例。在竞争激烈的咖啡市场，星巴克通过提供独特的咖啡体验，如舒适的用餐环境、高品质的咖啡豆、专业的咖啡师等，成功实现了与竞争对手的差异化。这种差异化策略让星巴克在众多咖啡店中脱颖而出，成为消费者心中的首选。即使其他咖啡店也提供类似的咖啡和用餐环境，但星巴克已经通过这种差异化在消费者心中建立了独一无二的品牌形象，形成了自己的竞争壁垒。因此，星巴克能够在激烈的市场竞争中保持领先地位，持续吸引消费者并保持高额利润。

（3）提高运营效率

企业通过服务创新能够对现有的服务流程进行改进和优化，从而提高整体运营的效率，并且在提高效率的同时，还能够减少不必要的成本支出，最终使得客户在接受服务时获得更加流畅和满意的体验。服务创新不仅关乎提供给客户的服务内容和质量，还包括如何更加高效地提供这些服务。当企业通过技术升级、流程重组或者引入新的管理方法等手段进行创新时，原本烦琐或低效的服务流程可能会得到简化，服务响应时间会缩短，服务人员的生产力也会提升。提高运营效率意味着企业能够在相同的时间内处理更多的服务请求，或者以更短的时间完成同样的服务任务。这不仅提升了企业的服务能力，也直接影响了客户的等待时间和服务体验。降低成本则是服务创新的另一个重要结果。通过减少不必要的环节、自动化部分流程或者更有效地利用资源，企业能够降低人力、物力和时间成本。这些节省下来的成本可以转化为企业的利润，或者用于进一步提升服务质量和客户体验。

打比方来说，服务创新就像是给一辆老旧的汽车装配了全新的引擎和传动系统。原本的汽车可能油耗高、动力不足，但经过这样的改造之后，汽车的动力更强、油耗降低，驾驶体验也大幅提升。同样地，企业通过服务创新，就像是给自身的运营体系换上了高性能的“引擎”，从而能够跑得更快、更稳、更远。以银行业为例，许多银行近年来纷纷推出了手机银行App和智能柜员机等服务创新。通过这些创新，客户可以随时随地通过手机办理转账、查询等业务，而无需前往银行网点排队等待。智能柜员机则能够自助完成开户、存款、取款等多项业务，大大减少了人工窗口的排队时间。这些创新不仅提高了银行的运营效率，降低了人力成本，同时也极大地增强了客户的便捷性，提升了客户的服务体验。

4.3 营销渠道创新案例：小米的互联网营销模式

4.3.1 小米的互联网营销策略分析

小米成功地利用互联网思维进行营销，通过社区建设和粉丝经济策略在竞争激烈的智能手机市场中脱颖而出。以下是对小米如何利用互联网思维进行营销的详细阐述：

1. 互联网思维的核心理念

（1）用户为中心

小米始终秉承以用户为中心的理念，通过直接与用户互动，深入了解用户需求，快速响应市场变化。这种用户驱动的模式帮助小米更好地满足用户期望，提高产品的市场竞争力。

“以用户为中心”是小米公司长期以来秉持的核心经营理念。这意味着小米在制定产品策略、设计功能、优化服务等方面，始终将用户的需求和体验放在首位。为了实现这一点，小米积极与用户进行直接互动，通过各种渠道收集用户的反馈和建议，深入了解他们的真实需求和痛点。

“通过直接与用户互动，了解用户需求”是小米实施以用户为中心理念的重要手段。小米利用社交媒体、官方论坛、线下活动等多种方式，与用户保持紧密的联系。这种互动不仅让小米能够及时了解市场动态和用户需求的变化，还为产品研发和改进提供了宝贵的参考。

“快速响应市场变化”是小米用户驱动模式的显著特点。得益于与用户的紧密互动以及敏锐的市场洞察力，小米能够迅速调整产品策略，满足用户层出不穷的新需求。这种灵活性使小米在激烈的市场竞争中保持领先地位。

“提高产品的市场竞争力”是以用户为中心这一理念带来的直接成果。通过深入了解用户需求并快速响应市场变化，小米的产品更加贴近用户期望，从而赢得了用户的信任和喜爱。这不仅提升了小米品牌的知名度，还促进了产品的销量和市场占有率。

小米公司就像是一家定制服装的裁缝店。裁缝（小米）通过与顾客（用户）的深入沟通，了解他们的身材特点、穿着习惯和审美偏好。然后，裁缝根据这些信息为顾客量身定制服装（产品），确保每件衣服都能完美贴合顾客的身形和品味。这种个性化的服务让顾客感到非常满意，纷纷向亲朋好友推荐这家裁缝店。随着时间的推移，裁缝店的生意越来越红火，成为市场上炙手可热的品牌。

小米在推出新款智能手机时，通过社交媒体和官方论坛广泛征集用户的意见和建议。许多用户表示希望新款手机能够拥有更强大的摄像头、更持久的电池续航和更流畅的系统性能。小米认真听取了这些建议，并对新款手机进行了相应的改进。当新款手机上市时，由于其紧密贴合用户需求，迅速在市场上获得了热烈反响。销量节节攀升，用户口碑也极佳，进一步巩固了小米在智能手机市场的领先地位。

（2）快速迭代

互联网思维的核心要点之一是快速迭代，即通过持续的产品更新与功能优化，敏捷响应市场动态变化。以小米为例，其借助官方社区、社交平台等互联网渠道广泛采集用户反馈，并将这些真实需求转化为产品改进的方向，通过高频次的优化升级，持续提升用户体验。在互联网时代，市场变化迅速，用户需求也在不断变化。因此，“快速迭代”成为一种重要的应对策略。它指的是通过频繁地更新和优化产品，以迅速适应市场的变化并满足用户的新需求。这种策略强调速度、灵活性和持续改进。

小米深谙此道，他们通过互联网渠道，如官方论坛、社交媒体等，积极收集用户的反馈和建议。这些宝贵的用户意见为产品改进提供了方向。小米根据用户反馈及时调整产品设计和功能，甚至推出新的产品或服务来满足用户需求。

这种快速迭代的方式不仅使小米的产品更加符合市场趋势，还让用户感受到了品牌的关注和尊重。通过持续改进产品，小米不断提升用户体验，从而赢得了用户的忠诚和口碑。

如果把小米比作一位厨师，那么用户就是品尝美食的食客。厨师（小米）端上一道菜（产品），食客（用户）品尝后给出了自己的评价和建议。根据这些反馈，厨师迅速调整食材和烹饪方法，再次端上改进后的佳肴。如此反复，直到食客满意为止。这种快速响应和持续改进的态度，让食客感受到了厨师的用心和专业，从而更加信任和喜爱这家餐厅（小米品牌）。

小米在推出某款智能手机后，通过官方论坛收集到了大量用户的反馈。其中，许多用户反映手机的拍照效果不够理想。小米迅速响应，组织研发团队对摄像设备进行升级和优化。不久后，小米推出了该手机的升级版，其中摄像头性能得到了显著提升。这一改进迅速赢得了众多用户的认可和好评，手机的销量也随之攀升。这就是小米通过快速迭代提升用户体验和市场竞争力的一个典型案例。

2. 社区建设

（1）MIUI 论坛

小米通过建立 MIUI 论坛，形成了一个强大的用户社区，用户可以在这里分享使用体验、反馈问题、提出建议。这个社区不仅是用户交流的平台，更是小米获取用户反馈的重要渠道。

MIUI 论坛就像一个庞大的意见箱，用户可以随时投递自己的想法和建议，小米通过分析这些反馈，及时改进产品和服务。

（2）线下活动和粉丝见面会

小米定期组织线下活动和粉丝见面会，增强与用户的互动和联系。这些活动不仅拉近了小米与用户之间的距离，还增强了用户的品牌认同感和忠诚度。这些活动就像家庭聚会，品牌和用户像家人一样互动和交流，增进了彼此之间的感情。

（3）社交媒体互动

小米积极利用社交媒体平台与用户互动，通过微博、微信、抖音等平台发布产品信息，实现用户互动并进行市场推广。社交媒体互动就像一座双向交流的桥梁，品牌可以快速传递信息，用户也可以即时反馈意见。

（4）打造创始人个人 IP

小米利用新媒体打造创始人雷军的个人 IP，通过展示雷军亲民、励志、成功的形象，传递积极、正面的价值观和理念，得到了广大网友的认同和共鸣，吸引了大量的粉丝，雷军在全网的粉丝近 5 000 万个，这既是雷军个人的粉丝，也是小米集团的粉丝。

3. 粉丝经济

（1）粉丝文化的培育

小米通过打造粉丝文化，培养了一大批忠实粉丝。这些粉丝不仅是小米产品的消费者，更是品牌的传播者和拥护者。粉丝文化就像一棵茁壮成长的大树，根系扎实，树干强壮，粉丝们就像树叶，为品牌带来活力和生命力。

（2）高性价比策略

小米通过高性价比策略，吸引了大量用户。与传统品牌相比，小米的产品定价比较亲民，但其性能优越，满足了广大用户对高品质和低价格的需求。这种高品质与低价格并存的策略，赢得了市场的广泛认可。

（3）众筹和预售模式

小米利用众筹和预售模式，不仅能提前测试市场反应，还能通过用户的积极参与，增强用户的品牌参与感和归属感。众筹和预售模式就像一场盛大的派对，用户通过参与和支持，成为品牌成功的一部分，增强了他们对品牌的归属感。

4. 产品策略

（1）产品生态系统

小米不仅专注于智能手机，其业务还扩展到智能家居、穿戴设备、智能家电等多个领域，打造了一个庞大的产品生态系统。这种多元化策略增强了用户的品牌黏性和忠诚度。小米的产品生态就像一个繁荣的生态系统，用户可以在这个系统中找到各种满足他们需求的产品，享受到无缝连接的使用体验。

（2）产品体验日和新品发布会

小米定期举办产品体验日和新品发布会，邀请粉丝和媒体参与，提升用户的参与感和对品牌的关注度。这些活动就像一场场盛大的演出，吸引了大量观众前来观看和参与，增加了品牌的影响力和知名度。

5. 互联网渠道营销

（1）线上销售平台

小米主要通过自营的线上商城和第三方电商平台进行销售，有效地减少了中间环节，从而降低了成本。这种直销模式不仅提升了销售效率，还为消费者带来了实惠。线上销售平台就像一条绿色快速通道，将产品直接送到消费者手中，既快捷又省钱。

（2）数据驱动的精准营销

小米通过大数据分析，精准把握用户需求，进行定向精准营销策略，提高了营销效果和转化率。数据驱动的精准营销就像一个精确制导导弹，能准确击中目标，提高了营销的精准性和有效性。

4.3.2 互联网营销对企业市场拓展的推动作用

互联网营销（digital marketing）作为现代企业营销的重要手段，具有覆盖广、成本低、效果显著等优点，可以帮助企业快速拓展市场并建立品牌。以下是对互联网营销如何实现这些目标的详细分析：

1. 互联网营销的主要工具和策略

（1）搜索引擎优化和搜索引擎营销（search engine marketing，SEM）

SEO 是一种通过改进网站的内容和结构，使其在 SERP 中获得更高排名的技术。SEO 的目标是提高网站的自然排名，从而吸引更多有针对性的、免费的流量。

想象一下，搜索引擎就像是一个大型图书馆，而网站就像是图书馆里的书籍。SEO 就像是图书管理员的整理工作，通过优化书籍（网站）的标题、内容和目录结构，使得当读者（搜索引擎用户）查询特定主题时，能够更容易、更快速地找到相关的书籍（网站）。

假设你经营一家专门销售户外装备的电商网站。通过优化产品页面（比如使用相关的关键词、改善网站导航结构、提高页面加载速度等），你的网站在搜索引擎中的排名可能会提高。当用户搜索“户外装备”或“登山鞋”等关键词时，你的网站就有更大的机会出现在搜索结果的前列，从而吸引更多潜在客户。

SEM 主要涉及付费广告，如 Google Ads（通过在搜索引擎结果页上投放广告来吸引流量。与 SEO 不同，SEM 是一种付费策略，可以立即带来流量，但需要持续投入广告费用。

继续以图书馆作比喻，SEM 就像是图书馆里的广告牌。你可以支付费用在图书馆的显眼位置放置广告，这样当读者进入图书馆时，他们会立刻看到你的广告，从而被吸引到你的书籍（网站）前。

继续使用户外装备电商网站的例子，通过 Google Ads 为特定的关键词（如“户外装备”或“登山鞋”）投放广告。当用户搜索这些关键词时，这些广告可能会出现在搜索结果页的顶部或侧边栏。这样，即使网站的自然排名不高，用户也能通过点击广告直接访问网站。

SEO 和 SEM 是两种相辅相成的网络营销策略。SEO 更注重长期的自然排名提升，而SEM则能迅速带来流量，但需要持续投入广告费用。

案例

ZAppos是一个非常成功的在线鞋类零售商，其成功的秘诀之一就是有效地利用了SEO策略。通过针对特定关键词如“buy shoes online”进行优化，ZAppos能够在搜索引擎结果中获得更高的排名，从而显著提升了网站的流量和销售量。

我们来详细了解一下SEO策略是如何帮助ZAppos提升排名的。在SEO中，关键词的选择至关重要。ZAppos团队深知,对于想要在线购买鞋子的消费者来说，“buy shoes online”是一个非常直接且相关的搜索词。因此，他们将这个关键词作为优化的重点，通过一系列技术手段，如合理的网站结构、高质量的内容创作，以及外部和内部链接策略，来提高网站在这个关键词上的排名。

他们可能调整了网站的结构，使其更加清晰、易于导航，同时也更容易被搜索引擎抓取和索引。在网站的各个页面，特别是产品页面和博客文章中，合理地布局了“buy shoes online”这个关键词，以及相关的长尾关键词，从而提高了页面与这个搜索词的相关性。通过合理的内部链接和外部链接建设，提高了网站的权威性和可信度，这对于搜索引擎排名来说也是非常重要的因素。

这些优化措施的综合效果是显著的。当消费者在搜索引擎中输入“buy shoes online”进行搜索时，ZAppos的网站因为高度相关性和优化得当，得以在搜索结果中获得更高的排名。这意味着更多的潜在消费者会首先看到ZAppos的网站，并点击进入浏览和购买。

高排名带来的流量转化为实际销售量的提升也是显而易见的。因为消费者在搜索时通常已经有了明确的购买意向，所以他们更有可能在浏览ZAppos的网站后做出购买决定。这样，通过SEO策略，ZAppos不仅提高了网站的流量，还成功地将这些流量转化为实际的销售量和利润。

（2）内容营销

内容营销是一种营销策略，其核心在于创造和分享高质量、有价值的内容，以此吸引并留下明确的目标受众。通过这种方式，企业不仅能够与潜在客户建立联系，还能逐渐树立起品牌的权威性和专业度。内容营销的形式多种多样，包括但不限于博客文章、教育性视频、详细的白皮书、富有深度的电子书等。

内容营销就像在一个热闹的市集上摆摊卖艺。这个市集就是互联网，而摊位上的各种表演就是企业发布的内容。博客文章可能就像一个魔术师在展示精湛的魔术，吸引路人驻足观看；视频内容则好比杂技表演，通过动态和视觉冲击吸引观众；白皮书和电子书则更像摊位上精美的手工艺品，它们虽然不如表演那样炫目，但凭借其内涵和价值，能够吸引那些真正懂得欣赏的顾客。

举例来说，假设有一个健康食品品牌，他们首先可以通过发布一系列关于健康饮食、营养搭配的博客文章来吸引对健康生活有兴趣的消费者。这些文章就像市集上的魔术师，用专业的知识和实用的建议“变出”健康的秘诀，从而吸引观众的注意。然后，该品牌还可以制作一些健康食谱的教程视频，教大家如何制作美味又营养的食物，这些视频就像是市集上的杂技表演，既实用又吸引人。最后，他们可以发布一本关于健康饮食的电子书，深入剖析健康饮食的重要性及方法，这本书就像是摊位上的手工艺品，虽然需要花费一些时间去阅读和理解，但对于真正关注健康的消费者来说，它的价值是无法估量的。

通过多样化的内容营销方式，企业能够在激烈的市场竞争中脱颖而出，与消费者建立起深厚的联系，并逐步树立起自己在行业内的权威地位。

案例

HubSpot 的故事是内容营销策略成功的典范。该公司专注于入站营销（inbound marketing）领域，通过精心策划和执行内容营销策略，不仅吸引了大量潜在客户，还在行业内建立了不可动摇的权威地位。

HubSpot 首先明确了其内容营销的核心主题——入站营销。这是一个相对专业且热门的领域，涉及如何通过有价值的内容吸引潜在客户，而不是通过传统的推销方式。HubSpot 深知，为了在这个领域建立权威，必须提供高质量、有深度的内容。

接下来，他们开始大量发布关于入站营销的博客文章和指南。这些文章和指南不仅涵盖了入站营销的基本概念，还深入探讨了策略、技巧、案例分析等高级话题。每一篇文章都经过精心撰写和编辑，确保信息的准确性和实用性。

这些高质量的内容很快就在网络上传播开来。潜在客户在搜索入站营销相关信息时，经常会遇到 HubSpot 的文章。他们被文章中的专业知识和实用建议所吸引，进而对HubSpot产生了浓厚的兴趣。越来越多的人开始关注HubSpot的社交媒体账号，订阅他们的邮件列表，甚至直接联系他们以获取更多信息。

随着时间的推移，HubSpot的内容营销策略取得了显著的成果。他们的网站流量大幅增加，潜在客户的数量也呈现出稳步上升的趋势。更重要的是，HubSpot在入站营销领域建立了极高的权威地位。当人们提到入站营销时，往往会首先想到HubSpot，这无疑为他们的业务发展奠定了坚实的基础。

此外，HubSpot还通过内容营销与其他营销策略的紧密结合，进一步提升了品牌知名度和影响力。例如，他们利用社交媒体平台推广自己的博客文章和指南，吸引更多人的关注；同时，他们也通过线上线下活动、网络研讨会等形式，与潜在客户进行更深入的互动和交流。

（3）在线广告

在线广告，顾名思义，就是在互联网上投放的广告。这些广告形式多样，包括展示广告（比如网页上的横幅广告、图片广告等）、视频广告（在视频平台或网站上播放的短片广告）以及社交媒体广告（在社交媒体平台上展示的广告）等。这些广告都有一个共同的目标，那就是通过精准投放来吸引特定的目标受众，进而提高品牌的曝光率和销售量。

在线广告就像是在一个熙熙攘攘的集市上摆摊叫卖。这个集市就是互联网，而各种形式的在线广告就是摊主们的吆喝声和展示的商品。摊主们（广告主）会精心选择自己的摊位位置（投放平台），以及展示的商品和叫卖方式（广告内容和形式），以吸引路过的顾客（目标受众）。

以展示广告为例，这就像在集市的显眼位置挂起一幅大大的横幅，上面写着吸引人的广告语和图片，能够让过往的顾客一眼就能看到并产生兴趣。视频广告则像是在集市中央搭建了一个舞台，过行着精彩纷呈的表演，吸引顾客们驻足观看。而社交媒体广告就像是在集市的社交区域，与顾客们进行亲密的互动，通过口碑传播来吸引更多人的关注。

例如，某运动鞋品牌在社交媒体平台上投放了一则视频广告。这则广告针对的是热爱运动的年轻群体，通过展示运动鞋的时尚外观和卓越性能，以及穿上它们后运动自如的场景，成功吸引了大量目标受众的关注。许多年轻人在看到广告后纷纷表示想要购买这款运动鞋，从而提高了该品牌的曝光率和销售量。

案例

Dropbox利用Facebook广告进行推广，通过简洁的广告内容和引人入胜的优惠活动，迅速扩大了用户基础。Dropbox利用Facebook广告进行推广的策略非常成功，主要得益于其简洁的广告内容和引人入胜的优惠活动。以下是对这一策略的详细解析：

Dropbox在Facebook上的广告内容非常简洁，能够迅速传达核心信息。在有限的广告空间内，他们精准地展示了产品的关键特性和优势，避免了冗长和复杂的描述。

除了文字内容的精炼，Dropbox的广告在视觉上也非常吸引人。他们使用了高质量的图片和设计元素，以直观的方式展示了产品的外观和功能。广告中通常包含一个明确的呼吁行动（Call to Action），指导用户进行下一步操作，如注册、下载或购买等。这种直接的呼吁有助于提高广告的转化率。

Dropbox曾经推出过一项非常成功的病毒营销活动——“推荐有礼”。在这个活动中，用户可以通过邀请朋友注册并使用Dropbox，获得额外的免费存储空间。这种双向激励的方式极大地提高了用户的参与度和品牌的口碑传播。

除了长期的推荐活动，Dropbox还会在特定时期推出限时优惠和特价促销，以吸引新用户并促进老用户的活跃度。这些活动通常会在Facebook广告中进行宣传，利用社交媒体的广泛传播性来扩大影响力。

通过上述策略，Dropbox成功地利用了Facebook广告平台来迅速扩大其用户基础。简洁明了的广告和吸引人的优惠活动共同作用，使得Dropbox在短时间内获得了大量的新用户注册和活跃使用。这不仅增加了品牌的曝光度和知名度，还为Dropbox带来了更多的商业机会和市场份额。

2. 快速拓展市场

（1）覆盖广泛的用户群体

互联网营销可以跨越地域的限制，快速覆盖全球市场。通过各种在线渠道，企业可以接触到全球各地的潜在客户。互联网营销就像一张无边无际的渔网，能够捕捉到广泛的鱼群（用户），大大扩展了市场范围。

（2）精准的市场定位

通过数据分析和用户画像，企业可以精准定位目标客户群体，提供个性化的营销信息，提高营销效果。精准的市场定位就像是一支精确制导的箭，能够准确命中目标客户，提高转化率和销售量。

（3）快速响应市场需求

互联网营销可以实时监控市场反馈，快速调整营销策略和内容，满足市场需求的变化。互联网营销就像是一辆高速行驶的赛车，能够迅速转向和加速，快速响应市场的变化和需求。这种灵活性和敏捷性使得互联网营销在激烈的市场竞赛中占据优势，迅速把握市场的机会，不断提升其市场份额。

3. 建立品牌

（1）提升品牌知名度

品牌知名度提升就像是一座灯塔，在茫茫大海中指引着更多的船只（客户）关注和靠近。提升品牌知名度是企业在市场竞争中取得优势的关键一步。在当今这个信息爆炸的时代，如何让自己的品牌在众多竞争者中脱颖而出，成为消费者心目中的首选，这确实需要精心策划和执行。通过高频次、高覆盖率的互联网广告和内容传播，企业可以有效地迅速提升品牌知名度。

首先，高频次的广告曝光能够加深消费者对品牌的印象。想象一下，当你在不同的平台、不同的时间多次看到同一个品牌的广告，这个品牌就会在你的脑海中留下更加深刻的印记。这种反复持续的曝光不仅可以增加品牌的辨识度，还能让消费者在需要相关产品或服务时，更自然地想到这个品牌。

其次，高覆盖率的传播能够确保品牌信息触达更广泛的受众。互联网广告的优势之一就是能够精准定位目标受众，并通过各种渠道将广告推送给这些人。无论是社交媒体、搜索引擎、新闻网站还是视频平台，都能成为其品牌传播的阵地。这种全方位的覆盖，让品牌信息无处不在的状态，吸引了更多潜在客户的注意。

除了广告曝光，内容传播也是提升品牌知名度的重要手段。通过创作高质量、有价值的内容，如博客文章、视频教程、社交媒体帖子等，企业可以与消费者建立更紧密的联系。这些内容不仅能够提供有用的信息，还能展示品牌的个性和价值观，从而增强消费者对品牌的认同感和好感度。

（2）增强品牌影响力

增强品牌影响力就像在用户心中种下一颗种子，通过不断地浇灌（内容和互动），让品牌在用户心中茁壮成长。

提供有价值的内容是企业建立品牌专业性和权威性最重要的基石。这里的“有价值”不仅指内容本身的质量，更在于它能否满足目标受众的需求，解决他们的实际问题。例如，一个专注于健康饮食的品牌可以定期发布关于营养学、健康食谱或者食材选择等方面的专业知识，这些内容不仅吸引了关注健康饮食的消费者，还能在潜移默化中展示品牌在这个领域的专业性和深入见解。

互动体验是增强品牌与消费者之间建立联系的关键。在数字化时代，消费者不再是被动的信息接收者，他们渴望参与、分享和反馈。企业应该积极利用社交媒体、在线论坛、直播等渠道与消费者进行实时互动，解答他们的疑问，收集他们的建议，甚至邀请他们参与产品的研发和测试。这种深度的互动不仅能让消费者感受到品牌的关注和尊重，还能帮助品牌更精准地把握市场需求，从而巩固和提升品牌的专业性和权威性。

通过建立品牌的专业性和权威性，企业在市场中的整体影响力也会随之增强。当消费者认为某个品牌在其所在领域具有高度的专业知识和权威地位时，他们更可能信任该品牌的产品或服务，并愿意为之付费。此外，这种专业性和权威性也会吸引媒体、行业分析师和其他意见领袖的关注，进一步提升品牌的曝光度和影响力。

值得注意的是，建立品牌的专业性和权威性是一个需要长期坚持的过程。它需要企业不断地投入资源进行创新、研发和市场调研，同时保持与消费者的紧密互动，及时调整和优化品牌策略。只有这样，企业才能在激烈的市场竞争中脱颖而出，成为消费者心目中的行业专家和权威代表。

（3）建立品牌忠诚度

建立品牌忠诚度就像培养一群忠实的粉丝，他们不仅自己支持品牌，还会积极向他人推荐，形成口碑效应。建立品牌忠诚度是每个企业都追求的目标，因为这意味着稳定的客户群体、持续的销售增长和积极的口碑传播。通过个性化的营销和优质的客户服务，企业可以有效地提升客户满意度，进而建立坚实的品牌忠诚度。

个性化的营销能够让客户感受到品牌对其的关怀与理解。在大数据和人工智能技术的支持下，企业可以深入了解每位客户的喜好、购买习惯和需求，从而为他们量身定制营销信息。例如，通过电子邮件或移动应用推送个性化的优惠、活动或新品信息，可以让客户感受到品牌对他们的重视。这种定制化的体验不仅能够提高客户的满意度，还能激发他们的购买欲望，进一步促进品牌忠诚度的形成。

优质的客户服务是建立品牌忠诚度的另一个关键因素。当客户遇到问题或疑虑时，能够快速、准确地得到解答和帮助，会让他们对品牌产生更多的信任感。企业应该建立完善的客户服务体系，包括专业的客服团队、高效的响应机制和便捷的沟通渠道。例如，通过设立 24 小时在线客服、提供详细的产品使用指南和常见问题解答，以及定期回访客户收集反馈，都可以让客户感受到品牌的贴心与专业。

满意的客户不仅会重复购买企业的产品或服务，还会积极主动地向亲朋好友推荐品牌。这种口碑传播的力量是巨大的，它能够帮助企业吸引更多的潜在客户，扩大市场份额。而这一切，都源于企业对个性化营销和客户服务的持续投入与努力。

总的来说，建立品牌忠诚度需要企业在个性化营销和客户服务方面下足功夫。通过深入了解客户需求、提供定制化的体验和优质的服务，企业可以赢得客户的信任和满意，进而培养出一批忠诚的品牌拥趸。这些忠诚的客户将成为品牌最宝贵的资产，推动企业在激烈的市场竞争中脱颖而出。

4.4 促销与沟通创新案例：可口可乐的社交媒体营销

4.4.1 可口可乐在社交媒体上的营销策略

可口可乐作为全球知名的饮料品牌，一直在利用社交媒体来增强品牌互动和顾客参与。通过创新的社交媒体活动和策略，可口可乐成功地与全球消费者建立了深厚的情感联系。以下是可口可乐如何通过社交媒体活动来增强品牌互动和顾客参与的详细介绍：

1. 社交媒体活动的核心策略

（1）个性化和本地化内容

可口可乐在全球社交媒体活动中所采取的个性化和本地化内容策略，是其成功吸引并留住消费者的重要因素。

通过个性化的内容，可口可乐能够更好地触达并理解每一位消费者。例如，在社交媒体平台上，可口可乐会根据用户的兴趣、浏览历史和地理位置，推送与之相关的内容。这种做法不仅让消费者感觉到品牌对他们的关注和了解，还提高了营销信息的接受度和转化率。开展个性化的营销活动，如定制化的广告、个性化的推荐和专属优惠，能够极大地提升用户的在线体验。这种定制化的互动让消费者感觉自己是特别的，从而增加了他们对品牌的忠诚度和购买意愿。

可口可乐深知不同地区有着不同的文化背景和消费习惯。因此，通过本地化内容，品牌能够更好地融入当地市场，避免文化冲突，同时增加与当地消费者的情感连接。例如，在一些地区，可口可乐会在包装或广告中加入当地的文化元素或节日特色，以此表达对当地文化的尊重，以及融入的意愿。当品牌能够用当地的语言和符号与消费者沟通时，它会显得更加亲切和可信。本地化内容不仅让营销信息更加贴近消费者的日常生活，还能激发消费者的共鸣，从而增强品牌的认同感和归属感。

通过个性化和本地化的内容策略，可口可乐成功地吸引了全球消费者的广泛参与。无论是在社交媒体上的互动、线上活动的参与，还是产品购买的增加，都证明了这一策略的有效性。

这种策略不仅展示了可口可乐对全球多元文化的尊重和包容，还进一步巩固了其作为全球饮料品牌的领先地位。通过深入了解和满足不同地区消费者的需求，可口可乐成功地在全球范围内建立了强大的品牌影响力和忠诚度。

（2）用户生成内容

用户生成内容在可口可乐的营销策略中扮演了重要角色。通过鼓励消费者在社交媒体平台上分享与品牌相关的内容，如照片、视频和故事，可口可乐不仅丰富了其社交媒体素材库，还成功提升了消费者的参与感和忠诚度。以下是对这一策略的详细分析：

用户生成的内容为可口可乐提供了大量真实、生动且多样化的社交媒体素材。这些内容包括消费者在享受可口可乐产品时的瞬间、与品牌的互动故事等，极具生活气息和真实性。相比于品牌自身制作的内容，用户生成的内容更具说服力和可信度，因为它们来自真实的消费者体验。当消费者积极参与分享与可口可乐相关的内容时，他们会感受到自己与品牌之间的紧密联系。这种参与感让他们觉得自己的声音被听到，自己的体验被重视。通过在社交媒体上互动和分享，消费者之间也形成了一个围绕可口可乐的社区，进一步增强了他们的归属感和参与感。

当消费者深入参与到与品牌的互动中时，他们对品牌的忠诚度也会相应提升。通过分享和讨论可口可乐相关的内容，消费者不仅在情感上与品牌建立了更深的联系，还在实际行动上支持了品牌。这种忠诚度不仅体现在持续的购买行为上，更表现为消费者愿意为品牌进行口碑传播，向亲朋好友推荐可口可乐的产品。用户生成的内容在社交媒体上具有高度的传播性。当消费者分享他们的体验时，这些内容有可能被更多的人看到，从而扩大可口可乐的品牌影响力。这种“口碑传播”效应是任何广告都无法替代的，因为它基于真实的消费者体验和推荐，具有极高的可信度。“Share a Coke”活动中，可口可乐在瓶身上印上常见的名字，鼓励消费者购买并与朋友分享这些个性化瓶子，然后在社交媒体上发布照片和故事。

（3）社交媒体挑战和互动活动

可口可乐通过社交媒体挑战和互动活动成功地与消费者建立了更深层次的互动，这些活动不仅增强了品牌的活力和吸引力，还为消费者提供了与品牌互动的独特体验。可口可乐发起的社交媒体挑战活动，如瑜伽挑战、美食挑战、艺术创作挑战等，以其新颖有趣的形式吸引了大量消费者的关注和参与。这些挑战活动充分利用了社交媒体平台的传播优势，通过用户的分享和转发，迅速扩大了品牌的影响力。

挑战活动往往具有时效性和话题性，能够在短时间内聚集大量的人气。通过不断推出新的挑战活动，可口可乐展示了其作为一个全球化品牌的活力和创新能力。参与挑战活动的消费者往往需要投入一定的时间和精力，这种投入会增强他们对品牌的情感连接。当消费者看到自己的作品或成果被品牌认可或展示时，他们会感受到一种成就感和归属感。

除了挑战活动外，可口可乐还经常发起各种互动活动，如投票、问答、抽奖等。这些活动降低了参与的门槛，让更多的消费者能够轻松地与品牌进行互动，从而提升了品牌的亲和力。互动活动为可口可乐提供了一个收集消费者反馈的渠道。通过分析消费者的参与行为和反馈意见，品牌可以更好地了解消费者的需求和偏好，为未来的产品开发和营销策略提供有价值的参考。互动活动的参与性和趣味性使得消费者更愿意分享到自己的社交媒体上，从而进一步扩大了品牌的曝光度和影响力。这种口碑传播的方式对于提升品牌的知名度和美誉度具有显著的效果。

2. 具体的社交媒体活动案例

（1）“Share a Coke”活动

2011 年，可口可乐在澳大利亚首次推出“Share a Coke”活动，在瓶身上印上 250 个常见的名字，鼓励消费者购买并与朋友分享。这一活动迅速在全球范围内推广。活动期间，全球范围内的社交媒体上充斥着用户分享的照片和故事，大大增加了品牌曝光度。可口可乐在活动期间的销售额显著提升，品牌认知度和消费者参与度也得到了极大提高。

（2）“Taste the Feeling”活动

2016 年，可口可乐推出了“Taste the Feeling”全球营销活动，旨在通过一系列广告和社交媒体活动重新定义品牌形象，突出可口可乐带来的美好生活体验。活动期间，“Taste The Feeling”标签在社交媒体平台上被广泛使用，用户生成内容大大增加。可口可乐通过这一活动成功吸引了大量年轻消费者，提升了品牌的现代感和时尚度。

（3）“Happiness Machine”活动

可口可乐一直以来致力于传递快乐和积极的品牌形象，“Happiness Machine”是这一理念的具体体现。可口可乐在YouTube上发布“可口可乐Happiness Machine”视频，展示一台自动售货机随机赠送消费者礼物和饮料的场景，传递快乐的品牌信息。鼓励消费者在社交媒体上分享他们观看视频后的感受和故事，并使用相关标签进行讨论。通过Facebook和X等平台进行推广，扩大视频的传播范围和影响力。视频发布后迅速走红，获得了数百万次观看和大量分享，极大提升了品牌的正面形象。消费者积极参与讨论和分享，品牌的快乐理念深入人心，增强了消费者的情感认同和忠诚度。

3. 可口可乐社交媒体活动的成功要素

（1）强调情感连接的重要性

可口可乐在开展社交媒体活动时，特别注重与消费者之间的情感纽带。品牌通过围绕快乐、友情、家庭等温暖人心的主题，激发消费者内心的共鸣，从而引发他们积极参与和分享。这种情感上的共鸣使得人们因为共同的情感而聚集在一起，共同分享那些快乐和美好的瞬间，进一步加深了消费者与品牌之间的情感联系。

（2）借力用户生成内容的力量

可口可乐通过积极鼓励用户分享与品牌相关的内容，不仅极大地丰富了品牌的社交媒体素材库，还显著增强了消费者的参与感和品牌忠诚度。当消费者看到自己的内容被品牌认可并展示出来时，他们会感到更加被重视和珍视，从而更加积极地参与到品牌的传播中来。这种用户生成内容为品牌注入了源源不断的活力和创意，使得品牌始终充满生机和创新精神。

（3）创新和互动的持续追求

可口可乐始终致力于推出创新的社交媒体活动，以吸引消费者的积极参与。品牌通过各种形式的互动，如线上游戏、互动话题、有奖问答等，不断增强了品牌的吸引力和黏性。这些活动不仅让消费者感受到品牌的独特魅力，还让他们乐在其中，不断前来体验和参与，从而形成了一个良性循环，使得品牌与消费者之间的关系更加紧密和持久。

4.4.2 社交媒体营销对品牌形象的塑造与提升

社交媒体已成为品牌形象塑造的重要工具，通过其即时性、广泛性和互动性，企业能够快速、有效地与目标受众沟通，塑造品牌形象并建立忠诚度。以下是对社交媒体如何成为品牌形象塑造的重要工具的详细分析，并运用一些中国企业的案例来说明其长期效应。

1. 社交媒体作为品牌形象塑造工具的优势

（1）即时性和互动性

社交媒体平台允许企业实时发布信息并与用户互动，从而企业能够快速响应市场动态和用户反馈。这种即时性和互动性使得品牌可以迅速灵活地调整策略，保持品牌形象的动态性和鲜活性。例如，海尔集团通过微博和微信等社交媒体平台，实时分享产品更新动态和企业新闻，并与用户互动，及时解决用户问题，增强了品牌的透明度和可信度。

（2）广泛的覆盖面

社交媒体拥有庞大的用户基础和广泛的覆盖面，使得品牌信息可以迅速传播到全球各地的目标受众。阿里巴巴通过其旗下的淘宝和天猫平台的社交媒体账户，与全球用户保持密切联系，推广各种活动和新品，扩大了品牌影响力。

（3）用户生成内容

社交媒体平台鼓励用户生成内容，包括评论、分享、照片和视频等，这些内容能够增加品牌的可信度和用户参与度。例如，小米通过其社区和社交媒体平台鼓励用户分享使用体验和反馈，这些用户生成的内容不仅丰富了品牌的媒体内容，还增强了用户的参与感和忠诚度。

（4）定向广告和个性化营销

社交媒体平台可以根据用户的行为数据和兴趣标签进行精准广告投放，使品牌能够以更低的成本达到目标受众，提高营销效果。京东利用大数据分析，通过社交媒体平台向不同用户推送个性化的广告和促销信息，大大提高了广告的转化率和品牌曝光度。

2. 社交媒体塑造品牌形象的策略

（1）品牌故事和价值观传播

通过社交媒体，企业可以向用户讲述品牌故事，传递品牌价值观，增强用户对品牌的认同感和情感连接。李宁公司通过微博和微信等平台，讲述品牌创立和发展历程，传递“国货之光”的品牌价值观，吸引了大量年轻消费者的关注和支持。

（2）品牌代言人和影响者营销

利用知名品牌代言人和社交媒体影响者的广泛影响力，扩大品牌在社交媒体上的曝光度和影响力，从而吸引更多粉丝和潜在客户。华为通过邀请知名艺人和科技博主代言并推广其新款手机，通过他们在社交媒体上的影响力，提高了品牌的知名度和美誉度，正是这一营销策略应用的鲜活案例。

（3）活动和挑战

通过策划并发起各种线上活动和挑战，鼓励用户热情参与并积极分享，提高品牌的互动性并增强用户黏性。例如，抖音上的“挑战赛”活动，吸引了大量用户参与并创作内容，这一策略不仅显著增加了平台的活跃度，同时提升了品牌的用户参与度。

（4）实时互动和用户反馈

通过社交媒体平台与用户进行实时互动，回应用户反馈并解决其问题，从而能够提高品牌的服务质量和用户满意度。例如，小米集团通过微信和微博等平台，及时回复用户的售后服务需求和产品咨询，增强了用户对品牌的信任和满意度，树立了积极正向的品牌形象。

3. 社交媒体塑造品牌形象的长期效应

（1）增强品牌认知度和忠诚度

长期使用社交媒体进行品牌营销和用户互动，可以显著提高品牌的认知度和用户忠诚度。用户在社交媒体上看到和参与品牌的活动，会产生深刻的记忆和情感连接，增加品牌的忠诚度。支付宝通过长期在社交媒体上推广其支付便利性和安全性，以及各种优惠活动，增强了用户对品牌的认知度和使用忠诚度。

（2）提升品牌信誉和公信力

通过社交媒体平台，企业可以展示其社会责任和企业文化，增强品牌的信誉和公信力。用户对品牌的信任感增强，会更愿意购买和推荐品牌产品。腾讯通过其公益项目和环保活动的社交媒体宣传，展示其企业社会责任，提升了品牌的公信力和用户的好感度。

（3）促进品牌创新和用户共创

社交媒体平台上的用户反馈和互动，能够为品牌提供大量的市场洞察和创新灵感，促进品牌的产品和服务创新。同时，用户参与共创活动，可以增强他们对品牌的归属感和忠诚度。滴滴出行通过社交媒体平台收集用户对出行服务的反馈和建议，不断优化和创新其产品和服务，提升了用户的满意度和品牌忠诚度。

（4）形成强大的品牌社区

通过社交媒体平台，企业可以建立强大的品牌社区，聚集大量忠实用户和粉丝。这个社区不仅是品牌传播的重要渠道，也是用户交流和互动的平台，增强了品牌的黏性和用户的归属感。小米社区通过社交媒体和论坛聚集了大量忠实用户，用户在社区中交流使用经验、反馈问题，形成了强大的品牌社区，增强了用户的归属感和品牌黏性。

第 5 章　创新的实施与评估

在当今社会，市场竞争越发激烈，企业若想在其中脱颖而出，保持竞争优势，实现可持续发展，创新便成了其不可或缺的核心动力。创新不仅是企业发展成长的灵魂，更是其应对市场变革、把握发展机遇的关键所在。因此，如何实施和评估创新策略，成为企业在追求卓越、提升竞争力的过程中必须面对的重要课题。

企业要明确创新的目标和路径。创新并非盲目进行，而是要紧密围绕企业发展战略，明确创新目标，并制定切实可行的创新路径。在这个过程中，企业要充分了解市场需求，把握产业发展趋势，将创新举措与市场需求相结合，从而确保创新策略的有效落地。

企业要注重创新实施与评估体系的建设。创新实施是创新路径的关键环节，企业需要建立一套完善的创新实施体系，确保创新举措得以顺利推进。同时，企业还要注重创新评估，通过对创新成果的客观评价，为后续创新提供有利依据。创新评估不仅要有量化指标，还要充分考虑创新带来的无形价值，如品牌效应、客户满意度等。

企业要不断优化创新机制。为此要建立健全激励机制，鼓励员工勇于创新、善于创新，形成良好的创新氛围。同时，企业还需完善创新成果的转化机制，缩短创新成果从研发到产业化的周期，提高创新成果的转化效率。

企业要始终保持敏锐的市场洞察力和创新精神。市场环境瞬息万变，企业要时刻关注市场动态，捕捉潜在机遇，以创新应对市场变化。此外，企业还要在文化层面弘扬创新精神，使创新成为企业 DNA 的一部分，为企业可持续发展提供源源不断的动力。

总之，在激烈的市场竞争中，企业要将创新作为核心竞争力，通过有效的实施和科学的评估，不断优化和创新，为我国经济高质量发展贡献力量。只有这样，企业才能在竞争中立于不败之地，实现基业长青。

5.1 创新实施的策略与方法

创新实施的策略与方法对于企业的成功至关重要。在当今激烈的市场竞争中，企业必须不断地进行创新，以适应不断变化的市场需求，保持竞争优势。本节将侧重介绍创新管理流程和创新实施的关键因素，以帮助企业更好地实施创新策略，提升企业的核心竞争力。企业应充分利用创新管理流程和创新实施的关键因素，不断提升创新能力，为企业的可持续发展奠定坚实基础。在激烈的市场竞争中，只有不断创新，才能把握先机、赢得未来。

5.1.1 创新管理流程

创新管理是企业在激烈竞争中保持领先地位的关键要素之一。通过实施系统化的创新管理流程，企业可以有效地推动和评估创新路径，从而不断提升其竞争力。图 5–1 是创新管理的标准流程。

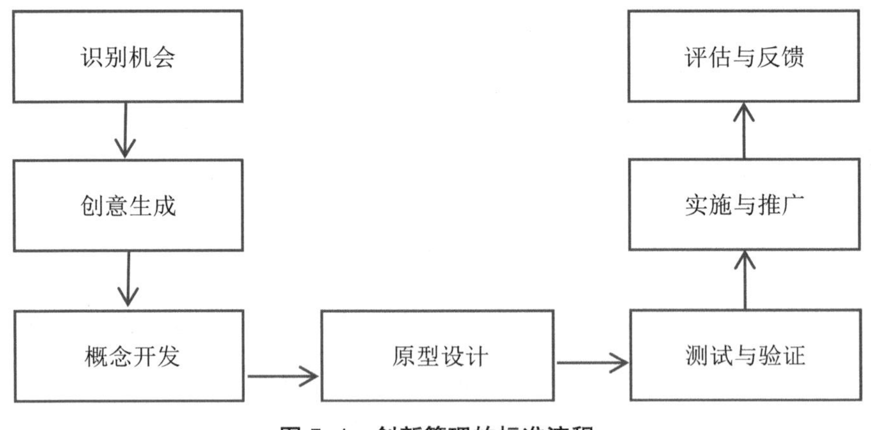

图 5–1　创新管理的标准流程

1. 识别机会

创新管理的第一步是识别潜在的机会。这包括市场需求、技术进步、政策变化等。企业需要通过市场调研、客户反馈和竞争分析来发现这些机会。

市场需求是创新机会的重要来源。企业需要密切关注市场动态，了解消费者的需求和偏好。通过市场调研，企业可以掌握市场的第一手资料，发现潜在的市场空白和消费者痛点。例如，随着健康意识的提高，消费者对健康食品的需求不断增加，这就为企业开发健康食品提供了市场机会。为了有效地进行市场调研，企业可以采取问卷调查、访谈、观察等多种方法，收集消费者的意见和建议。同时，利用大数据和人工智能技术对市场数据进行分析，可以更准确地预测市场趋势和消费者行为，从而发现更多的创新机会。

技术进步是推动创新的重要因素。随着科技的不断发展，新技术、新材料、新工艺层出不穷，为企业提供了广阔的创新空间。企业需要持续关注技术动态，了解最新的技术成果和发展趋势。通过与科研机构、高校等合作，企业可以及时获取最新的技术信息，为创新提供技术支持。此外，企业还可以通过参加行业展览、技术研讨会等交流活动，与业界同行交流学习，了解行业前沿动态，发掘潜在的技术创新机会。

政策变化对企业创新具有重要影响。政府政策的调整往往意味着市场环境的改变，可能为企业带来新的发展机遇。例如，政府加大对环保产业的扶持力度，就为企业开发环保产品和技术提供了有力支持。为了及时把握政策变化，企业需要加强与政府部门的沟通联系，了解政策走向和意图。同时，通过对政策文件的深入解读和分析，企业可以预测政策变化对市场的影响，从而提前布局，抓住创新机会。

客户反馈是了解市场需求和消费者满意度的重要途径。通过收集和分析客户反馈，企业可以发现产品和服务中存在的问题和不足，进而提出改进措施和创新方案。例如，消费者对产品功能的改进建议、对服务流程的优化意见等，都可以为企业创新提供有益的参考。

为了有效地收集客户反馈，企业可以采用多种方式，包括设置在线调查表、建立客户服务热线、开展客户满意度调查等，广泛征集消费者的意见和建议。同时，运用文本挖掘和情感分析等先进技术对客户反馈进行深入分析，有助于更准确地把握消费者的需求理解消费者的期望，为产品或服务的创新提供有力支持。

在识别创新机会的过程中，竞争分析也是不可或缺的一环。通过对竞争对手的产品、服务、市场策略等进行深入分析，企业可以发现自身的优势和劣势以及市场上的竞争态势。这有助于企业找到差异化的创新点并制定相应的竞争策略。

案例

苹果公司对消费电子市场进行了长期而深入地研究，特别关注消费者需求和技术发展趋势。通过分析，苹果公司发现智能手机市场具有巨大的增长潜力和创新空间，尤其是在用户体验、功能整合和便携性方面。

基于市场研究的结果，苹果公司决定开发一款革命性的智能手机，即iPhone。iPhone的设计初衷是提供一个集电话、音乐播放器、网络浏览器等功能于一体的便携式设备，以满足消费者对便捷、多功能和时尚的需求。iPhone在多个方面实现了创新和突破。它引入了革命性的多点触控屏幕，使得操作更加直观和便捷。iPhone还集成了强大的处理器和操作系统，提供了流畅的用户体验和丰富的应用程序。iPhone的推出对智能手机市场产生了深远的影响，它不仅改变了消费者对手机的认知和期望，还推动了整个行业的发展和创新。自iPhone问世以来，智能手机市场经历了爆炸式增长，各种新功能和应用不断涌现，极大地丰富了人们的数字生活。苹果公司并没有因为iPhone的成功而停滞不前，而是继续致力于产品的创新和升级。通过不断引入新技术、优化操作系统和扩展应用生态，iPhone得以保持其在智能手机市场的领导地位，并持续满足消费者不断变化的需求。

2. 创意生成

一旦识别到机会，就需要集思广益，生成大量的创意。这一过程可以通过头脑风暴会议、创新工作坊、员工建议计划等方式实现。

头脑风暴是一种常用的创意生成方法，它通过集思广益，鼓励参与者自由提出想法和建议，以产生新的创意。在头脑风暴会议中，重要的是创造一个开放、无批评的氛围，让每个人都能畅所欲言。会议组织者需要明确会议的目标和主题，并邀请具有不同背景和专业知识的人员参与，以便带来更广泛的视角和想法。在会议开始时，阐明头脑风暴的规则，如鼓励大胆想象、禁止批评他人的想法、追求数量而非质量等。指派专人记录所有人提出的想法，无论这些想法看起来多么不切实际。头脑风暴结束后，对收集到的想法进行分析和筛选，找出最有潜力和可行性的创意进行深入研究和开发。

创新工作坊是另一种有效的创意生成方式，它通常更加结构化和有针对性。

工作坊开始前，应明确创新的目标和范围，以便参与者能够有针对性地提出想法。邀请行业专家或创新顾问来引导工作坊，他们可以提供专业的见解和方法论，帮助参与者打开思路。通过设计思维、原型制作等实践活动，让参与者亲身体验创新过程，从而更直观地生成和测试创意。在工作坊过程中不断收集反馈，鼓励参与者对初步想法进行迭代和优化。

员工建议计划是鼓励企业内部员工提出创新想法的一种机制。企业需要建立明确的渠道（如建议箱、在线平台或定期的员工大会），让员工能够方便地提交自己的想法。通过设立奖励制度（如奖金、晋升机会或公开表彰），来激励员工积极参与创新过程。对于员工提交的建议，企业应及时给予反馈，无论是采纳还是拒绝，都应说明理由，以保持员工的积极性和参与度。被采纳的建议应得到实施，并定期跟踪实施效果，以便进一步调整和优化。

案例

乐高公司，作为全球知名的玩具制造商，一直以其独特的积木玩具和不断创新的产品设计赢得了全球消费者的喜爱。为了保持其市场领先地位并持续满足消费者的需求，乐高公司非常注重创意生成，并鼓励员工积极提出各种新的玩具设计。

在乐高，创意不仅仅是设计部门的事情，而是全员参与的过程。公司深知，每一个员工都可能成为创新的源泉，因此它建立了一个开放、包容的环境，让员工敢于提出自己的想法。这种文化氛围极大地激发了员工的创造力和创新精神。

乐高公司通过多种方式促进创意的生成。例如，定期举办内部创意大赛，让员工提交自己的玩具设计方案。这些方案可以是全新的产品线，也可以是对现有产品的改进或扩展。评审团队会认真评估每一个提案，并选出最有潜力的项目进行进一步开发。

此外，乐高还设立了专门的创新实验室，为员工提供了一个实践和测试新想法的空间。在这里，员工可以利用丰富的乐高积木和其他材料，将自己的设计理念变为现实。这种“快速原型”的方法不仅加快了创意的验证过程，还让员工能够在实践中不断完善和优化自己的设计。

除了内部的创意激发，乐高公司还积极与外部设计师和合作伙伴进行合作。

通过与不同领域的人才交流，乐高能够汲取更多的灵感，并将其融入自己的产品中。这种跨界合作不仅丰富了乐高的产品线，还使其能够紧跟时代潮流，满足不断变化的市场需求。

值得一提的是，乐高在创意生成过程中非常重视员工的意见和建议。公司设有畅通的反馈渠道，让员工能够随时提出自己的想法和改进建议。这种开放性的沟通机制确保了每一个好的想法都能被及时发现并得到有效的利用。

总的来说，乐高公司通过鼓励员工提出新的玩具设计，建立了一个充满活力和创造力的创新体系。这个体系不仅推动了乐高产品的持续创新，还为员工提供了一个展示自己才华和实现自我价值的平台。正是这种全员参与、内外结合的创新模式，让乐高能够在激烈的玩具市场竞争中保持领先地位。

3. 概念开发

概念开发是创新管理过程中一个至关重要的环节，它承接着创意生成阶段，将大量涌现的创意进行筛选和深化，为后续的产品开发奠定坚实基础。

在创意生成阶段之后，企业会面临大量的创意提案。这些提案各具特色，但并非所有都具备实际开发的价值和潜力。因此，第一步就是对这些创意进行筛选。企业需要制定一套明确的评估标准，这些标准可能包括市场潜力、技术可行性、成本效益分析等。通过这些标准，可以客观地衡量每个创意的优劣。邀请行业专家、市场分析师等组成评审团，对每个创意进行打分和评价。他们的专业知识和经验有助于更准确地识别出具有潜力的创意。通过市场调研，了解消费者对这些创意的接受度和兴趣点，从而判断其市场潜力。

筛选出最有潜力的创意后，下一步是对其进行详细描述。这一阶段的目标是清晰地阐述创意的核心价值、功能特点、目标市场以及与其他产品的差异化等。明确创意解决的核心问题或满足的核心需求，是产品开发的出发点和归宿。具体描述产品的功能、外观、性能等特点，以便后续开发团队能够准确理解并实现。确定产品的目标消费群体，分析他们的消费习惯、需求和偏好，为产品开发提供市场导向。

在详细描述创意的基础上，企业需要制定初步的商业计划，以明确产品的市场定位、竞争策略、盈利模式等。根据目标市场和消费者需求，确定产品在市场中的定位，以及与竞品的差异化策略。分析竞品优劣势，制定针对性的竞争策略，以在市场中脱颖而出。结合产品定位和市场需求，设计合理的盈利模式，确保产品的商业可持续性。

在完成筛选、创意描述、制定初步商业计划的基础上，企业需要对选定的创意进行可行性分析，以评估其在实际开发中的可行性和风险。评估现有技术是否能够满足产品开发的需求，以及是否存在技术瓶颈和风险。预测产品的开发成本、市场价格和销售量等经济指标，以评估其经济效益。考虑产品对社会、环境等方面的影响，以及是否符合相关法律法规和行业标准。

案例

特斯拉在电动汽车概念上进行了前所未有的详细开发，这一过程涉及了多个关键领域，包括设计、技术架构和市场定位，这些细致入微的工作为后来推出的Model S、Model 3等革命性产品奠定了坚实的基础。

在设计方面，特斯拉打破了传统汽车的造型理念，以其独特的流线型设计和未来感十足的外观，赢得了消费者的广泛关注。特斯拉的设计理念旨在创造出不仅美观，而且具有优异空气动力性能的车辆，从而提高能效和行驶效率。

技术架构上，特斯拉采用了先进的电池技术和电动机控制系统。他们研发的电池组不仅能量密度高，而且具有长寿命和快速充电的特点。此外，特斯拉在自动驾驶、智能网联等领域也取得了显著进展，通过持续的软件更新，不断优化用户的驾驶体验。

市场定位方面，特斯拉精准地把握了高端电动汽车市场的需求和趋势。其首款产品Roadster就以其卓越的性能和前卫的设计，成功吸引了高端消费者的目光。随后的Model S和Model 3更是凭借其出色的续航里程、智能化的驾驶辅助系统和时尚的外观，成为电动汽车市场的佼佼者。

特斯拉的这些细致工作不仅体现在产品的硬件上，更贯穿于整个品牌的建设和营销策略中。他们通过直营模式、线上销售和售后服务等方式，构建了一个完整的生态系统，为消费者提供了全新的购车和用车体验。

特斯拉在电动汽车概念上的详细开发，不仅仅是对技术和设计的革新，更是一场对汽车产业传统模式的颠覆。他们的努力为电动汽车行业的发展树立了新的标杆，也为全球可持续交通的未来描绘出了一幅充满希望的蓝图。

4. 原型设计

原型设计阶段是创新过程中一个至关重要的环节，它标志着从抽象的概念到具体实物的转化。在这一阶段，团队会开发出创意的初步原型，这不仅仅是一个理论的模型，而是一个可以实际操作、测试和展示的实体或软件试运行版本。

原型设计的主要目的是验证概念的可行性，发现潜在的问题，并收集反馈以进行改进。通过原型，团队成员可以更直观地理解产品的功能、外观和用户体验，这比单纯的文字或图纸描述要生动得多。同时，原型也是与外部利益相关者（如投资者、潜在客户或合作伙伴）沟通的有力工具，因为它能够直观地展示产品的核心特点和价值。

在开始设计之前，团队需要明确原型要验证的假设和要解决的问题。这有助于确保原型设计的焦点和效率。原型可以有很多种形式，从简单的纸质模型到高保真度的功能原型。团队需要根据项目的需求和资源选择合适的原型类型。例如，在产品设计初期，可能会使用快速而廉价的材料（如纸板、泡沫板等）来制作低保真原型，以快速测试基本的功能和布局。而在后期，可能会使用更高级的材料和技术来制作高保真原型，以更准确地模拟最终产品的外观和感觉。根据设计图纸和规范，团队开始制作原型。这可能涉及手工制作、3D 打印、编程、电路设计等多种技能。制作过程中需要注意细节，确保原型能够准确地反映设计意图。原型完成后，团队会进行内部测试，检查原型的功能、易用性和耐用性。测试人员会提供反馈，指出原型中存在的问题和提出改进建议。这些反馈对于完善设计和准备下一阶段的开发至关重要。原型还可以用于向外部利益相关者展示产品的潜力和价值。通过原型展示，团队可以更有效地传达产品的核心理念和优势，同时收集外界的反馈和建议。

成功的原型设计能够显著加速产品的开发过程，因为它可以帮助团队在早期发现并解决潜在的问题。此外，原型还能增强团队成员之间以及团队与外部利益相关者之间的沟通，确保所有人都对产品有相同的理解和期望。

总的来说，原型设计是将创新概念转化为可触摸、可测试的实体的关键步骤。它不仅验证了创意的可行性，还为后续的产品开发提供了宝贵的反馈和指导。

案例

小米作为一家知名的科技公司，对于产品质量的把控和用户体验的重视是其成功的关键因素之一。在推出新款智能手机之前，小米会经过一系列精心的准备和测试工作，其中制作多个原型进行内部测试和优化是不可或缺的环节。

原型制作是产品开发过程中的一个关键步骤。在小米，设计师和工程师们会根据初步的产品设计理念和规格要求，制作出多个智能手机原型。这些原型不仅在外观上接近最终产品，更在内部结构和功能上进行了详尽地模拟。这样的做法有助于团队在实际生产之前，发现并解决可能存在的问题。

接下来是内部测试阶段。小米会组织专业的测试团队对这些原型进行全面的检测。这包括但不限于硬件性能的测试、软件系统的稳定性测试、电池续航能力的评估，以及各种实际使用场景下的模拟测试。通过这些测试，团队能够准确地了解原型在实际应用中的表现，并收集到大量宝贵的数据。

优化工作则是基于测试结果进行的。测试团队会将发现的问题和收集到的数据反馈给设计部门和生产部门，然后由相关部门进行针对性的优化。这可能涉及硬件配置的调整、软件算法的改进，甚至是产品设计的微调。所有这些优化工作都是为了确保最终推向市场的智能手机能够在性能、稳定性和用户体验方面达到最佳状态。

此外，小米还非常注重用户反馈。在原型测试阶段，公司可能会邀请一部分用户进行体验测试，以便更直接地了解用户对产品的真实感受和需求。这些反馈对于产品的进一步完善和市场定位具有极其重要的指导意义。

5. 测试与验证

对原型进行严格的测试和验证，收集反馈并进行改进。这一过程确保产品在进入市场前已经过充分测试，符合预期标准。测试与验证是产品开发流程中至关重要的环节，它确保产品在进入市场前已经过充分测试，并且符合预期标准。以下是对这一过程的详细阐述：

在原型制作完成后，会进行一系列的严格测试。这些测试包括但不限于功能测试、性能测试、兼容性测试、安全性测试以及用户体验测试。功能测试主要验证产品的各项功能是否按照设计要求正常工作。性能测试则关注产品在不同负载下的响应时间和资源使用情况。兼容性测试确保产品能够在不同的操作系统、浏览器或设备上正常运行。安全性测试旨在发现潜在的安全漏洞，以防止数据泄露或非法访问。用户体验测试则注重产品在真实用户手中的使用感受，以收集改进意见。

测试过程中，会详细记录出现的问题和异常情况，以及用户的反馈意见。这些问题和反馈将被分类整理，以便后续的分析和改进工作。除了内部测试团队的反馈外，还可能邀请外部用户或专家参与测试，以便收集更广泛的意见和建议。

根据测试结果和收集到的反馈信息，产品团队会进行针对性地改进和优化。这可能包括修复已知的错误、增强产品的性能、优化用户界面和交互设计等。改进后的产品将再次接受测试，以确保问题得到妥善解决，并且没有引入新的问题。

在产品发布前，会进行最后的验证和确认工作。这一步骤旨在确保产品满足所有的设计要求、性能指标和用户需求。一旦产品通过这些最后的检查，就可以准备发布到市场上了。

案例

滴滴出行在推出新功能前，采取了一种非常谨慎且有效的方法——在小范围内进行测试。这种做法不仅有助于提前发现潜在的问题，更能通过真实的用户反馈和数据分析来精准地改进功能，从而确保新功能在正式上线时能够最大程度地满足用户需求。

滴滴首先会选定一个或几个具有代表性的城市或地区作为测试点。这样的选择通常基于多种因素，如地区的用户活跃度、市场特点，以及对该新功能可能的需求等。在这些选定的测试区域内，滴滴会邀请一部分用户参与新功能的测试。这些用户可能是滴滴的忠实用户，也可能是对新功能有特定需求的用户群体。测试开始后，滴滴会为这些用户部署新功能，在此期间，滴滴会密切监控新功能的运行状况，以及用户的反馈。

滴滴通过多种渠道收集用户的反馈，包括但不限于应用内的反馈系统、用户调查问卷，以及社交媒体和论坛上的讨论。这些反馈为滴滴提供了宝贵的一手信息，有助于了解用户对新功能的真实感受。除了用户反馈，滴滴还会对新功能产生的数据进行深入分析。这包括但不限于用户的使用频率、使用时长、新功能带来的订单量变化等。这些数据为滴滴提供了客观的评估依据。根据用户反馈和数据分析结果，滴滴能够准确地定位新功能中存在的问题或不足。例如，用户界面不够直观、某项功能操作复杂，或者存在性能问题等。针对这些问题，滴滴的开发团队会迅速进行修复和优化。除了修复问题，滴滴还会根据用户的反馈和建议来优化用户体验。例如，调整功能布局使其更符合用户习惯，或者增加某些用户期望的功能点。

经过多轮测试、反馈收集和功能改进后，新功能已经趋于成熟。此时，滴滴会进行最后的验证和准备工作，以确保新功能在正式上线时能够稳定运行，并且满足广大用户的需求。

通过这种方式，滴滴出行不仅降低了新功能上线后的风险，还确保了用户体验的持续优化。这种以用户为中心的迭代开发模式，正是滴滴能够在竞争激烈的共享出行市场中保持领先地位的关键之一。

6. 实施与推广

实施与推广是将经过测试与验证的创新成果引入市场并确保其被广大用户接受的关键过程。这个过程涵盖了生产、营销和销售等多个环节，每一个环节都需精心策划和执行，以确保创新能够成功转化为商业价值。

在产品经过测试和验证后，需要评估当前的生产能力是否满足市场需求。根据预测的销售量，调整生产线，并采购必要的原材料和组件。培训生产人员，确保他们熟悉新产品的生产流程和质量控制标准。设立严格的质量检测体系，确保每一件产品都符合既定的质量标准。定期进行质量抽查，以及时发现问题并进行改进。优化生产流程，降低成本，同时保证产品质量。之后，进行成本分析，以确定产品的定价策略，确保其既具有市场竞争力又能保证利润。

确定目标市场和目标客户群，以便精准投放营销信息。分析竞争对手，找出差异化竞争优势。通过品牌故事、形象塑造等手段，建立独特的品牌形象。提升品牌知名度和美誉度，以增加用户信任感。利用广告、公关活动、社交媒体等多种渠道进行宣传推广。与关键意见领袖或网红合作，扩大产品影响力。通过预售活动激发消费者兴趣，收集市场需求信息。设计有吸引力的促销活动，促进产品销售。

建立线上和线下的销售渠道，如电商平台、专卖店、合作伙伴等。确保销售渠道的畅通和高效。对销售团队进行全面的产品知识和销售技巧培训。设定清晰的销售目标和激励机制。建立客户关系管理系统，及时响应客户需求和反馈。提供优质的售后服务，增强客户忠诚度。定期分析销售数据，了解市场动态和产品销售情况。根据分析结果调整销售策略，优化销售渠道和促销活动。

案例

华为在全球范围内推广其5G技术和设备，通过一系列市场营销活动和合作伙伴关系，迅速占领市场。

华为在5G技术的研发和创新上投入了大量资源，取得了显著成果。其5G技术不仅传输速度快，而且具有低延迟、高可靠性等特点，为各行各业提供了强大的网络支持。例如，华为推出的5G-A技术，在珠穆朗玛峰成功开通首个5G-A基站，标志着5G技术在极端环境下的应用取得了突破。

华为5G技术的应用场景非常广泛，不仅涵盖了智慧城市、工业自动化、医疗卫生、农业智能化、教育创新等多个领域，还助力无人驾驶和跨境物流等新兴行业的发展。在智慧城市建设中，华为利用5G网络连接智能传感器和设备，实现交通管理、环境监测等高效运行。在工业自动化领域，华为5G技术为远程控制、机器人操作等应用提供了可靠的网络支持。

华为通过一系列市场营销活动，积极推广其5G技术和设备。例如，在各类行业展会和论坛上，华为展示其最新的5G产品和解决方案，与业界分享5G技术的创新和应用案例。此外，华为还与各大运营商、行业合作伙伴等共同举办研讨会和培训班，加深各界对5G技术的了解和认识。

华为非常重视与全球各地的合作伙伴建立良好的关系。通过与运营商、设备制造商、系统集成商等合作，华为共同推动5G技术的研发和应用。此外，华为还积极参与国际标准化组织的活动，推动5G技术的全球标准化进程。

凭借领先的技术和广泛的应用场景，华为5G设备和解决方案在全球范围内得到了迅速推广和应用。在多个国家和地区，华为成功助力当地运营商升级至5G网络，提供了更快速、更稳定的网络服务。这使得华为在全球5G设备市场中占据了重要地位。

7. 评估与反馈

最后一步是对创新的实施效果进行评估，我们收集市场反馈，分析创新产生的效益和潜在的改进空间，为下一轮创新活动提供依据。

通过销售数据、市场份额、客户满意度等指标来评估创新产品或服务在市场上的表现。分析创新带来的收入增长、利润率变化、成本节约等财务数据，以衡量创新的财务效益。考察创新是否提高了生产或服务的效率，如生产周期缩短、资源利用率提升等。

市场反馈是评估创新成功与否的重要依据。企业可以通过多种渠道收集市场反馈，包括客户调查、社交媒体监测、销售数据分析，通过问卷调查、访谈等方式直接收集客户对创新产品或服务的看法和建议。关注社交媒体上的用户评论和讨论，了解公众对创新的接受度和评价。销售数据的波动可以间接反映市场对创新的反应。

在收集到评估数据和市场反馈后，企业需要进行深入分析，以明确创新效益和改进空间。综合分析各项评估数据，量化创新带来的具体效益，如销售额增长百分比、成本节约额等。根据市场反馈和评估结果，识别创新中存在的问题和不足，确定需要改进的方面。

评估与反馈的最终目的是为未来的创新活动提供依据和指导。企业可以根据本轮创新的经验和教训，为下一轮创新制定更明智的决策，这包括调整创新策略、改善产品设计、优化市场推广方式等。

案例

阿里巴巴在每次大型促销活动（如“双十一”）后，会详细分析销售数据和用户反馈，评估活动效果并总结经验，改进下一次活动的策略。

在活动结束后，阿里巴巴会立即开始收集和整理销售数据。这包括但不限于销售额、销售量、用户购买行为、流量来源、转化率等各类关键指标。同时，他们也会收集用户反馈，这通常通过在线调查、用户评论、社交媒体互动等多种渠道进行。

收集完数据后，阿里巴巴会进行深入的销售数据分析。他们会比较本次活动与前一次或历年同期活动的销售数据，分析销售额的增长或减少，以及哪些产品类别或单品表现突出。此外，还会分析用户购买行为的变化，如购买时间、购买频次、客单价等，以了解用户的消费习惯和偏好。

用户反馈是评估活动效果的重要组成部分。阿里巴巴会仔细分析用户提供的反馈，了解他们对活动的整体满意度、购物体验、产品质量、物流服务等方面的看法。这些反馈不仅有助于识别活动中存在的问题，还能为未来的活动提供改进方向。

结合销售数据和用户反馈，阿里巴巴会对活动效果进行全面评估。他们会评估活动是否达到了预期的销售目标，分析活动的成功之处和不足，以及哪些策略有效，哪些需要改进。

在完成活动效果评估后，阿里巴巴会进行经验总结，并据此提出下一次活动的策略改进建议。这包括调整促销方式、优化产品组合、改进用户体验、加强物流服务等方面的措施。这些改进建议将作为下一次活动策划的重要参考。

评估与反馈并不是一次性的工作，而是一个持续的过程。阿里巴巴会将每次活动的经验和教训纳入公司的知识库，以便在未来的活动中不断循环优化和持续学习。这种持续改进的文化是阿里巴巴能够成功举办一次又一次大型促销活动的关键所在。

5.1.2 创新实施的关键因素

影响创新实施成功的关键因素有很多，涉及组织内外的各种因素。以下是对影响创新实施成功的几个关键因素的详细介绍：

1. 建立扁平化组织结构

组织结构是企业运行的核心框架，它影响着企业的决策效率、市场反应速度以及整体竞争力。在当前激烈的市场竞争中，企业需要建立一种既能应对市场变化，又能保持高效运作的组织结构。扁平化、灵活的组织结构正是满足了这一需求，它具有以下几个优势：

（1）降低决策层级

在传统的组织结构中，决策层级较多，导致决策过程烦琐、耗时较长。而在扁平化、灵活的组织结构中，决策层级得以简化，从而提高了决策效率。当市场发生变化时，企业能够迅速做出反应，抓住商机，提高企业的竞争力。

（2）提高企业对市场的反应速度

扁平化、灵活的组织结构有助于信息的快速传递和处理。由于决策层级较少，信息在企业内部的流通速度加快，员工能够更快地获取决策所需的信息，从而提高企业对市场的反应速度。这样一来，企业在面对市场变化时，能够迅速调整策略，确保企业的持续稳定发展。

（3）提高团队协作效率

在扁平化、灵活的组织结构中，部门之间的界限相对模糊，团队之间的协作更加紧密。这种组织结构有助于打破部门壁垒，提高资源配置效率，促进企业内部知识的共享和交流。从而提高团队协作效率，实现企业整体目标。

（4）激发员工潜力

扁平化且灵活的组织结构有利于激发员工创新的潜能。在这种组织结构下，员工拥有更多的自主权和决策空间，可以充分发挥自己的潜能，为企业创造更多的价值。同时，这种组织结构有助于培养员工的自主学习能力，提高员工的综合素质，为企业的长远发展奠定坚实基础。

（5）适应市场变化

市场始终处于动态的变化之中，企业需要不断地调整自身的组织结构以适应这些变化。扁平化、灵活的组织结构具有较好的适应性，能够在市场变化中不断调整和优化。这样一来，企业既能保持稳定的发展，又能应对市场的不断挑战。

2. 领导层支持和承诺

在当今快速发展的时代，创新已经成为企业、组织甚至国家竞争的核心力量。领导层的支持是推动创新实施成功的关键因素之一，他们肩负着引领组织走向创新、激发员工潜力、提升竞争力的重任。领导层需要充分发挥其作用，为创新提供充足的资源和支持，营造积极的创新文化和氛围。

领导层的角色可以类比为船长、舵手和指挥官。他们需要具备远见卓识，明确组织的发展方向，制定创新战略，并确保资源的合理分配。他们的决策和方向直接影响着整个组织的运行和发展。在我国，政府高度重视创新工作，不断出台相关政策，为创新提供有力保障。

在企业领域，领导层对创新的认识和投入至关重要。以谷歌为例，其联合创始人拉里·佩奇（Larry Page）和谢尔盖·布林（Sergey Brin）不仅是谷歌创新文化的鼓励者和倡导者，更是身体力行地推动企业创新。他们为员工提供了宽松的创新环境和丰富的资源支持，鼓励员工勇于尝试、挑战极限。这种创新文化使得谷歌在搜索、云计算、人工智能等领域取得了举世瞩目的成果。

除此之外，领导层还需要在组织内部树立创新的榜样，激发员工的创新意识和潜能。他们可以通过培训、激励机制等方式，提高员工的创新技能和积极性。同时，领导层还需关注组织外部的创新动态，及时把握行业发展和市场机遇，确保组织在创新的道路上始终保持领先地位。

3. 创新型人才

（1）选拔创新人才的重要性

1）提高企业竞争力

创新是企业发展的源动力，而具备创新意识的人才则是创新的主体。选拔具有创新意识的人才，有助于提高企业的整体竞争力。选拔创新人才对提高企业竞争力至关重要，这一点在学术理论和实践案例中都得到了广泛的认可和证实。资源基础观（resource-based view，RBV）理论认为，企业的竞争优势来源于其独特的资源和能力，创新人才作为企业内一种关键的、难以模仿的资源，能够为企业带来持续的竞争优势。知识基础观（knowledge-based view，KBV）进一步扩展了 RBV 理论，强调了知识尤其是隐性知识在创新中的作用，创新人才通常拥有丰富的隐性知识，他们的经验和直觉能够促进新知识的创造和应用。动态能力理论（dynamic capabilities theory）认为，企业通过建立、整合、重构其内外部能力，能够适应快速变化的环境。创新人才的选拔和培养是企业动态能力的关键组成部分。

华为通过全球化的人才战略，吸引了一大批国际顶尖的科研和管理人才，这些人才的加入极大地推动了华为在通信技术领域的创新和发展。华为强调人力资本增值优先于财务资本增值，这种理念吸引了众多追求长期职业发展的科研和管理人才。华为的人才战略包括将战略能力中心建到战略资源聚集地区、建立公正和公平的价值评价与分配制度、坚持从成功实践中选拔干部等。

华为的研发投入规模巨大，2018 年，华为的研发费用达到了 1 015 亿元人民币，占全年销售收入的 14.1%，2019 年，华为的研发费用为 1 317 亿元人民币，占全年销售收入的 15.3%，2023 年，华为的研发投入达到了 1 647 亿元人民币，占全年收入的 23.4%，十年累计投入的研发费用超过 11 100 亿元人民币。华为在全球范围内建立了研发中心，吸引了数以万计的研发专家，这些专家的加入为华为带来了顶尖的科研成果，华为致力于构建教育人才生态、公众人才生态、产业/行业人才生态，通过这些生态培养和吸引了大量信息与通信技术（information and communications technology, ICT）人才，华为与全球 1 800 多家院校共建华为 ICT 学院，累计有 15 万名大学生通过了华为认证，华为认证在全球的认可度逐年提升，截至 2021 年 9 月，华为认证人才累计超过 54 万名，华为通过数字化人才发展服务，2021 年前三季度培养产业/行业人才超过 14 万人，华为制定了到 2024 年累计为产业输送 ICT 人才超过 100 万人的目标。

通过人才和研发的投入，华为在多个技术领域取得突破，在人工智能、云计算、5G 通信、网络安全、半导体等方面取得了傲人的成绩，成为民营科技企业的巨头，成为国家和人民的骄傲。

2）促进技术进步

在当今激烈的市场竞争中，企业要想保持领先地位，实现可持续发展，就必须依靠技术创新。创新人才作为企业发展的核心动力，能够推动企业技术进步，提高产品和服务的质量，满足市场需求。创新人才具备较高的专业素质和技能水平，能够为企业带来先进的技术理念和方法，从而提高企业的整体技术水平。创新人才能够根据市场需求，提出具有前瞻性的产品设计和研发方案，优化产品结构，提升产品竞争力。创新人才具备创新意识和客户思维，能够为企业提供更具创意和个性化的服务，满足客户的多样化需求。创新人才具有敏锐的市场洞察能力，能够把握市场趋势，为企业制定有针对性的市场战略提供有力支持。

（2）创新人才的培养与选拔

1）创新人才的培养

人才培养是企业持续发展的重要支柱，为了保持在激烈的市场竞争中的优势地位，企业必须高度重视人才培养机制的完善。树立以人为本的人才观念，将员工的成长与发展纳入企业战略规划，充分认识到人才是企业核心竞争力的重要组成部分。管理层要关注员工的个人成长，鼓励员工不断学习新知识、新技能，以提升自身综合素质。

企业应根据员工的岗位职责和发展需求，制定系统化、针对性的培训计划。培训方式可以包括内部培训、外部培训、线上学习等多种形式，以满足员工在专业技能、管理能力、沟通协作等方面的提升需求。同时，企业要营造积极向上的学习氛围，鼓励员工之间的交流与合作，让员工在轻松愉快的环境中不断成长。企业可以通过举办内部讲座、分享会、团队建设等活动，促进员工之间的知识传递与经验分享。此外，企业要为员工提供多样化的成长路径，让员工可以根据自己的兴趣和特长选择发展方向。企业可以通过设立晋升通道、岗位轮换、内部竞聘等制度，让员工在实践中不断提升自己，实现个人价值。

企业应关注员工的职业发展规划，与员工共同制定短期和长期的职业发展目标。企业要充分了解员工的需求和期望，为员工提供符合个人发展需求的培训和晋升机会，让员工在公司的发展中实现人生价值。企业要建立健全激励与反馈机制，鼓励员工在工作中发挥创新能力。企业可以设立各类奖励制度，如绩效奖金、专利奖励、优秀员工表彰等，以激发员工的积极性和创造力。同时，企业要定期对员工进行绩效评估，及时给予反馈，指导员工调整工作方法和职业发展方向。

2）强化选拔标准

企业在发展过程中，人才选拔至关重要。为了保持竞争力，企业应制定科学、公正的选拔标准，以确保选拔出具备创新能力、专业素质和团队协作精神的优秀人才。优秀人才是企业可持续发展的基石，他们在推动企业技术创新、市场拓展和经营管理等方面发挥着关键作用。

创新能力是企业竞争力的核心。选拔具备创新能力的优秀人才，有助于企业在激烈的市场竞争中脱颖而出。企业应关注人才的创新思维、实践经验和成果转化能力，将这些要素纳入选拔标准之中，以培养具有创新精神的团队。

专业素质是衡量优秀人才的重要指标。企业应根据岗位需求，选拔具备相关专业背景和技能水平的优秀人才。这有助于提高员工的工作效率，降低企业运营成本，提升企业整体竞争力。

团队协作精神是企业成功的关键。选拔具备团队协作精神的优秀人才，有助于增强企业内部的凝聚力和执行力。企业应在选拔过程中关注人才的沟通协作能力、团队贡献度和协同效应，以确保团队目标的顺利实现。

（3）人才储备的实施步骤

1）规划：企业发展的基石

a. 立足当下、展望未来：企业应根据当前的发展战略和市场需求，制定出切实可行的人才储备规划。这一规划不仅需要考虑当前的业务需求，还将明确人才储备的长期目标、数量以及质量要求，为企业的未来发展奠定坚实基础。

b. 战略导向、创新驱动：人才储备规划应注重与企业发展战略的紧密结合，以创新为核心，选拔和培养具有创新意识和能力的人才。

c. 前瞻性思考、弹性调整：企业应在充分分析市场趋势和竞争态势的基础上，制定出具有前瞻性的人才储备规划，并随着企业发展阶段的变化进行及时的调整。确保人才的储备能够适应多变的市场环境。

2）选拔：奠定企业核心竞争力

a. 拓宽渠道、广纳良才：企业应通过多种途径，如招聘、选拔、内部推荐等，选拔具有创新意识和能力的人才，建立企业自己的人才库。

b. 公平竞争、公正选拔：企业要确保选拔过程的公平、公正、公开，让每一位有能力、有梦想的员工都有机会展示自己的才华。

c. 人岗匹配、优化团队结构：企业应根据岗位需求和个人特长，将选拔出的人才安排到合适的岗位上，实现人才与人岗的优化匹配。为此企业可以根据业务需求制定各个岗位的工作内容和具体要求，结合人才的专业、特长和职业发展规划进行精准的人岗匹配。

3）培养：助力人才成长

a. 因材施教、个性化培养：企业应对选拔出的创新人才进行有针对性的培训，根据每个人的特点和需求制定合适的培养方案，提升其创新能力和综合素质。

b. 内部交流、共享经验：企业可开展内部交流活动，鼓励经验丰富的员工分享心得，促进人才之间的相互学习与成长。

c. 外部合作、拓宽视野：企业可与高校、科研机构等外部资源合作，为人才提供更多的学习和实践机会，拓宽其视野和知识领域。

4）评价：激发人才创新活力

a. 建立多元化评价体系：企业应构建一个包括创新能力、工作业绩、团队协作等多方面内容的全面的评价体系，对人才的综合素质进行全面评估。

b. 量化评价、公平公正：企业应对人才的创新成果和贡献进行量化评价，以客观数据为依据，确保评价的公平性和公正性，增强员工对评价结果的信任度。

c. 激励与约束并重：企业要根据评价结果，对优秀人才给予相应的奖励和晋升机会，同时对表现不佳的员工进行指导和帮助，实现人才的优胜劣汰。

5）动态调整：确保人才储备的适应性

a. 定期评估、及时反馈：企业应定期对人才储备进行评估，发现人才储备的优势和不足，了解人才队伍的现状，为动态调整和人才优化提供依据。

b. 灵活调整、提高适应性：企业应根据企业发展需求和人才储备情况，适时调整人才储备的数量和质量，激发人才的潜力，确保人才队伍的适应性和竞争力。

c. 持续优化、推动创新：企业可通过不断优化人才储备结构，激发人才创新潜能，推动企业实现持续发展和创新突破。

4. 创新文化和氛围

创新文化和氛围在推动创新实施成功方面具有举足轻重的作用。一个组织要实现创新，就需要打造一种开放、包容、敢于尝试并接受失败的文化环境，让员工勇于提出新观念和探索新路径。这种创新文化犹如一片肥沃的土壤，只有在这样的环境中，新的创意才能得以生根、发芽，最终茁壮成长。

创新文化的建立并非一蹴而就，而是需要组织从多个层面去营造。首先，组织需要树立明确的创新理念，让员工认识到创新的重要性，从而激发他们的创新意识。其次，组织要鼓励员工勇于尝试，不怕失败。在这样的文化氛围中，员工敢于挑战常规，大胆提出新观念。再次，组织要充分尊重和包容失败。失败是成功的垫脚石，从失败中汲取经验教训，有助于员工不断创新。最后，组织还需建立激励机制，对创新成果给予表彰和奖励，从而进一步激发员工的创新潜能。

以创新设计著称的IDEO公司就是一个注重创新、鼓励创新的典型例证。该公司成功打造了一种充满创造力和开放性的工作环境，鼓励员工勇于尝试、不怕犯错，并从失败中学习，不断推进创新。IDEO公司深知，创新并非偶然，需要不断积累和尝试。在这样的文化氛围中，员工敢于挑战传统思维，勇于提出新观念，从而为公司创造了源源不断的创新动力。

总之，创新文化和氛围是推动组织创新的关键因素。只有营造一种开放、包容、敢于尝试和接受失败的文化氛围，才能让员工的创新能力得到充分发挥，为组织的创新发展注入源源不断的活力。在我国，政府和企业也越来越重视创新文化和氛围的培育，相信在不久的将来，我国将在全球创新领域发挥更加重要的作用。

5. 资源投入和支持

创新的成功实施并不能一蹴而就，它需要充分的资源投入和支持。在这些资源中，资金、人力、技术和时间等都是至关重要的因素，它们共同确保创新项目得以全面而有力地推动。正如种子需要充足的水分和阳光才能茁壮成长，创新项目各个环节都需要得到足够的资源投入，以便最终实现其巨大的潜力。

全球电商巨头亚马逊，在推动无人配送和无人零售的创新项目时，就是一个很好的范例。亚马逊充分认识到了资源投入的重要性，因此在这些创新项目上投入了巨额资金和人力资源。他们积极建设了先进的技术设施和配送网络，为创新项目的成功实施提供了强有力的支持。亚马逊研发出了世界领先的无人机和无人车。这些高科技产品在节省物流成本的同时，也极大地提高了配送效率。此外，亚马逊还构建了庞大的配送网络，使得商品能够快速准确地送达消费者手中。亚马逊开发出了智能购物车、无人收银系统等创新技术，为消费者带来了全新的购物体验。这些举措不仅提高了零售业务的效率，还极大地增强了亚马逊在市场竞争中的优势。亚马逊组建了由顶尖科研人员组成的团队，专注于技术研发和项目推进。这些专业人士凭借丰富的经验和卓越的能力，为创新项目的成功提供了有力保障。

6. 团队合作和协作

团队合作和协作是推动创新实施成功的关键因素之一。在现代企业中，创新不再仅仅是某个部门或某个人的事情，而是需要跨部门、跨岗位的紧密合作。各个部门和团队之间需要像一支协同作战的军队，密切配合，共同解决问题，以实现既定目标。

团队合作的力量就像是一支篮球队各个队员之间的协作，每个队员都发挥自己的特长和优势，通过共同协作完成比赛。在现实工作中，SpaceX 的火箭发射项目就是一个成功的例子，它展示了团队合作的重要性。在这个项目中，各个团队必须紧密协作，包括工程师、技术人员、生产人员等，他们需要共同面对各种技术挑战，努力攻克难题，以确保火箭发射任务的顺利进行。

要想实现高效的团队合作，首先需要建立良好的沟通机制。这意味着要打破部门之间的“壁垒”，让信息畅通无阻。团队成员之间要勇于表达自己的意见和建议，同时，也要学会倾听并尊重他人的观点。这样的氛围下，团队才能在解决问题的过程中不断成长和进步。

其次，团队成员要互相信任和支持。在团队中，每个成员都有自己的专长和职责，只有信任彼此，才能充分发挥各自的优势。当遇到困难时，大家应当相互扶持，共同攻克难关。这种信任和支持是团队合作成功的基石。

再次，要注重团队建设。团队建设意味着不断优化团队结构，提升团队凝聚力。这需要定期进行团队活动，增进成员间的感情，培养团队精神。通过团队建设，成员能够更好地融入团队，为共同目标而努力。

最后，要有明确的激励机制。激励机制可以激发团队成员的积极性和创造力，使他们在团队合作中更加投入。当团队取得成绩时，要给予表扬和奖励，让每个成员都能感受到自己的价值。

7. 风险管理和适度冒险

在当今激烈的市场竞争环境中，创新已成为推动企业发展的关键驱动力。然而，创新之路不可能一帆风顺，它往往伴随着风险和不确定性。因此，企业要在探索新想法和尝试新领域的过程中，把握风险管理和适度冒险的平衡，以确保创新实施的成功。

创新是企业实现突破和增长的关键，但它同时也为企业带来了诸多风险。在创新过程中，企业需要面对技术瓶颈、市场变化、政策法规等多方面的挑战。这些风险不仅可能阻碍创新的推进，还可能导致企业陷入困境。因此，企业在追求创新的同时，必须关注风险管理。

面对创新过程中的风险，企业应建立一个完善的风险评估和管理机制。这包括识别潜在风险、分析风险的可能性和影响、制定风险应对策略等。通过系统地进行风险评估，企业能更好地预测和应对创新过程中的各种挑战，降低创新失败的概率。

企业在进行风险管理的同时，还需鼓励适度冒险。适度冒险意味着敢于尝试、勇于接受失败，并在失败中汲取经验教训。只有敢于冒险，企业才能在竞争激烈的市场中脱颖而出，实现创新突破。同时，适度冒险也能培养企业的危机应对能力，使企业在面临风险时能够更加从容自若。

特斯拉是一家典型的创新型企业，他们在推动电动汽车和自动驾驶技术创新的过程中，面临着技术、市场、法律等多方面的挑战和风险。然而，特斯拉始终坚持创新理念，在风险管理和适度冒险之间寻求平衡。他们不断尝试和探索，取得了许多创新突破。特斯拉的成功，为其他企业在创新过程中如何应对风险提供了借鉴。

人才储备是企业持续发展的重要支柱，特别是在当今竞争激烈的市场环境中，拥有创新意识和能力的人才成为企业争夺的焦点。为了在激烈的市场竞争中立于不败之地，企业必须重视人才储备，不断选拔和培养具有创新意识和能力的人才，为企业创新提供坚实的人力支持。

5.2 创新效果的评估

在持续推动创新的过程中，对创新效果的评估同样至关重要。这不仅能帮助企业了解创新项目是否达到预期目标，还能为未来的创新决策提供有力依据。因此，建立一个科学、系统的创新效果评估体系显得尤为必要。

评估目标应与企业的战略目标和创新项目的具体需求相契合，确保评估结果能够真实反映创新的实际效果。评估指标应具有可衡量性、可操作性和可比较性，以便对创新效果进行量化分析和横向对比。创新效果的评估涉及多个方面，包括技术突破、市场表现、用户反馈等。因此，需要综合运用问卷调查、数据分析、专家评审等多种方法，以获取全面、准确的评估结果。评估结果不仅是对创新项目的一次总结，更是对未来创新工作的宝贵指导。企业应根据评估结果调整创新策略、优化资源配置、提升创新能力，以实现更好的创新效果。随着市场环境和技术发展的不断变化，创新效果的评估体系也需要不断更新和完善。企业应定期回顾和审视评估体系，根据新的需求和挑战进行调整和优化，确保评估体系的时效性和有效性。

通过科学、系统地评估创新效果，企业可以更加清晰地了解创新工作的实际效果和存在的问题，为未来的创新决策提供有力支持。同时，这也有助于激发员工的创新热情，提升企业的整体创新能力。

5.2.1 评估指标的选择

选择合适的指标来评估创新的效果是确保创新项目成功的关键之一。这些指标应该能够全面反映创新对组织目标和价值创造的影响，同时具备可衡量性、可比较性和可操作性。以下是一些常用的指标和选择指标的方法：

1. 财务指标

1）销售增长率：创新项目是否带来了销售额的增长。

2）利润率：创新项目是否提高了企业的利润率。

3）投资回报率（Return on Investment, ROI）：创新项目带来的收益与投入的资金成本之比。

选择方法：根据创新项目的性质和目标，选择与财务业绩直接相关的指标，确保创新项目能够带来经济效益。

2. 客户满意度和忠诚度指标

1）满意度调查结果：通过对客户进行详细的问卷调查和访谈，我们可以了解到客户对创新产品或服务的满意程度。这些调查结果将帮助我们评估客户对新产品的接受程度和使用体验，从而为产品改进提供重要参考。

2）重复购买率：通过分析客户的购买记录和行为数据，我们可以了解客户是否愿意再次购买创新产品或服务。高重复购买率表明客户对产品或服务的认可度较高，而低重复购买率则需要我们进一步分析原因，以便改进产品或服务。

3）客户流失率：通过对比创新产品或服务推出前后的客户流失率，我们可以评估创新对客户流失率的影响。如果创新产品或服务能够降低客户流失率，说明其具有较高的吸引力和竞争力；反之，则需要我们深入分析原因，及时调整策略。

选择方法：为了全面了解客户对创新的态度和行为变化，我们可以采用多种方法进行调查和数据分析。定期进行问卷调查和访谈，收集客户的反馈意见；同时，通过分析客户的购买记录、行为数据等，了解客户对创新产品的实际使用情况。通过这些方法，我们可以更准确地评估创新对客户满意度、重复购买率和客户流失率的影响，从而为产品改进和市场策略调整提供有力支持。

3. 市场份额和竞争力指标

1）市场份额：创新产品或服务在市场上的占有率，即该产品或服务在同类市场中所占的比例。这一指标反映了创新产品或服务在市场中的受欢迎程度和竞争力，同时也体现出了该企业在市场中的地位和影响力。

2）竞争对手反应：竞争对手对创新产品或服务的反应和应对措施，包括他们可能采取的策略、调整自身产品或服务以应对新竞争者的举措。了解竞争对手的反应有助于企业制定相应的市场策略，因此，企业应密切关注竞争对手的举动，确保自身在竞争中能够立于不败之地。

选择方法：通过比较创新产品或服务与竞争对手的市场表现，评估创新对市场竞争力的影响。这包括市场份额的变化、消费者满意度、品牌认知度等多个方面，从而全面了解创新对企业的实际影响。

4. 创新速度和效率指标

1）上市时间：创新产品或服务从概念到上市的时间，即从创意产生到产品最终推向市场的整个过程所需的时间。这一指标反映了企业在创新过程中的速度和效率。

2）研发成本：开发和推出创新产品或服务的成本，包括人力、物力、财力等各方面的投入。这一指标反映了企业在创新过程中的资源消耗和成本控制能力。

3）创新成功率：成功推出的创新产品与总创新尝试的比例，反映了企业创新活动的有效性和风险管理能力。高创新成功率意味着企业在创新过程中能够有效地识别和利用机会，同时控制风险。

选择方法：通过评估创新项目的开发周期和成本，确定创新的速度和效率，以及资源利用效率。这包括对项目管理、团队协作、资源配置等多个方面的综合评估，从而全面了解企业在创新过程中的表现。

5. 社会影响和可持续发展指标

1）环境影响：创新项目对环境能够产生积极效应，例如降低碳排放、节约能源等。这些创新项目通过采用先进的技术和方法，能够显著减少对自然资源的消耗，从而减轻对环境的压力。例如，通过使用可再生能源技术，创新项目可以减少对化石燃料的依赖，进而降低温室气体的排放量。此外，创新项目还可以通过优化生产流程和提高资源利用效率，减少废弃物的产生，进一步保护我们赖以生存的环境。

2）社会责任：创新项目对社会的正面贡献，如促进就业机会的创造、提升社会福利等。这些项目不仅能够为社会带来经济效益，还能改善人们的生活质量。例如，通过开发新的产品和服务，创新项目可以创造新的就业机会，帮助解决失业问题。同时，创新项目还可以通过提供更优质、更便捷的解决方案，提升社会福利，满足人们日益增长的需求。

选择方法：在评估创新项目的社会和环境影响时，应考虑其可持续性，确保项目不仅能够产生经济效益，还能为社会带来福祉。评估时，应综合考虑项目的长期和短期影响，以及其对不同利益相关者的影响。此外，还应关注项目的创新程度和潜在风险，确保项目的可持续发展。评估创新效果时，选择合适的指标至关重要。这些指标应涵盖财务、客户满意度、市场表现、运营效率以及社会影响等多个维度。企业应依据自身的战略目标和创新项目的特性，挑选与之相符的评估指标，并确保这些指标能够全面体现创新对组织价值创造的贡献。同时，企业应定期监控和评估这些指标，以便及时调整创新策略，保障项目的成功执行和持续进步。通过定期的评估和调整，企业可以更好地应对市场变化，优化资源配置，提高创新项目的成功率。

5.2.2 案例分析

案例一

一、案例背景：

假设一家名为“快速购物”的电子商务公司推出了一项新型的即时配送服务，称为“闪电送”。该服务承诺在用户下单后的30分钟内送达商品。公司希望通过这项服务提升客户体验，增强客户满意度和忠诚度。

二、评估指标：

1）满意度调查结果：通过在线问卷调查，客户对“闪电送”服务的满意度，以分数或评价等方式进行量化。

2）重复购买率：观察购买了“闪电送”服务的客户在接下来的一段时间内是否继续选择使用该服务进行购物。

3）客户流失率：比较推出“闪电送”服务前后客户的流失率，看是否有因为新服务而导致的客户流失。

三、量化创新效果：

1）满意度调查结果：通过对1 000名用户进行调查，得出“闪电送”服务的平均满意度得分为4.5分（满分5分）。其中，70%的用户给出了4分以上的评分，表明大多数用户对这项服务感到满意。

2）重复购买率：对于购买了“闪电送”服务的用户，观察其在接下来的一个月内再次选择使用该服务进行购物的比例。结果显示，有80%的用户在一个月内至少再次使用过“闪电送”服务。

3）客户流失率：比较推出“闪电送”服务前后客户的流失率。结果显示，新服务推出后，客户流失率有所下降，表明该服务有助于留住客户。

四、改进措施：

尽管“闪电送”服务取得了一定的成功，但仍有改进的空间：

1）提升配送准时率：部分用户对于配送不准时表示不满。公司可以通过优化配送路线、增加配送人员等方式提升配送的准时率。

2）拓展服务范围：目前“闪电送”服务仅覆盖城市中心区域，而远郊地区用户无法享受到该服务。公司可以考虑拓展服务范围，覆盖更多地区，以满足更多用户的需求。

3）提升服务质量：部分用户反映服务体验不佳，如配送人员服务态度差、商品包装不完整等。公司可以加强对配送人员的培训，提高其服务质量；同时加强对商品包装的监督，确保商品完好无损地送达用户手中。

通过这些改进措施，公司可以进一步提升“闪电送”服务的用户体验，从而增加客户满意度和忠诚度，实现创新效果的持续提升。

案例二

一、背景：

某电商平台为了提升用户体验和购物转化率，开发了一套全新的个性化推荐系统。该系统通过分析用户的购物历史、浏览行为、搜索记录等数据，为用户提供更加精准的商品推荐。

二、评估指标：

1）点击率（click-through rate, CTR）：衡量用户对推荐内容的感兴趣程度。

2）购物车添加率：反映用户是否愿意将推荐的商品加入购物车。

3）转化率：从推荐到最终购买的转化率，体现推荐系统的有效性。

4）用户满意度：通过问卷调查收集用户对推荐系统的满意度。

三、数据收集与分析：

经过一个月的试运行，平台收集到了以下数据：

1）CTR 提升了 15%;

2）购物车添加率提高了 10%;

3）从推荐到购买的转化率增加了 8%;

4）用户满意度调查中，75% 的用户表示对新的推荐系统感到满意。

四、量化创新效果：

通过 CTR 的提升，可以看出新推荐系统确实吸引了更多用户的点击，说明推荐内容更加符合用户兴趣。

1）购物车添加率的提高表明用户更愿意将推荐的商品加入购物车，这是购买意愿的一个强烈信号。

2）转化率的增加直接反映了新系统对销售额的积极影响。

3）用户满意度的提升则证明了新系统在用户体验方面的成功。

五、改进措施：

尽管新推荐系统取得了一定的成功，但仍有改进空间。根据评估指标和用户反馈，平台可以采取以下措施：

1）进一步优化算法，以提高推荐的精准度和个性化程度，进一步提升 CTR 和转化率。

2）增加用户反馈机制，让用户能够直接对推荐结果进行评价，以便系统更好地学习用户偏好。

3）提升系统响应速度，减少推荐结果的加载时间，提高用户体验。

4）丰富推荐内容的多样性。在保证精准度的同时，增加一些探索性的推荐，以满足用户的不同需求。

通过这个案例，我们可以看到如何运用具体的评估指标来量化创新的效果，并根据这些指标提出针对性的改进措施，从而不断优化创新成果。

第 6 章　市场营销管理创新的挑战与对策

在当前竞争激烈的市场环境中，市场营销管理创新所面临的挑战日益严峻。这些挑战不仅源于外部环境的瞬息万变，还源于企业内部管理的日益复杂。为了有效应对这些挑战，企业需制定针对性策略，促进市场营销管理的创新与繁荣。本章将深入探讨市场营销管理创新所面临的内外部挑战及其应对策略，旨在为企业在激烈的竞争中取得优势提供有益参考。

6.1 内部挑战与对策

市场营销管理创新在企业内部面临的主要挑战包括组织结构僵化、人才短缺、创新能力不足，以及资源分配不均等。首先，传统的组织结构往往层级分明、决策缓慢，难以适应快速变化的市场环境。其次，市场营销领域的人才短缺和创新能力不足，使得企业难以在激烈的市场竞争中脱颖而出。此外，企业内部资源分配不均，可能导致市场营销部门得不到足够的支持，从而限制了创新活动的开展。

6.1.1 组织结构与文化的创新阻力及应对方法

企业的组织结构和文化有时会对创新构成阻力，因为它们可以影响到员工的行为、态度和决策，进而影响到创新的发生和推动。下面将介绍一些可能存在的阻力，并提出有效的应对策略。

1. 刚性的组织结构

（1）阻力描述

在刚性的组织结构中，层级繁多是一个显著特点。决策通常需要经过多个层级的审批和协调。这就像一场漫长的接力赛，每个层级都像是一个接力点，决策这个“接力棒”需要在每个层级停留、审议，然后再传递给下一个层级。

一个创新想法就像一颗种子，需要在肥沃的土壤中迅速生根发芽。但在一个层级繁多的组织结构中，这颗种子不得不在每个层级都停留一段时间，等待审批和协调。这样，种子的生长速度大大减慢，甚至可能在等待中失去生机。例如，某大型制造企业想要引进一条新的生产线以提高效率，但由于其层级结构复杂，决策过程耗时数月。在这期间，竞争对手已经抢先实施了类似的技术升级，导致该企业失去了市场先机。

刚性组织结构中的功能分割也是一个问题。不同的部门或团队各自为战，信息在各部门之间流动不畅，形成了“信息孤岛”。这一座座孤岛，彼此之间的信息传递只能通过有限的“桥梁”,而这些“桥梁”往往就是烦琐的跨部门沟通流程。

假设企业是汪洋大海，每个部门就是海中的独立岛屿。创新想法就像海上的风，需要吹过每一个孤岛，才能在整个企业中传播开来。但由于孤岛之间的桥梁狭窄且稀少（即跨部门沟通困难），这些风很难吹遍整个大海。一家互联网公司计划推出一项新功能，但由于研发团队与市场团队之间的信息沟通不畅，导致市场团队对新功能的理解有误。最终，新功能推出后并未得到用户的积极响应，反而引发了一些负面反馈。

（2）应对策略

1）扁平化组织结构：减少层级，简化决策流程，使创新想法能够更快速地被采纳和开展。Spotify（2008 年 10 月在瑞典斯德哥尔摩正式上线）是一个功能丰富、操作简便且拥有庞大正版音乐库的流媒体音乐服务平台，广受全球用户喜爱，Spotify 采用了“小而自治的团队”模式，让团队自主决策和实施创新项目。

2）跨部门合作：打破部门之间的壁垒，促进信息共享和协作，加速创新的落地。例如，亚马逊的“两片披萨原则”鼓励组建小型团队，每个团队的人数控制在可以吃掉两片披萨的范围内，这样的团队规模有助于保持高效沟通和协作。这种小团队模式不仅提高了工作效率，还促进了跨部门之间的合作与创新。通过这种原则，亚马逊成功推动了多个创新项目的实施，并保持了其在电子商务领域的领先地位。

2. 保守的组织文化

（1）阻力描述

保守的组织文化可能使员工对新想法持怀疑态度，担心尝试新方法会带来风险或者扰乱现有秩序，这种情况下，创新往往难以获得支持和认可。保守的组织文化就像一团厚重的迷雾，笼罩着整个企业，使得新鲜的空气和阳光难以穿透。在这种文化氛围下，员工们如同在迷雾中行走，每一步都小心翼翼，生怕踏入未知的陷阱，他们对于新想法总是保持警惕，就像对待潜在的敌人一样，因为新想法意味着改变，而改变在保守的组织文化中往往被视为不稳定的因素。

想象一下，一个团队里，当有人提出一个新的项目方案或者改进建议时，其他人可能会皱起眉头，心中涌起一股莫名的担忧。他们担心这个新方案会不会像一颗不定时的炸弹，一旦实施就可能引发一系列的麻烦。这种担忧并非完全无理，因为在保守的组织文化中，稳定和安全被视为最重要的价值观，任何可能打破这种平衡的因素都会被谨慎对待。

假设某公司长期以来都遵循着传统的生产模式和销售策略，突然有一天，一个年轻的员工提出了一个全新的营销策略，希望通过社交媒体和线上平台来扩大品牌影响力。然而，这个建议很快就在会议上被否决了。老员工们认为这种做法太过冒险，万一失败了会对公司的声誉和销售造成不可估量的影响。他们宁愿坚守现有的销售模式，也不愿意冒险尝试新的方法。同样，在保守的组织文化中，员工们宁愿选择熟悉和安全的道路，也不愿意冒险走上未知的旅程。然而，这种保守的态度虽然能够带来短期的稳定，但长远来看，却可能使企业错失发展的机遇。在快速变化的市场环境中，只有不断创新和适应才能保持竞争力。因此，企业需要找到一种平衡，既保持稳定地运营，又能够勇敢地拥抱变化和创新。

（2）应对策略

1）鼓励试错文化：鼓励试错文化，就是在企业内部营造一个积极的氛围，让员工明白失败并不可怕，反而是一次学习和成长的机会，这就像是在一片肥沃的土壤上播种，虽然不是每颗种子都能开花结果，但每一次的尝试都为未来的成功埋下了伏笔。想象一下，一个园丁在花园里精心栽种了各种花卉。他知道，不是每颗种子都能顺利发芽成长，但这并不妨碍他继续播种。因为每一次的尝试，都可能孕育出一朵美丽的花朵。同样地，在企业中，鼓励员工试错，就是给予他们探索和创新的空间，让他们敢于迈出第一步，即使失败了，也能从中汲取经验，为下一次的尝试打下更坚实的基础。

谷歌有一项“20% 时间”的政策，这一政策允许员工在每周的工作时间内，划出 20% 的时间用于个人项目的开发。这意味着员工有足够的时间和空间去探索自己感兴趣的领域，提出新的想法并尝试实现。这一政策极大地激发了员工的创新精神和探索欲望，为谷歌带来了许多颠覆性的创新产品和技术。这个政策就像是给员工提供了一片属于他们自己的试验田。在这里，员工可以自由地播种、浇灌、施肥，尝试培育出属于自己的创新之花。而谷歌作为园丁，不仅提供了这片试验田，还给予了足够的支持和耐心，让员工在失败与尝试中不断成长。在这片试验田里，有的员工可能会种出美丽的花朵，有的可能会遇到挫折和失败。但无论如何，他们都能从中学到宝贵的经验，为未来的成功铺平道路。这种鼓励试错的文化，不仅让员工在失败中成长，更让企业在不断创新中保持领先地位。

2）领导示范：领导示范在组织文化的塑造中起着举足轻重的作用。领导者的每一个细微动作、每一句言辞，都像是投入湖中的石子，能在员工心中激起层层涟漪。他们不仅是方向的指引者，更是行为的楷模。当领导者以身作则，积极拥抱创新，这种精神就像春风拂过田野，唤醒沉睡的种子，激发整个组织的创新活力。想象一下，如果领导者是一位优秀的园丁，那么组织就是他的花园。他精心选择种子，耐心培育，时而浇水，时而修剪，用自己的行动告诉每一朵花朵：“你们可以尽情绽放，我会在这里陪伴你们成长。”同样地，当领导者以创新的态度和行为来引领团队，员工就会感受到这份鼓励和支持，从而更加勇敢地探索未知，实现自我价值。

以 3M 公司的前 CEO 威廉·麦克奈特（William L. Mcknight）为例，他不仅是一位卓越的企业家，更是一位创新的旗手。在他的领导下，3M 公司成为创新的代名词，各种创新产品层出不穷，为公司的持续发展注入了源源不断的动力。威廉·麦克奈特深知创新的重要性，他像一位富有智慧的导师，鼓励员工进行各种创新实验，为他们提供充足的资源和平台。每当员工取得创新成果时，他总是不吝啬自己的赞美和奖励，让员工感受到创新的价值和意义。在他的示范下，3M公司的员工们纷纷效仿，将创新精神融入日常工作中。这种由上而下的创新文化，使得3M公司在激烈的市场竞争中始终保持领先地位，成了一个充满活力和创造力的企业。

3. 缺乏资源投入

（1）阻力描述

缺乏足够的资源投入，就像是将一位雄心勃勃的探险家置于荒漠之中，只给他一壶水和少量的食物，却期望他能发现新大陆。没有充足的资金、人力和技术支持，创新项目就如同这位探险家的旅程，困难重重、前途未卜。

资金是创新项目的血液，没有足够的资金，项目就会因为“缺血”而难以维系。想象一下，一个创新的医疗设备研发项目，由于资金不足，无法购买先进的研发设备和材料，研发团队只能使用过时的工具和有限的材料进行试验。这不仅会大大延长研发周期，还会降低产品的质量和性能，甚至可能导致项目的失败。

人力资源是创新项目的筋骨，没有足够的适用人力，项目就会因为“缺力”而难以前行。比如一个软件开发项目，如果团队成员数量不足，或者团队成员的技能水平不够，那么项目的进度就会受到严重影响。每个人都需要承担过多的工作，导致疲劳和效率下降，同时也增加了出错的可能性。长期下去，项目的质量和交付时间都会受到严重影响。

技术支持是创新项目的灵魂，没有强大的技术支持，项目就会因为“缺智”而迷失方向。以自动驾驶汽车研发项目为例，如果没有先进的人工智能算法、传感器技术和数据处理能力等技术支持，那么自动驾驶汽车的研发就会举步维艰。即使团队有足够的资金和人力，也会因为技术瓶颈而无法取得突破。

（2）应对策略

1）明确的创新预算：缺乏资源投入是创新项目经常面临的问题，而制定明确的创新预算，则是解决这一问题的关键策略，这就像是为探险之旅准备充足的物资和装备，以确保旅程的顺利和安全。将创新纳入年度预算计划，就像是探险家提前规划好路线和物资需求，以确保探险过程中有足够的资源支持。这样做不仅能为创新项目提供稳定的资金支持，还能让团队成员对项目的未来充满信心，从而提高团队的士气和凝聚力。给予足够的资金支持，就像是探险家为旅程准备了充足的食物和水，以及必要的应急装备。这些资源在关键时刻能够发挥重要作用，确保项目的顺利进行，甚至能在项目遇到困难时提供必要的帮助。

以苹果公司为例，这个科技巨头每年都会投入大量资金用于研发和创新活动。这些投入不仅用于产品的持续改进和优化，还用于探索新的技术和市场机会。这就像一位富有远见的探险家，不仅关注眼前的路况，还时刻留意着未知领域，随时准备开拓新的疆土。苹果公司的这种策略不仅使其保持了技术上的领先地位，还为其赢得了市场份额和消费者的青睐。这也正是明确的创新预算所能带来的长远效益。

因此，对于任何想要推动创新的企业或团队来说，制定明确的创新预算方案都是至关重要的。这不仅能确保项目的顺利实施，还能为企业的长远发展奠定坚实的基础。而缺乏明确的创新预算机制，则可能让创新项目在资源匮乏的困境中挣扎，甚至面临失败的风险。

2）资源整合：最大限度地利用现有资源，同时探索合作和共享资源的可能性，确保创新项目得到充分支持。

在企业内部，这可能涉及对现有技术、人才、设备等资源的重新配置和优化使用。比如，一个原本用于生产线的机器人，是否可以通过软件升级和重新编程，转而用于协助研发部门进行测试和实验呢？这种跨部门的资源共享和优化，往往能带来意想不到的创新效果。同时，探索合作和共享资源的可能性，则像是厨师在寻找更多的食材和调料，以丰富自己的菜肴。企业可以与外部的创新生态系统进行合作，如同厨师向其他厨师或食材供应商寻求帮助和合作。与初创企业或科研机构合作，共同推动创新，就如同厨师们交流菜谱和烹饪技巧，共同研发新的菜品。

以某大型汽车制造商为例，他们意识到在自动驾驶技术的研发上，单凭一己之力难以快速取得突破。于是，他们决定与一家在人工智能领域有着深厚实力的初创企业合作。双方共同成立了一个研发团队，整合了各自的技术资源和人才优势。经过一段时间的紧密合作，他们成功开发出了一款具有市场竞争力的自动驾驶系统。这种资源整合的策略，不仅加快了产品的研发速度，还降低了研发成本，实现了双赢。因此，资源整合在推动创新项目中具有不可替代的作用。通过巧妙地利用和整合内外部资源，企业可以像那位巧手的厨师一样，烹饪出一道道美味的“创新佳肴”。

案例

IBM，这个曾经的计算机硬件巨头，在历史的长河中经历了多次技术革命，但每次都能紧跟时代的步伐，进行自我革新与转型。然而，随着云计算和人工智能等新技术的崛起，IBM 再次面临了前所未有的挑战。传统的硬件业务逐渐失去了市场的主导地位，而新兴技术则要求公司具备更加灵活和创新的组织能力。

在这一背景下,IBM的内部问题逐渐凸显。组织结构显得僵化,决策流程烦琐,这使得公司在快速变化的市场环境中难以迅速作出反应。同时，保守的企业文化也束缚了员工的创新思维，许多有潜力的想法和项目因为害怕失败而未能得到实施。更重要的是，随着业务重心的转移，公司发现在新技术领域的资源投入明显不足，无论是研发资金、人才储备还是技术积累，都亟待加强。

为了应对这些挑战，IBM 决心进行一场深刻的自我变革。

首先，公司对组织结构进行了大刀阔斧的改革。高层领导认识到，要想在新兴技术领域立足，必须打破原有的部门壁垒，实现更加紧密的跨部门协作。于是，IBM 逐步减少了传统的硬件业务比重，转而将更多资源投入云计算、人工智能等领域。同时，公司还优化了决策机制，使得从市场反馈到产品研发的整个过程更加高效和灵活。

其次，IBM 开始大力倡导创新文化。公司鼓励员工提出新想法，勇于尝试和冒险，不再过分强调“零失败”。为了营造这种开放、包容的创新氛围，IBM 不仅提供了丰富的内部培训资源，还设立了创新奖励机制，让员工在创新过程中得到实质性的回报和鼓励。

最后，在资金投入方面，IBM 也毫不吝啬。公司加大了对云计算、人工智能等新技术领域的投资力度，不仅扩充了研发团队，还引进了许多业界顶尖的技术专家。这些投入为 IBM 的创新项目提供了强有力的支持，使得公司能够在新技术的赛道上保持领先地位。

经过这一系列深刻的变革，IBM 逐渐从一个以硬件为主的公司成功转型为一个注重云计算和人工智能的软件和服务公司。这条转型之路不仅让 IBM 重新焕发了生机，也为整个科技行业树立了一个勇于变革、不断创新的典范。

6.1.2 人力资源配置与培训机制的优化建议

通过有效的人力资源配置和培训机制，组织可以为创新活动提供必要的支持和促进因素。

1. 人才招聘和配置

（1）招聘多元化的人才

吸纳具有不同背景、专业技能和思维方式的人才，促进创新思维的碰撞和融合。以谷歌为例，这家科技巨头一直以来都非常注重人才的多元化。他们的招聘政策就像一张全球性的“美食地图”，不仅吸引了来自世界各地的顶尖“食材”——人才，还为他们提供了一个广阔的舞台，让这些“食材”在谷歌的“大厨房”里尽情碰撞、融合。在谷歌，你可以看到来自不同国家、不同文化背景的工程师、设计师、市场营销专家等，他们以各自独特的经验和视角，为谷歌的创新项目注入了源源不断的活力。这些多元化的人才，就像厨师手中的珍稀食材，经过谷歌的精心“烹调”，最终呈现出一道道令人惊艳的“创新大餐”。

（2）建立跨职能团队

建立跨职能团队，就如同组建一支由各路英雄好汉组成的“梦之队”，他们各自擅长不同的技能和领域，但当他们聚集在一起时，却能发挥出无穷的潜力和创造力。

假如一个篮球队只由中锋组成，或者只由后卫组成，这支队伍在比赛中肯定会遇到很多困难。同样地，在企业中，如果团队成员都来自同一个职能部门，那么他们的视角和思维方式就会相对单一，难以应对复杂多变的市场环境和创新需求。因此，组建由不同职能部门的员工组成的团队就显得尤为重要。设计师、工程师、市场营销专家……他们在各自的领域里有着深厚的专业知识和丰富的实践经验。当他们被聚集在一个团队里，就能形成一股强大的合力，共同解决复杂的创新设计问题。

以 IDEO 为例，这家设计公司就是一个典型的跨职能团队。在 IDEO，你不仅能看到妙笔生花的设计师，还能看到精通机械原理的工程师，以及深谙市场规律的市场营销专家。他们虽然来自不同的职能部门，但却能在一个团队里紧密合作，共同为客户创造出令人惊叹的产品和设计。这种跨职能团队的合作模式，不仅促进了各个领域的专业知识交流和合作，还极大地提高了团队的创新能力和问题解决能力。因为每个成员都能从自己的专业角度出发，为团队带来新的视角和思路，从而激发出更多的创新火花。

2. 培训和发展

（1）创新意识培训

通过举办创新思维、设计思维等相关培训课程，提升员工对创新的认知和意识。创新意识培训，就像是为心灵播下一颗创新的种子，让它在员工的思维土壤中生根发芽。这样的培训，不仅仅是传授知识的过程，更是激发灵感、启迪心智的过程。

想象一下，一个团队里，每个成员都如同未经雕琢的玉石，蕴藏着无限的潜力和可能。而创新意识培训，就像是匠心独运的雕刻师，用精湛的技艺和独到的眼光，将这些玉石逐渐雕琢成熠熠生辉的瑰宝。

在这个过程中，创新思维和设计思维的培训课程就如同雕刻师手中的刻刀，帮助员工们打破固有的思维框架，拓宽视野，重新审视问题和挑战。这些课程不仅教授创新的理论和方法，更通过实践案例和互动练习，让员工们亲身体验创新的乐趣和成果。

以苹果公司为例，他们深知创新是企业持续发展的核心动力。因此，苹果公司设立了名为“Apple University”的培训项目，旨在帮助员工深入掌握创新的核心理念和方法。这个培训项目就像是一座充满智慧的宝库，为员工们提供了丰富的创新资源和灵感源泉。

在“Apple University”的课堂上，员工们不仅学习了创新的理论知识，还通过小组讨论、案例分析等方式，深入探讨了苹果产品背后的创新逻辑和设计理念。这种深入骨髓的培训方式，让员工们更加深刻地理解了创新的内涵和价值，也为他们在实际工作中运用创新思维解决了众多难题。

（2）创新技能培训

提供与创新活动相关的技术和工具应用的培训，使员工具备实际操作能力。技能培训，就像是给员工们装备上锐利的工具和强大的武器，让他们在执行创新任务时能够游刃有余。这样的培训不仅关注理论知识，更注重实践操作能力，确保员工能够真正将所学应用于日常实际工作中。

以一家科技公司为例，他们深知在当今这个快速变化的时代，掌握前沿技术对于保持竞争优势至关重要。因此，该公司决定为员工提供人工智能和大数据分析等技术培训。培训过程中，员工们不仅学习了人工智能和大数据分析的基本概念和原理，更重要的是，他们通过一系列的实践操作和项目演练，逐渐掌握了这些技术的实际应用。这就像是在学习烹饪的过程中，不仅了解了食材和调料的性质，还亲自动手做出了美味的佳肴。经过这样的技能培训，员工们参与创新项目的能力得到了显著提升。他们能够更加熟练地运用人工智能和大数据分析技术，为公司的产品和服务带来前所未有的创新和优化。同时，他们也因掌握了这些热门技能而增强了自身的职业竞争力，为未来的职业发展奠定了坚实的基础。

3. 激励机制和奖励制度

（1）创新激励计划

建立激励机制，鼓励员工提出新想法、参与创新项目，并给予相应的奖励和认可。通过建立激励机制，企业能够点燃员工心中的创新火花，激发他们的积极性和创造力，从而推动企业不断向前发展。

当员工们的创新想法和努力工作得到实实在在的奖励和认可时，那种源自内心的驱动力将会是何等的强大。这就像是在一场比赛中，不仅仅是为了荣誉而战，更有丰厚的奖品在等待着他们。

以亚马逊的奖励计划为例，该计划就像是一剂强心针，极大地激发了员工的创新热情。员工们纷纷提出自己的创新点子，从改进产品功能到优化服务流程，每一个想法都有可能成为推动亚马逊未来发展的强大动力。而亚马逊也毫不吝啬地给予提出优秀点子的员工以奖金和其他形式的奖励，这不仅是对员工个人能力的认可，更是对他们创新精神的鼓励和支持。

这样的激励机制下，员工们不再满足于现状，而是积极主动地寻求改进和创新的机会。他们愿意承担风险，勇于尝试新的方法和思路，因为他们知道，即使失败了，也不会受到过多的指责和惩罚。相反，他们的努力会得到企业的理解和支持，甚至有可能获得意外的奖励。

（2）创新成果奖励

设立奖励制度，对创新项目的成功实施和成果进行奖励，激励员工积极参与创新活动。创新成果奖励，是对员工创新努力和成果的明确肯定，它如同将甘甜的果实奖励给那些敢于探索、勇于创新的先锋者们。这种奖励制度不仅激发了员工的创新活力，更为企业的持续发展注入了强大的动力。

在一家制造公司，创新成果奖励制度的实施显得尤为突出。每当团队成功推出新产品或改进生产流程时，公司都会给予丰厚的奖金和晋升机会。这种实质性的奖励，能够让员工们真切地感受到公司对创新的重视和支持。设想一下，当一个团队经过无数次的试验和失败后，终于成功研发出新产品或优化了生产流程，他们的努力得到了公司的认可和奖励，那种成就感和自豪感是多么强烈。这种正面的反馈，不仅会激励他们继续前行，还会吸引更多员工加入创新的行列。

创新成果奖励制度的设立，如同一盏明灯，照亮了员工们的创新之路。它让员工们明白，只要勇于创新、敢于挑战，就能够获得应有的回报。在这样的激励下，员工们的创新潜能得到了充分的发挥，企业的创新氛围也日益浓厚。更为重要的是，创新成果奖励制度还促进了企业内部的良性竞争。员工们为了获得奖励，会积极主动地参与创新活动，不断提升自己的创新能力和团队协作能力。这种竞争氛围，不仅提高了企业的整体竞争力，还为企业培养了一批又一批的创新人才。

6.2 外部挑战与对策

外部挑战与对策，是企业在发展过程中不可忽视的一环。在当今竞争激烈的市场环境下，企业需要面对诸多外部挑战，如市场变化、技术进步、政策调整等。为了应对这些挑战，企业需要制定相应的对策，以确保自身的稳定发展。

6.2.1 市场竞争态势与消费者行为变化分析

市场竞争态势和消费者行为的变化对创新具有重要影响，这些变化可以直接影响到企业的产品开发、营销策略和服务创新。以下是一些常见的变化和它们对创新的影响：

1. 市场竞争态势的变化

（1）新竞争对手的涌现

随着新技术的不断涌现和新市场的不断开拓，新的竞争对手可能会在短时间内迅速崛起。这种快速变化的市场环境促使企业必须不断寻求创新，以实现差异化并保持竞争优势。以传统出租车行业为例，由于网约车服务的迅猛发展，传统出租车公司面临着前所未有的竞争压力。为了适应这种新的竞争格局，传统出租车公司不得不进行创新，以应对来自网约车服务带来的挑战。他们开始推出各种 App 叫车服务，以方便乘客随时随地预约车辆。此外，传统出租车公司还努力提高服务质量，以满足乘客的更高要求。这些创新举措不仅帮助传统出租车公司保持了竞争力，还为乘客提供了更好的出行体验。

（2）行业边界的模糊化

随着数字化技术的广泛普及和跨界合作的日益增加，各行各业之间的界限变得越来越模糊。传统行业之间的竞争格局正在发生深刻的变化，企业为了应对新的竞争挑战，必须不断创新并调整策略。例如，传统的银行业正面临着来自科技巨头（如苹果、谷歌）和新兴互联网金融公司（如支付宝、微信支付）的激烈竞争。这些科技和互联网金融公司凭借其强大的技术实力和创新的商业模式，正在迅速改变金融行业的竞争格局。为了应对这种竞争压力，传统银行业不得不加快数字化转型的步伐，积极创新和开发数字化服务，以提升用户体验和满足客户需求。通过引入先进的技术手段，如人工智能、大数据分析和区块链等，传统银行正在努力提升服务效率，降低运营成本，并增强客户黏性。只有不断创新并适应新的市场环境，传统银行业才能在激烈的竞争中立于不败之地。

2. 消费者行为的演进

（1）个性化需求的增加

消费者越来越追求个性化和定制化的产品和服务。企业需要不断创新，提供更加个性化的解决方案，以满足消费者多样化的需求。例如，定制化鞋履品牌耐克通过“Nike By You”平台让消费者可以根据自己的喜好和需求定制专属的运动鞋。

（2）数字化生活方式的普及

随着互联网和智能手机的普及，消费者的购物行为越来越数字化。企业需要创新开发数字化营销策略和销售渠道，提供线上线下一体化的购物体验。例如，线上零售商亚马逊通过不断创新的电商平台和物流系统，为消费者提供了便捷的购物体验。

3. 如何影响创新

（1）市场导向的创新

企业必须密切关注市场竞争的动态和消费者行为的演变，以便根据市场需求的变化来调整和优化自身的产品和服务。这样做是为了提高其在市场中的竞争力。例如，Netflix 通过分析用户的喜好和行为数据，推出了个性化推荐功能，从而能够持续创新并满足用户的需求。这种做法不仅提升了用户体验，还增强了 Netflix 在流媒体市场中的竞争优势。企业需要不断观察市场趋势，了解消费者的需求和偏好，以便及时调整其产品和服务策略，从而在激烈的市场竞争中脱颖而出。

（2）加速创新周期

在当今商业环境中，市场竞争的激烈程度日益加剧，同时消费者的需求也在不断变化和升级。这种双重压力迫使企业必须加速创新周期，以缩短产品开发和推向市场的时间。企业需要建立一种敏捷的创新机制，以便能够迅速应对市场变化，及时推出符合市场需求的产品和服务，从而保持竞争优势。例如，苹果公司作为全球科技巨头，深知创新的重要性。每年，苹果都会推出新款的 iPhone，以满足消费者对新技术和新功能的不断追求。通过这种方式，苹果不仅保持了其在市场上的领先地位，还不断激发消费者的购买欲望，推动了整个智能手机行业的创新和发展。

（3）跨界合作和开放创新

在当今时代，各行各业的边界逐渐变得模糊，这对企业提出了新的挑战。为了应对这一挑战，企业必须加强跨界合作，充分利用外部资源和技术，共同推动创新的发展。例如，传统的汽车制造商可以与科技公司携手合作，共同开发智能汽车，利用科技公司的先进技术，提升汽车的智能化水平，从而在市场竞争中占据有利地位。同样，传统的银行也可以与互联网公司合作，共同开发金融科技产品，利用互联网公司的技术优势，提升金融服务的效率和便捷性，满足客户的多样化需求。

跨界合作不仅可以帮助企业应对行业边界模糊化的挑战，还可以带来更多的创新机会。通过跨界合作，企业可以打破原有的思维模式，吸收不同行业的先进理念和技术，从而推动自身的创新和发展。同时，跨界合作还可以帮助企业拓展市场，提升品牌影响力，增强企业的竞争力。

总之，市场竞争态势的变化和消费者行为的演进对创新提出了新的挑战和机遇。在行业边界模糊化的背景下，企业需要及时调整战略，提升市场洞察和创新能力，加强跨界合作，充分利用外部资源和技术，共同推动创新的发展。只有这样，企业才能在激烈的市场竞争中立于不败之地，以适应变化的市场环境，赢得竞争优势，实现可持续发展。

6.2.2 相关法律法规与企业遵循要点探讨

在中国，市场营销创新需要遵守一系列法律法规，其中一些可能会对市场营销活动产生一定的限制。以下是一些可能影响市场营销创新的法律法规，以及在这些法律法规框架下，企业应当遵循的要点。

1.《中华人民共和国广告法》

（1）规定内容

广告法规定了广告的内容、形式、发布和监管等方面的要求，对于虚假广告、欺诈性广告等进行了严格限制。

（2）企业遵循要点

合规宣传：企业在市场营销活动中要遵守广告法的规定，确保广告内容真实可靠，避免使用夸张、误导性的宣传手段。

加强内部管理：建立严格的审核机制，确保市场营销活动的合规性，避免违反法律法规。

2.《中华人民共和国反不正当竞争法》

（1）规定内容

《中华人民共和国反不正当竞争法》规定了禁止不正当竞争行为的范围，包括商业诋毁、损害他人商业信誉等行为。

（2）企业遵循要点

1）避免不正当竞争行为：企业要严格遵守《中华人民共和国反不正当竞争法》的规定，避免不正当竞争行为，确保市场秩序的公平和市场的正常运行。

2）积极维护自身权益：如遭受不正当竞争行为，企业可以依法维权，通过法律手段保护自身合法权益。

3. 数据保护法规

（1）规定内容

《中华人民共和国个人信息保护法》《中华人民共和国网络安全法》等法律法规对个人信息的收集、使用和保护提出了严格要求，对于违反个人信息保护的行为进行了惩罚。

（2）企业遵循要点

1）严格遵守法律法规：企业在市场营销活动中收集和使用个人信息时，必须遵守相关的法律法规，保护用户的个人隐私权。

2）加强数据安全管理：建立健全的数据安全管理制度，加强数据保护措施，确保用户个人信息的安全。

4. 知识产权法律法规

（1）规定内容

《中华人民共和国专利法》《中华人民共和国商标法》等法律法规保护了知识产权，对于侵犯他人知识产权的行为进行了严格限制和惩罚。

（2）企业遵循要点

1）尊重知识产权：企业在开展市场营销活动时要尊重他人的知识产权，避免侵犯他人的专利权、商标权以及其他相关的知识产权。这意味着企业在推广产品或服务时，需要仔细审查其宣传材料，确保不使用未经授权的创意、设计或标识，从而避免法律纠纷和潜在的经济损失。

2）加强知识产权保护：企业应当积极采取措施，主动加强自身知识产权的保护工作，确保其创新成果和品牌标识得到法律的认可和保障。这包括及时申请专利以保护新技术、新产品或新工艺，注册商标以确保品牌标识的独特性和排他性，以及通过版权登记等方式保护原创作品。通过这些措施，企业可以提高自身的知识产权竞争力，抵御竞争对手的侵权行为，从而在激烈的市场竞争中保持优势。

在面对法律法规的限制时，企业应该积极提升法律合规意识，建立健全的内部管理制度，确保市场营销活动的合法性和合规性。同时，企业也可以通过加强内部培训，提升员工对法律法规的理解和遵守能力，降低法律风险，确保市场营销创新的顺利进行。

第 7 章　市场营销管理创新的未来趋势

在当今这个信息技术迅猛发展的时代，市场营销的创新变得越来越重要。为了适应快速变化的市场环境和消费者需求，市场营销管理创新的未来趋势将聚焦于数字化、个性化和智能化。为了方便读者更好地理解和把握市场营销管理的未来趋势，本章将从技术发展、消费者行为的变化和可持续发展三个角度进行论述，以期为市场营销管理者提供有价值的参考。

技术发展是推动市场营销管理创新的重要驱动力之一。随着互联网、大数据、人工智能等先进技术的日益成熟和广泛应用，市场营销管理正逐渐转向数据驱动与智能驱动。企业可以通过对这些技术的运用，深入挖掘消费者的内在需求，精准把握市场动态，并实现营销活动的自动化与智能化。此外，营销渠道的多样化和跨界整合也是技术发展带来的另一大变化，例如社交媒体营销、内容营销、短视频营销等新兴营销模式，为企业提供了多元化的营销工具和营销策略。

消费者行为的变化是市场营销管理创新的另一个关键因素。消费者的信息获取途径和消费习惯在互联网时代发生了显著变化。主要体现在消费者不再满足于传统的产品与服务供给，越来越追求个性化、差异化体验，对产品和服务的需求也变得更加丰富和多元。因此，市场营销管理需要运用大数据分析和人工智能技术，从消费者的需求出发，为消费者提供精准、个性化的营销策略。此外，消费者对社会责任和环保的关注度也在不断提高，企业需要在市场营销中积极响应可持续发展的理念，关注环保、社会责任等方面的议题，将可持续发展的理念融入市场营销的全过程，展现企业的责任担当与长远视野。

在全球气候变化和资源紧张的背景下，可持续发展成为全球共识。这一共识也将是市场营销管理创新的重要方向和企业需要承担的重大责任。这一理念逐渐成为企业发展的核心战略。在此基础上，市场营销管理需要关注企业的环境、社会和财务绩效，通过绿色营销、社会责任营销等手段，传递企业可持续发展价值观，提升品牌形象。同时，全球化背景下的文化多样性也需要企业多加关注，确保市场营销策略既符合国际潮流又不失本土特色，实现全球化与本土化的深度融合。在可持续发展战略的指引下，市场营销管理将引领企业走向更加绿色、和谐、可持续的发展道路。

7.1 技术发展对创新的影响

技术发展对市场营销管理创新产生的影响深远且广泛。这些影响主要体现在数据驱动、智能驱动和渠道拓展等方面，企业需要紧跟技术发展趋势，充分利用新技术手段，不断创新市场营销策略，以适应不断变化的市场环境和消费者需求。同时，企业也需要关注技术发展中可能带来的风险和挑战，如数据安全和隐私保护等问题，确保市场营销活动的合规性和可持续性。

7.1.1 人工智能与市场营销

在当今的商业大环境下，市场营销的策略和执行方式正在以前所未有的速度被人工智能技术深刻地改变重塑。人工智能技术在市场洞察、个性化营销、自动化运营、客户体验等多个方面发挥着其变革性的影响和作用。

1. 市场洞察

（1）数据分析和预测

通过精准的大数据分析和先进的机器学习算法，人工智能技术可以深入挖掘海量数据中的隐藏价值，发现潜在的市场趋势和消费者行为模式的微妙变化，为企业提供精准的市场洞察。例如，通过实时分析消费者在社交媒体的互动、搜索行为以及浏览偏好等多个维度的数据，企业能够预测其产品需求，进而预见市场动态，为企业正确的战略决策提供坚实的数据支撑。

（2）竞争情报与智能竞争分析

人工智能助力企业实时监测和分析竞争对手的市场表现和战略，提供智能竞争情报，辅助企业制定更有效的市场策略。竞争情报涉及竞争对手、市场环境和行业动态的信息，有助于企业评估自身市场定位和预测市场趋势。传统方法如市场调查和研究报告虽有其价值，但往往耗时且不够实时。

人工智能技术在竞争情报领域的应用，实现了更高效、准确和实时的竞争分析。通过网络爬虫、大数据分析等技术手段，企业能够实时监控竞争对手的网站、社交媒体和新闻报道，获取最新的市场动态和信息。这种实时监测确保企业能够及时掌握市场情报，应对竞争对手的变化。

深入分析竞争对手的历史数据、市场行为和产品发布信息，人工智能帮助企业理解竞争对手的战略意图和市场策略。基于这些数据，人工智能还能预测竞争对手的未来动向，为制定针对性的市场策略提供参考。

借助人工智能提供的竞争情报和战略分析，企业能够更明智地制定或调整市场策略。例如，若发现竞争对手在特定细分市场表现强劲，企业可以选择避开直接竞争，转而开发其他市场；或根据竞争对手的弱点，制定差异化的市场策略。

2. 个性化营销

（1）个性化内容推荐

利用人工智能技术，企业能够根据用户的兴趣、偏好和历史行为等数据实现个性化和定制化的内容推荐，打造千人千面的营销效果，提升营销活动的精准度。这种高度定制化的内容推送不仅增强了用户体验，也显著提高了营销信息的接受度与转化率。例如，Netflix 根据用户的观影历史和评分记录推荐符合其喜好的电影和剧集。

（2）智能广告投放

人工智能能够根据用户的兴趣和行为特征精准投放广告，提高广告的点击率和转化率。例如，谷歌和 Facebook 等平台通过分析用户搜索历史和社交行为，实现了智能广告的定向投放。

3. 自动化运营

（1）智能营销自动化

人工智能技术实现了营销活动从策划到执行再到评估的全过程高度自动化。智能营销平台涵盖电子邮件营销、社交媒体营销、内容管理等方面。例如，企业可以利用智能营销自动化平台向用户自动发送个性化的营销邮件，并根据用户反馈和数据分析自动优化营销策略。这极大地减轻了人工负担，提高了运营效率与效果。

（2）智能客服与机器人

通过自然语言处理和机器学习算法，人工智能技术的应用使得智能客服和机器人成为可能，从而为用户提供24小时全天候的在线客服支持。它们能够迅速响应客户咨询、解决常见问题，甚至在复杂情况下还能引导用户至人工服务，有效提升了客户满意度与客户黏性，提高了客户的忠诚度。例如，一些企业已在网站或社交媒体上使用智能机器人提供在线客服服务，这些机器人通过快速响应和有效地解决问题，用户体验满意度较高。

（3）智能个性化服务

人工智能能够实现个性化服务和交互体验。无论是通过对话式界面进行自然流畅的交互，还是通过定制化的智能推荐系统满足用户个性化的需求和偏好，都极大地增强了用户的参与感与满意度，实现了与用户的情感共鸣。例如，智能语音助手可以根据用户的语音指令提供定制化的服务和建议。

（4）情感分析与用户反馈

人工智能技术能够分析用户的情感和情绪，帮助企业更好地理解用户的心理需求和情感态度，提供更符合用户需求的产品和服务。例如，通过情感分析技术对用户在社交媒体上的评论和反馈进行情感识别，及时调整营销策略和产品设计，以更加贴近用户需求的方式创造价值。

综上所述，人工智能技术正在以前所未有的态势不断推动市场营销的创新和进步，影响着市场营销的方方面面。它不仅能够帮助企业实现与消费者智能化、个性化的互动，实现了客户体验的全面升级，还推动了个性化营销与自动化运营的发展，从而提升了企业拥抱未来市场营销的无限可能，最终增强了企业的市场竞争力，有利于其实现可持续发展。

7.1.2 大数据与消费者洞察

大数据技术在帮助企业更好地理解消费者需求方面发挥着重要作用，它通过收集、处理和分析大量的结构化和非结构化数据，揭示消费者行为、偏好和趋势，为企业提供深入的市场洞察和精准的决策支持。以下是大数据如何帮助企业更好地理解消费者需求的详细分析：

1. 数据收集

（1）多源数据整合

在数字化时代，数据无处不在，它们分散在各种平台和系统中。多源数据整合就是利用大数据技术，将这些来自不同渠道的数据汇集到一起，形成一个完整、统一的数据集。人们在微博、微信、抖音等社交媒体上的交流、分享和反馈的数据可以揭示消费者的兴趣、情感和态度。企业内部的 CRM 系统记录着客户的基本信息、交易历史和服务记录，是理解客户行为和需求的重要来源。产品的销售量、销售额和销售趋势等，反映了市场的接受度和消费者的购买力。用户在网站或应用上的浏览行为，可以揭示他们的偏好和购买意向。通过大数据技术，这些原本孤立、分散的数据被整合到一个平台上，构建了一个全面的消费者数据生态系统。这个生态系统就像是一个丰富的信息宝库，可以帮助企业更深入地了解消费者，优化产品设计和市场策略。

（2）实时数据采集

大数据技术可以实现对数据的实时采集和处理，及时捕获消费者的行为和反馈，帮助企业更快速地了解市场和用户需求的变化。实时数据采集是大数据技术中一个至关重要的功能，它允许企业近乎即时地获取、处理和分析数据，从而能够及时响应市场的动态变化和用户的即时需求。

在快速变化的市场环境中，企业对于信息的时效性和准确性的要求越来越高。传统的数据采集和处理方法往往存在延迟，无法提供最新的市场动态和消费者行为信息。而大数据技术通过实时数据采集功能，打破了这一限制，使得企业能够在第一时间获取到关键数据。

实时数据采集指的是从各种数据源中持续地、自动地收集数据。这些数据源可能包括网站流量、社交媒体活动、电子商务交易、移动设备使用情况等。通过专门的工具和技术，如数据流处理引擎（包括 Apache Flink、Apache Storm 等），大数据技术能够对这些数据进行实时的捕获、转换和加载。

数据采集完成后，大数据技术能够对这些数据进行实时处理。这包括数据清洗、转换、聚合以及实时分析等一系列操作。通过实时处理，企业可以在数据产生的瞬间就获得有价值的洞察，而无须经历长时间的批处理过程。

实时数据采集技术使得企业能够及时捕获消费者的购买行为、搜索意图、浏览习惯以及他们在社交媒体或在线平台上的反馈。这些信息对于理解消费者需求、评估营销活动的有效性以及识别潜在问题至关重要。

通过实时数据采集和处理，企业能够更快速地了解市场的最新趋势和变化。比如，当某个新产品或服务在市场上引起热议时，企业可以迅速捕捉到这一信息，并据此调整其市场策略。同样地，如果消费者对某一功能或服务表示不满，企业也能及时获知并作出相应的改进。

实时数据采集不仅增强了企业的市场敏感度，还提高了其响应能力和决策效率。在竞争激烈的市场环境中，这种能力可以转化为显著的商业优势，帮助企业更好地满足用户需求，提升客户满意度，最终实现业务增长和利润提升。

2. 数据处理和分析

（1）数据清洗、过滤和加工

大数据技术可以对数据进行清洗、过滤和加工，去除噪声和错误数据，保证数据的质量和准确性。

数据清洗和加工是大数据处理流程中的关键环节，它们对于确保数据质量和准确性至关重要。数据清洗是指通过一系列的技术手段和流程，对数据进行检查、纠正和删除重复、无效或错误数据的过程，目的是提高数据的质量和可用性。在大数据环境中，由于数据量庞大且来源多样，数据清洗显得尤为重要。

在数据采集和整合过程中，可能会产生大量的重复数据。这些数据不仅占用存储空间，还可能影响分析结果的准确性。数据清洗的第一步就是识别和删除这些重复数据。由于数据采集设备故障、传输错误或人为输入错误等原因，数据中可能会存在错误值。数据清洗需要识别并纠正这些错误，如将非法的日期、不合逻辑的数值等修正为正确值或进行标记。在某些情况下，数据集中可能包含缺失值。数据清洗需要评估这些缺失值对分析的影响，并采取相应的处理措施，如填充默认值、进行插值或使用算法进行预测填充。有些数据可能因格式错误、超出合理范围或与分析目标无关而被视为无效数据。这些数据在清洗过程中需要被识别和删除。

数据过滤是在数据清洗的基础上，根据特定的条件或规则对数据进行深入筛选的过程。通过过滤这一环节，可以剔除与分析目标不相关或不符合要求的数据，从而能够聚焦核心数据的处理与应用。

数据加工是在清洗和过滤后，对数据进行进一步的处理和转换，以满足后续分析的需求。将数据从一种格式转换为另一种格式，如将文本数据转换为数值数据，或将时间戳转换为更易理解的日期格式。在机器学习等应用中，为了平衡不同特征的影响力，可能需要对数据进行缩放，如标准化或归一化。通过创建新的特征或选择有意义的特征子集，来提高机器学习模型的性能。这包括组合、修改或生成新的特征变量。识别并处理数据中的异常值或离群点，这些值可能是测量误差、数据录入错误或其他原因造成的。处理方法可能包括删除、替换或用其他统计方法进行调整。

（2）数据挖掘和模式识别

利用数据挖掘与先进的机器学习算法，大数据技术能够深入探索浩如烟海的数据，精准地发掘出潜藏其中的各种模式和规律。这一技术不仅能分析出消费者的表面行为，更能进一步揭示他们的消费习惯、偏好以及潜在需求等深层次特征，为企业的市场战略提供有力支撑。

（3）预测和趋势分析

利用强大的大数据技术分析功能，结合丰富的历史数据与精细的模型分析，个人认为，此处用趋势研判没有问题，研判比分析更进一步，这种技术不仅能助力企业洞察市场需求的微妙变化，更能提前捕捉消费者行为的动态演变。基于这些宝贵的信息，企业可以制定出更为精准有效的营销策略，同时优化产品规划，以满足日益多变且个性化的市场需求。这一创新应用无疑为企业在激烈的市场竞争中保持领先地位提供了有力武器。

3. 消费者洞察和行为分析

（1）个性化用户画像

借助大数据分析的强大力量，如今企业能够描绘出细致入微的消费者个性化用户画像。这些画像不仅描绘了消费者的消费习惯，还深入挖掘了他们的兴趣爱好和购买倾向。通过这样的分析，企业可以更加清晰地掌握不同用户群体的独特性和多样化需求。这种深度的用户了解为企业提供了宝贵的市场洞察，有助于定制更精准的市场策略，推出更符合消费者期待的产品和服务，从而在激烈的市场竞争中脱颖而出。

（2）消费者行为路径分析

运用大数据技术的分析能力，企业现在可以详尽地分析消费者在购买过程中的每一步行为路径，从最初的商品搜索，到产品页面的深入浏览，再到最终的购买决策等，每一个环节都包括在内。这种深度分析使得企业能够清晰地掌握消费者的购买决策过程和完整的行为轨迹。这不仅有助于企业理解消费者的真实需求与偏好，更能为优化购物流程、提升用户体验以及制定更精准的营销策略提供有力的数据支持。通过这种方式，大数据技术正在助力企业更深入地了解和服务于他们的客户。

（3）情感分析和舆情监测

借助文本挖掘与情感分析技术，大数据能够精确地捕捉消费者在社交媒体、在线评论区等多元平台上的言辞和情感流露。这种技术深入剖析消费者的每一条评论、每一条动态，从而准确识别出他们对产品和服务的满意度、情感倾向以及潜在的需求和痛点。这不仅有助于企业及时了解市场动态，更能为其在产品和服务上提供改进方向，进而提升客户满意度和忠诚度。大数据的这一应用，无疑为企业与消费者之间搭建了一座沟通的桥梁，使企业能够更加贴近市场，更好地服务消费者。

4. 个性化营销和服务

（1）精准营销和推荐

通过深度利用大数据技术，企业能够根据消费者的个性化用户画像和行为分析结果，精准地制定营销策略并开展产品推荐。这种精准化的方法，使得每一次营销活动都能直击目标用户群体，满足他们的具体需求和偏好。不仅如此，通过对消费者行为的细致分析，企业还可以优化营销活动的时机、渠道和内容，从而显著提升活动的效果和转化率。这种数据驱动的精准营销模式，正逐渐成为现代企业提升市场竞争力、实现持续增长的关键手段。

（2）定制化产品和服务

大数据技术赋予企业深入了解消费者的能力，使得企业可以根据消费者的具体需求和独特偏好来定制产品和服务。通过精准地分析用户数据，企业能够掌握消费者的真实想法，从而为他们量身打造满意的产品和服务。这种定制化的方式不仅提升了产品和服务的针对性，更在很大程度上优化了用户体验，使得消费者能够享受到更加贴心、个性化的服务。大数据技术在这一过程中发挥了关键作用，它正推动着企业向更加以用户为中心的方向转变，以满足日益多样化的市场需求。

（3）实时互动和服务优化

利用大数据技术，企业能够进行实时的消费者行为分析和监测。这意味着，一旦市场或消费者行为出现变化，企业可以迅速捕捉到这些动态，并根据实际情况及时调整其营销策略和服务方案。这种灵活性和响应速度极大增强了企业适应市场变化的能力，同时也确保了营销策略和服务始终与消费者的需求和期望保持同步。通过这种方式，企业不仅能够提升用户满意度，还能进一步培养消费者的忠诚度，为企业的长期发展奠定坚实基础。

总的来说，大数据技术为企业提供了更全面、更深入的消费者洞察和行为分析能力，帮助企业更精准地理解消费者需求，优化营销策略，提升产品和服务质量，从而增强市场竞争力。

7.2 消费者行为的变化

在数字化时代的浪潮下，消费者行为正经历着前所未有的变革。大数据技术的广泛应用和深度挖掘，为我们揭示了这些变化的内在逻辑和趋势。

消费者的信息获取渠道日益多元化。过去，消费者主要通过电视、广播、报纸等传统媒体获取商品信息。然而，随着互联网的普及和社交媒体的兴起，消费者现在可以通过搜索引擎、电子商务平台、社交媒体平台等多种渠道获取所需信息。这种变化使得消费者能够更加方便地获取产品信息，同时也为企业提供了更多的营销和推广渠道。

消费者的购物决策过程也变得更加复杂和个性化。过去，消费者购物时主要关注价格、品质和功能等基础因素。然而，在大数据的助力下，现代消费者越来越注重个性化需求和体验。他们会在购物前进行大量的在线调研和比较，参考其他消费者的评价和推荐，甚至通过虚拟试穿、AR 体验等方式来感受产品的实际效果。这种变化使得企业需要更加注重用户体验和产品创新，以满足消费者的个性化需求。

此外，消费者的忠诚度也在逐渐降低。在信息爆炸的时代，消费者面临着更多的选择和诱惑。他们不再仅仅忠诚于某个品牌或商家，而是会根据自己的需求和体验来选择最适合自身的产品和服务。因此，企业需要更加注重与消费者的互动和沟通，通过提供优质的服务和体验来建立长期的信任关系。

最后，消费者的环保意识也在不断增强。随着全球环境问题的日益严重，越来越多的消费者开始关注产品的环保性能和可持续性。他们更倾向于购买环保材料制成的产品，支持那些积极承担社会责任的企业。这种变化为企业提供了新的发展机遇，同时也要求企业在生产过程中更加注重环保和可持续发展。

综上，消费者行为的变化是数字化时代不可逆转的趋势。企业需要紧跟这一趋势，利用大数据技术深入了解消费者的需求和偏好，优化产品和服务，提升用户体验，才能在激烈的市场竞争中立于不败之地。

7.2.1 消费者决策过程的变化

数字时代消费者决策过程的变化对创新产生了深远影响，主要体现在信息获取、购物渠道、社交影响和消费体验等方面。

1. 信息获取

传统时代，消费者主要通过电视、报纸、杂志等传统媒体获取产品信息。从传统媒体到数字媒体时代，消费者更多地依赖互联网和社交媒体获取信息，拥有了前所未有的信息获取能力。他们通过搜索引擎、社交平台和产品评论等渠道可以轻松地获取到各种产品的详细信息、价格比较以及来自其他用户的评价和反馈。信息透明度的显著提升，使得消费者在购买决策过程中变得更加明智和有选择性。同时，企业也感受到了前所未有的压力。为了在竞争激烈的市场中脱颖而出，企业不得不更加注重提升产品的质量和优化服务体验。他们必须确保自己的产品能够满足消费者日益增长的高要求，否则就可能面临市场份额的流失。因此，信息透明度的增加不仅改变了消费者的购买行为，也推动了企业不断改进和创新，以适应这一新的市场环境。

2. 购物渠道

随着电子商务的迅猛发展和数字时代的到来，购物渠道呈现出线上购物普及和线上线下相融合的趋势。越来越多的消费者摒弃了传统的线下实体店购物方式，逐渐倾向于线上线下一体化的购物体验。他们希望能够自由地在不同渠道之间无缝切换，无论是在实体店还是在线上，都能获得一致的购物体验。这种趋势改变的不仅仅是消费者的购物习惯，更是对传统零售业的挑战。为了适应这一变化趋势，传统零售业不得不进行数字化转型，以满足消费者的新需求。因此，企业需要创新并开发多渠道零售模式，提供多样化的购物体验。数字化转型也带来了许多创新的机会。通过整合线上和线下的资源，企业可以提供更加多样化和个性化的购物体验，从而吸引更多的消费者，并提高客户满意度和忠诚度。这使得零售业能够更好地适应市场变化，提高运营效率。

3. 社交影响

（1）社交媒体的影响力

随着社交媒体成为消费者交流和信息分享的关键平台，社交媒体的影响力越发显著。随着越来越多的消费者选择在这些网络平台上分享购物体验、产品评价和推荐种草，已经成为塑造品牌形象和推动产品销售的重要力量。因此，企业必须强化社交媒体上的品牌营销和用户互动策略，充分利用消费者在社交网络上的影响力，以促进产品和服务的推广与销售。

（2）个性化推荐与社交化购物

在数字时代，消费者的购物过程更易受到社交网络中朋友、家人以及关键意见领袖的影响。他们更喜欢个性化的推荐和社交化的购物体验。为了满足消费者这一需求，企业应当充分利用数据分析和智能算法，提供个性化推荐和社交化的购物功能，以增强用户的参与度和购买意向，从而为企业带来更多的商机和利润。

4. 消费体验

（1）个性化定制服务

数字化时代的消费者更加注重个性化和定制化的消费体验，他们希望产品和服务能够根据自己的需求和偏好进行定制。因此，企业需要不断创新，提供个性化定制服务，以满足消费者日益多样化的需求。

（2）数字化技术的应用

数字化技术为消费者提供了更丰富、更便捷的消费体验，如虚拟现实、增强现实、智能家居等技术的应用，为消费者带来全新的购物体验和生活方式。

5. 对创新的影响

（1）产品创新

消费者需求的变化促使企业不断进行产品创新，提供符合市场需求的新产品和服务。数字时代的消费者更加注重产品的品质、功能和体验，因此，企业需要加强产品创新，不断提升产品的竞争力和用户体验。

（2）营销创新

消费者决策过程的变化也促使企业进行营销创新，采用更加个性化、多样化的营销手段和策略。企业需要通过数字化营销和社交化营销等方式，与消费者建立更紧密的联系，提升品牌认知度和用户参与度。

（3）服务创新

数字时代的消费者更加注重购物体验和服务质量，因此，企业需要加强服务创新，提供更便捷、更个性化的服务。通过智能化技术和数字化平台，提升服务效率和用户满意度，增强竞争优势。

综上所述，数字时代消费者决策过程的变化给企业带来了新的挑战和机遇，这促使企业需要不断加大创新的力度，不断适应市场变化，从而提升产品和服务的竞争力。

7.2.2 社交媒体与品牌互动

社交媒体已经成为品牌与消费者互动的重要平台，它为企业提供了与消费者直接交流和互动的新渠道，有助于增强品牌形象、提升用户参与度和建立忠诚度。以下是关于社交媒体如何成为品牌与消费者互动的新平台，以及如何有效利用这些渠道的详细分析。

1. 社交媒体的特点

（1）即时性和实时互动

在数字化时代，企业与消费者互动的关键平台非社交媒体莫属。通过在这些平台上发布有价值、有趣味、富有创意的高质量内容，企业能够吸引并维系越来越多用户的关注，进而提升品牌知名度和用户对品牌的认知度，打造品牌正面形象。同时，企业主动回应用户的问题、及时解决他们的难题，不仅展示了企业的专业性和服务态度，更赢得了用户的信任和青睐。这种积极的互动和卓越的服务，有助于企业在社交媒体上塑造良好的品牌声誉和形象，从而为企业开拓更多的商业机会和竞争优势。

（2）多样化的内容形式

社交媒体平台提供了丰富多样的内容展示方式，涵盖文本、图片、动态视频以及实时直播等。这些多元化的内容形式为企业提供了广阔的创新空间。企业可以依据自身品牌特性和目标受众的喜好，灵活选择并组合这些内容形式，以打造出既有趣又具互动性的推广材料。通过这种方式，企业不仅能够成功吸引用户的目光，还能激发他们的参与热情，从而更有效地传达品牌信息，增强用户黏性，并提升品牌影响力。

（3）社交分享和传播效应

社交媒体平台已经成为人们获取信息和进行互动的重要渠道，它具有强大的社交分享和传播效应，用户可以快速分享有趣的内容、产品体验和优惠促销信息，从而在短时间内影响到大量的人群。企业也可以利用社交媒体的传播效应，推广其品牌和产品，扩大市场影响力。通过精心策划的营销活动和用户生成内容，社交媒体能够帮助企业达到病毒式传播的效果。因此，无论是个人还是企业，都应该充分利用社交媒体的这一特性，以实现更广泛的传播并提升影响力。

2. 如何有效利用社交媒体

（1）建立品牌声誉

社交媒体的力量在于其强大的社交分享和传播功能。一旦用户在平台上发现有趣的内容、独特的产品体验或吸引人的优惠信息，他们可以轻松地将其分享到自己的社交圈。这种分享行为不仅能够快速扩大信息的传播范围，还可能引发更多用户的关注和讨论，进而形成热门话题或趋势。通过这种方式，社交媒体成了一个高效的口碑传播渠道，有助于企业在短时间内触达更多潜在客户，提升品牌知名度和市场影响力。

（2）提升用户参与度

在社交媒体营销中，提升用户的参与度和互动性至关重要。企业可以通过举办线上活动，如问答、抽奖、挑战赛等，激发用户的参与热情。同时，发起与品牌或产品相关的话题讨论，能够吸引用户分享看法和经验，进一步增强用户与品牌的连接。此外，邀请用户参与用户生成内容也是一种有效方式。鼓励用户分享自己的创意、故事或使用体验，不仅能够丰富品牌内容，还能让用户感受到自己的价值和被认可度。这些策略都有助于提升用户的参与度和互动性，从而深化品牌与用户的关系。

（3）个性化互动和服务

社交媒体平台不仅是企业推广和营销的渠道，更是一个深入了解用户的重要窗口。通过细致地分析用户在社交媒体上的行为、评论和反馈，企业可以准确地把握用户的偏好和需求。基于这些信息，企业可以为用户提供更加个性化的互动和服务，如定制化的产品推荐、贴心的客户服务等。这种个性化的策略不仅能够显著提升用户体验，还能让用户感受到企业的关心和重视，从而培养他们的忠诚度。在竞争激烈的市场环境中，利用社交媒体平台来增强用户体验和提升用户忠诚度，已成为企业不可或缺的战略手段。

（4）营造社区氛围

品牌社区或用户社群的建立，为企业和用户之间搭建了一个亲密交流的桥梁。在这样的平台上，用户可以自由地分享使用心得、交流产品体验，甚至可以参与品牌的决策过程，这种深度的互动不仅促进了用户之间的紧密联系，还让他们感受到了品牌的关怀与尊重。通过这种方式，品牌得以更深入地了解用户需求，用户也能在社群中找到归属感和认同感，从而进一步增强了他们对品牌的忠诚度。这种社群营销的方式，正成为越来越多企业营销战略的重要组成部分。

（5）监测和分析用户反馈

在数字化营销时代，社交媒体成为了解用户需求和意见的重要窗口。通过定期监测和分析用户在社交媒体上的反馈和评论，企业可以实时掌握市场动态，深入了解用户的真实想法和需求。这些信息对于企业来说至关重要，它们不仅可以帮助企业及时调整营销策略，确保推广活动更加精准有效，还可以指导企业对产品方案进行优化升级，从而更好地满足用户需求。因此，将社交媒体反馈纳入企业的市场研究和产品创新流程中，已成为现代营销不可或缺的环节。

3. 成功案例

（1）耐克

耐克作为全球知名的运动品牌，非常擅长运用社交媒体平台与消费者进行互动，提升品牌形象。耐克在其 Instagram 官方账号上发布高质量的视觉内容，包括运动鞋和运动服装的照片和视频，以及运动员的精彩瞬间。通过 Just Do It 等标签，鼓励用户分享自己的运动故事和成就，构建用户生成内容。利用 Facebook 和 Twitter 等平台发布更多品牌信息、运动故事和活动更新。

耐克经常通过社交媒体分享来自世界各地的运动员的故事，这些故事不仅展示了运动员的成就，也展现了他们面对困难时的决心和勇气。这种情感化的叙事方式能够引起用户的共鸣，加深对品牌的感情投入。耐克会在 YouTube 或 Facebook Live 上直播重要体育赛事，如马拉松比赛或者篮球赛，让用户实时感受到比赛的紧张与刺激。在直播中，耐克也会设置互动环节，比如实时投票、竞猜或评论互动，提高观众参与度。

耐克常常在社交媒体上发起各种运动挑战，如“跑动挑战”“训练营挑战”等，鼓励用户参与并分享自己的挑战经历。同时，耐克会推广其应用程序中的活动，如“Snkrs Stash”（寻找隐藏的虚拟鞋盒）等活动，增加用户参与感和新鲜感。

耐克经常与顶级运动员如勒布朗·詹姆斯（LeBron James）、罗纳尔多（Ronaldo）等合作，在社交平台上发布他们的相关内容，借助明星效应扩大品牌影响力。同时也会与健身博主、运动领域的关键意见领袖合作，推广健康的生活方式，吸引更多目标群体的关注。

耐克在 Reddit 等社区平台上设有官方账号，积极回答用户问题，收集反馈，建立良好的用户关系。通过这样的互动，耐克不仅提升了客户服务体验，还增强了用户对品牌的忠诚度。

耐克会不时推出具有争议性的营销战役，如“梦想不可能”（Dream Crazy）广告中涉及的社会话题，引发公众热烈讨论，进一步提升品牌知名度。

通过上述策略，耐克成功地在社交媒体上建立了强大的品牌形象，并与全球运动爱好者建立了紧密的联系。这种策略不仅提升了品牌的认知度和忠诚度，也为其他品牌在社交媒体营销上提供了宝贵的经验。

（2）星巴克

星巴克作为全球著名的咖啡连锁品牌，非常重视社交媒体上的用户互动，以增强顾客的品牌忠诚度并提升品牌的市场影响力。Starbucks 经常在 Facebook、Twitter 和 Instagram 等社交媒体平台上发布限时优惠、促销活动和会员专享福利，以此吸引用户关注并前往实体店消费。例如，星巴克会推出节日限定饮品和相关优惠，如圣诞节、情人节期间的特别优惠，增加节日气氛的同时也促进了销售。

星巴克经常举办各类互动活动，如投票选出新的饮品口味或食品产品，邀请顾客参与到产品的创新过程中。通过这种方式，星巴克不仅收集了宝贵的顾客意见，也使顾客感受到自己对于品牌有所贡献，增强了他们的归属感和忠诚度。

星巴克设有专业的社交媒体团队，负责监测社交媒体上的用户反馈和流行趋势。团队成员会积极回应用户的评论、投诉和建议，提供及时的客户服务，并从中获取改善业务流程的机会。

星巴克在社交媒体上积极分享关于咖啡的知识，如咖啡豆的产地、烘焙和调制方法等，提升品牌形象的同时也增加了顾客对品牌的信任。此外，还会分享品牌故事和企业社会责任活动，展示公司的价值观和对社会的贡献。

星巴克曾推出“杯型艺术”（Doodle Cups）活动，邀请顾客在社交媒体上分享自己设计的星巴克杯子，最佳设计者获得奖励。这种创意营销活动激发了用户的创造力，同时也加强了品牌的用户互动。

在微信、美团等社交媒体及生活服务平台上，星巴克开设了小程序，允许用户在线点单、预约自取或者享受外卖服务，为用户提供便捷的购物体验。

（3）可口可乐

可口可乐作为全球知名饮料品牌，非常擅长运用社交媒体平台进行创新的营销活动，以提高品牌知名度和影响力。

1）互动式体验活动——“自由之旅”（The Coca-Cola Freestyle Experience）：Freestyle 是可口可乐推出的一款触屏式饮料配制机，允许用户从多种口味中选择并混合定制自己的可口可乐饮料。通过社交媒体，可口可乐推广了这一创新概念，鼓励用户尝试新口味，并分享自己的独特配方，从而吸引用户参与并在社交网络上进行传播。

2）个性化可乐瓶设计：可口可乐曾推出一系列名为“Share a Coke”（分享一瓶可口可乐）的营销活动，其中包含个性化瓶装，上面印有常见名字和表达。用户可以在社交媒体上分享带有自己或朋友名字的可口可乐瓶的照片，这种个性化的体验增加了用户与品牌的互动，并促使用户在社交网络上自发地传播品牌信息。

3）社交媒体挑战和竞赛：可口可乐经常在社交媒体上发起各种挑战和竞赛

活动，比如鼓励用户分享他们打开快乐的瞬间，使用“Share a Coke”标签参与活动。获胜者通常会得到限量版的可口可乐商品或其他奖品，这样的活动有效地吸引了用户参与并在其社交网络中进行分享。

4）内容营销和故事讲述：可口可乐利用社交媒体平台分享品牌故事和历史，包括其广告活动、社区参与项目以及环保倡议等内容。通过情感化的内容营销，可口可乐增强了品牌形象并与消费者建立情感联系。

5）合作和影响者营销：可口可乐与流行文化或体育领域的名人、社交媒体影响者合作，让他们在社交媒体上推广可口可乐产品。这种合作方式借助合作伙伴的粉丝基础扩大了品牌的覆盖范围，并通过真实的声音增强品牌的可信度。

1. 注意事项

（1）真诚和透明

在社交媒体上与用户进行互动时，企业的态度至关重要。保持真诚和透明是企业与用户建立信任关系的基础。当用户提出问题或反馈时，企业应及时、准确地作出回应，展现出对用户的关心和尊重。同时，积极解决用户问题，不仅能够提升用户满意度，还能够树立企业的良好形象。通过持续、积极地互动，企业可以与用户建立起深厚的信任关系，这种信任关系是企业宝贵的资产，有助于企业在激烈的市场竞争中脱颖而出。

（2）内容质量和多样性

在社交媒体上发布内容时，确保内容的质量和吸引力至关重要。为了吸引更多用户的关注和参与，企业应注重内容的多样性和创新性。通过文本、图片、视频和直播等多种形式，可以创造出丰富、有趣的推广材料，从而更好地传达品牌信息并吸引用户的兴趣。同时，定期更新内容并保持与用户的互动也是提升用户黏性和忠诚度的关键。通过这种方式，企业不仅可以增强品牌在社交媒体上的影响力，还能有效地促进业务的发展。

（3）定期更新和维护

定期更新社交媒体内容对于维护品牌形象和促进用户体验至关重要。这不仅能够展示品牌的活跃性，还能表明品牌对用户的关心和重视。通过不断提供新鲜、有价值的内容，品牌可以吸引和保持用户的关注，增加用户对品牌的忠诚度和好感度。

保持与用户的持续互动和沟通是社交媒体营销的核心。用户在社交媒体上的评论、问题和反馈是品牌了解自身表现和用户需求的重要途径。及时回应用户的互动，不仅是基本的社交礼仪，也是提升用户满意度和品牌声誉的机会。

在社交媒体上，用户体验与品牌形象紧密相连。用户的问题和疑虑如果得到及时解答，会感受到品牌的专业性和可靠性，从而加深对品牌的信任。同样，对于用户的负面评论，及时妥善地处理能够展现品牌的解决问题能力和责任感，甚至将潜在的危机转变为展示品牌良好形象的机会。

7.3 可持续发展与创新

本节将专注于可持续发展与创新之间的联系，特别是如何通过创新来实现市场营销的可持续性。可持续市场营销不仅仅是一种营销策略，更是一种长远的发展思维，强调在满足当前消费者需求的同时，不损害后代满足其需求的能力。可持续市场营销的概念涉及产品的设计、生产、消费和废弃的整个生命周期，要求企业在各个环节中采取负责任的行动，减少对环境的负面影响，提升社会价值，并确保长期的经济效益。

在这一小节中，我们将深入讨论可持续市场营销的几个关键方面，包括绿色营销、道德营销等，并探索企业如何通过创新的市场营销策略来实现可持续发展目标。我们将分析成功案例，了解这些企业如何通过创新来减少环境影响、提高资源效率、增强品牌价值，并与消费者建立起基于可持续价值的信任关系。

7.3.1 可持续市场营销

可持续市场营销是指企业在进行市场营销活动时，充分考虑社会、环境和经济三方面的可持续发展目标，以实现长期的社会价值和经济效益为核心，同时尽可能减少对环境的负面影响。其重要性体现在以下几个方面：

1. 社会责任与企业形象

可持续市场营销使企业能够承担社会责任，通过积极参与环保、公益活动等，提升企业形象，赢得消费者的信任和支持。消费者越来越关注企业的社会责任和可持续发展，选择支持那些注重环保、社会公益的企业，可持续市场营销有助于塑造企业良好的社会形象。

2. 创新和品牌竞争力

可持续市场营销要求企业不断创新，开发环保产品、推出绿色服务等，从而提升产品和服务的品质，增强品牌竞争力。通过可持续市场营销，企业能够实现资源的有效利用、降低生产成本，同时满足消费者对环保、健康等方面的需求，创造新的市场机会。

3. 长期盈利和风险管理

可持续市场营销有助于企业实现长期盈利和稳定增长。通过降低资源消耗、提高能源效率等措施，企业可以降低生产成本，提升盈利能力。同时，可持续市场营销有助于减少环境风险和社会责任风险，提高企业的抗风险能力，保障企业的可持续发展。

4. 满足消费者需求

随着消费者对环保、健康、可持续发展等方面的关注度增加，可持续市场营销能够满足消费者的需求，提供更加环保、健康、安全的产品和服务。企业通过符合消费者价值观和需求的可持续产品和营销活动，吸引更多消费者选择自己的产品和服务。

5. 法律法规遵从

随着环保法律法规的不断加强和严格执行，采取可持续市场营销策略有助于企业遵守相关法律法规，减少环境违规行为，降低相关的法律风险。通过主动履行社会责任、推行可持续发展战略，企业可以获得政府、监管机构和公众的认可和支持，提升企业的社会地位和声誉。

7.3.2 绿色营销创新案例分析

绿色营销创新是指企业将环境保护纳入其营销策略，通过在技术创新、产品设计、生产制造、包装运输、销售服务等环节实现资源节约和减少污染，以满足消费者对环保和可持续产品的需求。这种创新不仅关注产品的生命周期对环境的影响，而且致力于在不牺牲环境质量的前提下实现企业的商业目标。绿色营销创新体现了企业对可持续发展的承诺，并寻求在竞争激烈的市场中获得差异化优势。

下面我们将通过一个案例来详细展示绿色营销创新如何帮助企业实现可持续发展目标，并吸引环保意识强的消费者。

案例 特斯拉公司的绿色创新

1. 背景介绍

特斯拉公司致力于推动清洁能源和可持续交通的发展，通过绿色创新实现了可持续发展目标，并吸引了众多环保意识强的消费者。

2. 绿色创新实践

（1）电动汽车技术创新

特斯拉公司采用先进的电池技术和电动汽车技术，开发出高性能、长续航里程的电动汽车，如 Model S、Model 3 等。这些电动汽车具有零排放、低能耗的特点，大大减少了对环境的污染，符合环保意识强的消费者的需求。

（2）太阳能产品创新

特斯拉公司推出了太阳能屋顶瓦片和太阳能电池板，可以将太阳能转化为电能，为家庭和企业提供清洁、可再生的能源解决方案。这些太阳能产品不仅有助于减少对化石燃料的依赖，还可以降低能源成本，吸引了越来越多的消费者选择绿色能源产品。

（3）储能解决方案创新

特斯拉公司开发了 Powerwall 储能系统，可以储存太阳能和电网电能，在需要时提供稳定的电力供应。这种储能解决方案有助于平衡能源供需，提高能源利用效率，减少能源浪费，得到了环保意识强的消费者的认可。

4. 成效与影响

（1）可持续发展目标实现

通过绿色创新，特斯拉公司实现了可持续发展目标，为环境保护和气候变化应对做出了积极贡献。其电动汽车和太阳能产品的推广和应用，促进了清洁能源的发展，减少了对化石燃料的依赖，为全球碳减排贡献了力量。

（2）吸引环保意识强的消费者

特斯拉公司的绿色创新吸引了众多环保意识强的消费者，他们愿意选择环保、可持续的产品，支持企业的环保事业。这些消费者不仅购买了特斯拉公司的产品，还成为其品牌的忠实粉丝和推广者，为企业带来了口碑和销售。

（3）产业链效应和示范效应

特斯拉公司的成功案例激发了全球汽车和能源行业的绿色创新，推动了整个产业链向清洁能源、可持续发展的方向转变。其他汽车制造商也纷纷推出电动汽车和太阳能产品，加快了清洁能源的普及和应用。

7.3.3 道德营销创新案例分析

道德营销是一种强调道德标准的营销战略，其核心理念是企业在营销活动中应遵循较高的道德标准，并把道德作为自己的价值传递给消费者。

道德营销要求企业在推广销售产品时遵循公平竞争原则，确保消费者能够通过正当途径获得真实、准确的产品信息。企业需要提供诚信的广告宣传，避免虚假夸大和误导性的手段。

道德营销强调企业应积极参与环境保护活动，并采取可持续发展的经营方式，关注社会公益事业，为社会发展作出积极贡献。

道德营销将人们普遍接受和认可的道德观念、价值标准、行为准则等道德元素注入营销活动之中，以激发顾客的购买欲望。

道德营销的成功不仅取决于道德元素的选择是否得当，还在于如何恰当地诠释和表现这些元素。

道德营销要求企业在营销活动中遵循社会普遍认可的商业规则，承担必要的社会责任。道德营销则更侧重于将道德元素作为连接企业与顾客之间关系的桥梁，以及激发顾客购买欲望的促销手段。

道德营销的案例可以从多个行业中找到，以下是一些具体的案例，它们展示了企业在营销活动中如何融入道德元素，实现社会责任与商业利益的共赢。

1. 环保家电企业的“以旧换新”活动

某环保家电企业推出了“以旧换新”活动，鼓励消费者将旧的家电设备回收并购买新的环保家电。消费者每更换一台冰箱能减少约 30 千克的碳排放，如果以种植一棵树平均每年可吸收大约 10 千克二氧化碳来比较，那么以旧换新一台冰箱相当于种植了 3 棵树。这种做法不仅有效减少了电子垃圾的产生，保护了环境，还为消费者提供了一个便捷地购买新家电的渠道。

2. 食品企业的诚实宣传

在食品行业中，一些企业确实在产品包装上明确承诺不添加任何有害物质，如防腐剂和人工色素，以此作为其产品的主要卖点。例如，椰树椰汁宣称“敢承诺不用椰浆不加香精”，这种宣传方式既体现了企业的诚信，也符合道德规范，通过这样的诚实宣传，企业可以增加消费者对其产品的信任度，从而提升销售额。

然而，值得注意的是，食品企业在宣传“无添加”时也应遵守相关法律法规，避免夸大宣传或误导消费者。例如，国家市场监督管理总局曾发布修改后的《食品标识监督管理办法（征求意见稿）》，其中规定食品标识中不能使用“不添加”“零添加”“不含有”或类似字样，以规范市场行为，维护消费者权益。

3. 医药企业的健康咨询服务

京东健康通过上线“京东大药房罕见病关爱中心”，成立“京东健康罕见病关爱基金”，构建了“医、药、险、公益”一站式解决能力。此外，京东健康还联合品牌商家共同发起公益捐赠服务模式——“爱心东东”，探索实践出“多方共付”的新模式，为有困难的患者减轻支付压力、提供一站式服务，助力缓解罕见病群体确诊就医难、药品可及难、药品支付难等问题。此外，中国平安医疗健康生态圈也提供了免费防疫咨询问诊服务，问诊量已超过千万，这体现了企业在提升公众健康意识方面的积极作用。

4. 不同品牌的慈善捐赠

（1）腾讯的“天籁行动”

腾讯通过其公益慈善基金会和中国老龄事业发展基金会等合作伙伴，发起了“天籁行动”，旨在通过音频 AI 技术改善听障人士的助听设备降噪效果，帮助他们更好地融入社会。

（2）阿里健康的“‘小鹿灯’儿童重疾救助公益平台”

阿里健康联合中国出生缺陷干预救助基金会和中国社会福利基金会，推出了“小鹿灯”儿童重疾救助公益平台，专注于帮助患有重疾的儿童。

（3）孩子王的“我助妇儿康・孩有爱”公益计划

孩子王与江苏省妇女儿童福利基金会合作，启动了旨在守护妇儿健康的公益计划，通过其全国 500 多家门店开展家庭急救培训，覆盖了超过 30 万的亲子家庭。

（4）中国平安的“三村建设工程”

中国平安通过其“三村建设工程”捐赠资金支持教育扶贫，包括在农村地区建设平安希望小学，提供教学设施和师资培训。

（5）新东方的“公益教育行动”

新东方教育科技集团通过其公益基金会，开展了一系列公益教育项目，包括在农村地区建立图书馆和提供在线教育资源。

5. 咖啡连锁店的可持续农业合作

星巴克致力于道德采购，烘焙高品质的阿拉比卡咖啡。公司通过与可持续农业项目合作，确保使用的咖啡豆来自可持续农场。以下是星巴克具体参与的合作项目和实践：

（1）星巴克“共享价值”咖啡产业扶持项目

星巴克宣布捐赠 180 万美元（折合人民币约 1 150 万元），与北京乐平公益基金会合作，在云南普洱 10 个咖啡种植村试点智慧农业解决方案。通过数字化设备和种植、初加工培训等帮助当地 1.8 万余人次，实现“好品质、好环境、好社区”的目标，推动云南咖啡种植社区的可持续发展。

（2）星巴克的可持续咖啡捐赠活动

星巴克向咖啡农捐赠了超过 2 500 万棵咖啡树，此活动开始于 2015 年 9 月，当时星巴克推出了“每售完一袋咖啡，就捐赠一棵树”的计划。

6. 胖东来的劳工权益保护

员工违规试吃事件是胖东来公司在 2024 年发生的一起食品安全事件，以下是详细的事情经过和危机公关处理情况：

（1）事件背景

胖东来作为一家知名的餐饮企业，对食品安全和员工行为规范有着严格的要求。然而，在 2024 年 2 月，一起员工违规试吃事件打破了这一规范，引发了公众的广泛关注。

（2）事件经过

日期：2024 年 2 月 14 日。

时间：中午时分，正值顾客较多时段。

地点：胖东来火锅档口。

事件：一名员工在前台制作员工餐时，未遵循食品安全标准进行试吃。具体行为是，该员工从煮面桶中捞出面条尝过后，未更换筷子并继续使用其在锅中搅面。

（3）事件记录与曝光

记录：这一行为被一名顾客目击，并用手机拍摄下来。

曝光：顾客随后将视频上传至网络，事件迅速在社交媒体上引起热议。

（4）企业初步回应

时间：2024 年 2 月 16 日。

措施：胖东来对试吃事件进行了初步回应，承认员工行为违规，并宣布关停涉事的火锅档口。

处罚：与涉事员工解除劳动合同。

（5）公众反应

胖东来直接开除涉事员工的决定，被部分网友认为处罚过于严厉，不符合比例原则，缺乏合理性。

（6）企业详细调查与处理

时间：2024年2月19日凌晨。

措施：胖东来商贸集团发布13页的详细调查报告，对该事件进行了全面复盘。

民主决议：报告中提出了四组处理方案，并进行了民主投票，最终决定对涉事员工进行降学习期三个月的处罚，调离本岗位，转岗为非食品加工岗位；对相关主管进行降一级三个月的处罚。

（7）事件影响与意义

胖东来的处理方式不仅体现了对员工权益的保护，也彰显了企业的社会责任。通过民主、人性化的决议方式，胖东来赢得了消费者的放心和员工的认同，提升了企业的社会形象和品牌价值。这一事件也提醒所有餐饮企业，食品安全和员工行为规范的重要性，以及在危机公关中采取合理、透明、负责任态度的必要性。

这一事件的处理展示了胖东来在面对突发公关危机时的应对策略和价值观，也促使整个餐饮行业对食品安全管理和员工教育进行新的思考。

第 8 章　结论与展望

市场营销管理创新途径研究是企业在日益激烈的市场竞争中保持竞争力的关键。随着消费者需求的变化、技术的进步以及市场竞争的加剧，传统的市场营销管理模式已经难以适应新的市场环境。因此，企业需要不断探索和创新市场营销管理的新途径，以应对市场挑战并实现可持续发展。本章对本书的研究成果进行了总结，并对市场营销管理创新进行展望。

8.1 研究成果总结

本节主要对本书研究成果进行总结。包括回顾主要研究结论，如创新途径分类与应用、技术与数字化驱动创新、社会责任与可持续发展、消费者行为与市场趋势、管理实践与案例分享、评估与改进机制、未来发展趋势展望：还阐述了学术价值（系统性理论整合、案例研究与实证分析等）与社会价值（环境保护、社会责任等方面），体现出本书在学术和社会层面的重要意义。

8.1.1 主要研究结论与发现回顾

1. 创新途径的分类与应用

本书对市场营销管理中的创新途径在前文进行了系统的分类和探讨，包括产品创新、营销渠道创新、价格策略创新、品牌管理创新等多个方面。通过丰富且深刻的案例分析和理论研究，揭示了不同创新途径对企业市场营销活动的影响和价值。

2. 技术与数字化驱动的创新

本书着重探讨了技术和数字化对市场营销管理的影响，如人工智能、大数据分析、社交媒体营销等。揭示了这些新技术在市场营销中的应用场景、优势和挑战，以及如何有效地运用这些技术来实现创新和提升竞争力。

3. 社会责任与可持续发展

本节强调了社会责任和可持续发展在市场营销管理中的重要性。通过案例分析和理论研究，揭示了企业如何通过绿色创新、社会公益活动等方式实现可持续发展目标，赢得消费者信任和支持。

4. 消费者行为与市场趋势

本书研究了消费者行为的变化和市场趋势对市场营销管理的影响。通过对数字时代消费者决策过程、社交媒体影响、个性化需求等方面的分析，揭示了企业如何根据消费者行为和市场趋势进行创新，提升产品和服务的竞争力。

5. 管理实践与案例分享

本书结合实际管理实践和案例分享，探讨了不同行业、不同企业在市场营销管理创新方面的经验和教训。通过借鉴他人的成功经验和失败教训，希望为读者提供宝贵的启示和指导，帮助他们更好地应对市场挑战和机遇。

6. 未来发展趋势展望

本书展望了市场营销管理创新的未来发展趋势，包括数字化转型、绿色可持续发展、消费者参与和个性化需求等方面的趋势。

8.1.2 学术价值与社会价值体现

本书在学术价值和社会价值方面都展现出了重要作用与深远影响，其贡献不仅体现在理论层面的深耕细作，更在于对现实社会的积极引领与推动。在为学术界提供了丰富的理论资源的同时也为社会进步和经济发展提供了有益的指导。

1. 学术价值

（1）系统性的理论整合

本书将市场营销管理领域的各种创新途径和理论框架进行了系统的整合，为该领域的学术研究提供了丰富的理论资源，使得研究者能够更好地理解和掌握市场营销管理的核心概念和方法。它为后续研究奠定了坚实的理论基础，引领着学术探索的新航向。

（2）案例研究与实证分析

本书通过翔实且生动的案例研究和实证分析，对不同创新途径在实际市场营销中的应用和效果进行了深入剖析。这些案例和分析不仅展示了理论在实际操作中的具体运用，也为进一步的学术探讨提供了坚实的基础。

（3）前沿技术与趋势探讨

本书紧跟时代步伐，敏锐捕捉并深入分析了市场营销管理领域的前沿技术和发展趋势。如人工智能、大数据分析、社交媒体营销等，每一项技术的变革都预示着行业未来的无限可能，对未来研究和实践具有重要的指导意义。本书通过对这些前沿动态的深入探讨，为学术界和业界提供了一定的视角和思考方向。

2. 社会价值

（1）环境保护与可持续发展

本书积极倡导并广泛推广绿色创新的理念与实践方法，为企业和社会提供了实现环境保护与可持续发展目标的思路和策略。通过推广绿色产品和服务，本书激励企业在追求经济效益的同时，也注重环境保护和社会责任，有效地促进了经济社会向更加绿色、低碳、循环的发展方向迈进。

（2）社会责任与企业形象

本书着重探讨企业的社会责任与形象塑造，强调通过绿色创新和社会公益活动，企业能够显著提升其在社会上的声誉与形象。本书积极倡导企业主动履行社会责任，并致力于树立良好的社会形象。企业承担社会责任，不仅能够赢得消费者的信任与支持，更能够树立积极正面的社会形象，为企业的长远发展奠定坚实基础。这一理念的广泛推广，将有助于构建更加和谐、共赢的企业与社会关系。

（3）消费者健康与福祉

本书通过积极推广环保产品、提供个性化服务等创新方式，本书有效满足了消费者对健康、安全、环保的多元化需求。在当今社会，随着消费者对产品健康和环保属性的关注度日益提升，本书为此提供了富有价值的指导。这种以消费者为中心的理念，不仅显著提升了消费者的生活质量和幸福感，也为企业赢得了更广泛的市场认可与信赖。

（4）经济发展与产业升级

本书不仅聚焦于企业的经济效益，还着重强调了创新在促进产业升级和经济发展中的核心作用。它深刻揭示了创新如何作为一股不可估量的力量，为经济发展注入勃勃生机，通过催化企业的创新活力与加速数字化转型进程，显著提升了企业的市场竞争力与经济效益，进而驱动相关产业链的蓬勃兴起与持续迭代优化。这种积极的影响和推动作用将有力地促进了企业的成长蜕变，促进了经济社会结构的优化升级，为经济的长期繁荣与社会的全面进步奠定了坚实基础。

综上所述，本书不仅在学术上具有一定的理论贡献，更能在社会实践中发挥积极的引领与推动作用，为助力市场营销管理创新和可持续发展做出了积极贡献。

8.2 市场营销管理创新的未来展望

本节主要对市场营销管理创新的未来进行展望。一方面预测了未来可能的创新点与趋势，如数据驱动的个性化营销、跨界合作、社交媒体与VR融合、绿色可持续创新、区块链应用、智能物联网与智能家居、可穿戴技术与健康管理等，并分别举例说明。另一方面阐述了本书研究成果在市场营销管理领域的意义与影响，包括推动创新、提升竞争力、促进行业发展和引导未来趋势等。

8.2.1 未来可能出现的创新点与趋势预测

1. 数据驱动的个性化营销

利用大数据分析和人工智能技术，实现更精准的用户画像和行为预测，从而个性化定制营销策略和产品推广方案，提升用户体验和营销效果。数据驱动的个性化营销是指利用大数据分析和人工智能技术，通过对用户数据的深度挖掘和分析，实现更精准的用户画像和行为预测，从而个性化定制营销策略和产品推广方案，以提升用户体验和营销效果。

想象一个电子商务平台的情景。该平台拥有庞大的用户群体和海量的交易数据，但是如何将这些数据转化为有效的营销策略和推广方案成为一项挑战。于是，该平台决定采用数据驱动的个性化营销策略。

首先，平台利用大数据分析技术，对用户的消费行为、浏览习惯、兴趣爱好等数据进行深度挖掘和分析，构建用户的精准画像。通过分析用户的购买历史、点击行为和搜索关键词等信息，可以了解用户的偏好和需求，进而预测用户的未来行为。

接着，平台运用人工智能技术，根据用户画像和行为预测结果，个性化定制营销策略和产品推广方案。比如，对于喜欢购买运动装备的用户群体，平台可以推送相关的运动装备促销活动和定制化的产品推荐；对于经常搜索美妆产品的用户，平台可以针对其浏览历史和购买偏好，推送个性化的美妆品牌广告和折扣信息。

通过数据驱动的个性化营销策略，该电子商务平台实现了精准定位用户需求和行为，提升了用户体验和营销效果。用户收到的广告和推荐更加符合个人兴趣和需求，购买意愿和满意度也得到了提升。同时，平台也通过更精准的推广方式和产品推荐，提高了用户转化率和销售额。

2. 跨界合作与创新生态系统

不同行业、企业之间加强合作，共享资源和技术，构建创新生态系统，实现跨界创新和价值共享，推动产业升级和跨界创新。

跨界合作与创新生态系统是指不同行业、企业之间加强合作，共享资源和技术，以构建一个开放、互利、共赢的创新生态系统，实现跨界创新和价值共享，推动产业升级和跨界创新的过程。

想象一个 VR 技术企业与医疗器械制造企业之间的跨界合作。虚拟现实技术企业拥有先进的 VR 技术和创意团队，而医疗器械制造企业具有丰富的医疗行业经验和资源。这两家企业决定合作，共同开发一款基于 VR 技术的医疗培训系统，旨在提升医护人员的培训效果和医疗技术水平。

在这个合作过程中，虚拟现实技术企业提供先进的 VR 技术支持，设计开发了逼真的医疗场景和模拟手术操作系统。医疗器械制造企业则提供了医疗知识和专业指导，确保系统符合医疗行业的需求和标准。双方共同投入资源和技术，在合作的基础上，开发出了一款高质量、高效率的医疗培训系统。

这款医疗培训系统不仅提升了医护人员的培训效果，还降低了医疗培训成本，节省了时间和资源。同时，该系统还促进了虚拟现实技术在医疗领域的应用和医疗器械制造企业的产业升级。通过跨界合作，虚拟现实技术企业和医疗器械制造企业共享了资源和技术，实现了价值共享和创新生态系统的构建。

3. 社交媒体与虚拟现实的融合

将社交媒体与 VR 技术相结合，可以为用户提供更加丰富和沉浸式的社交体验，这对于品牌营销活动来说是一个新的机遇。品牌可以创建 VR 体验，让用户在虚拟环境中互动、探索，并体验产品或服务。例如，可口可乐可以创建一个虚拟的夏日海滩派对，用户可以通过 VR 设备参加这个派对，体验喝着可口可乐的感觉，同时在虚拟世界中与其他参与者交流。

用户可以在 VR 环境中自定义自己的虚拟形象，并在特定的虚拟场景中拍照留念，然后将这些照片分享到社交媒体上。这种个性化的体验可以激发用户在社交媒体上分享他们的 VR 体验，从而提升品牌的曝光度。

品牌可以举办虚拟音乐会、体育赛事或其他类型的活动，并邀请用户通过 VR 设备观看和参与。用户可以与来自世界各地的人一起享受这些事件，并实时互动，这增强了用户之间的社交联系，并提升了对品牌的喜爱度。

在 VR 环境中，用户可以尝试使用新产品，例如，汽车制造商可以让用户在虚拟空间中驾驶新车。类似的体验可以让用户更深入地了解产品特点，并增加购买意愿。

4. 绿色可持续创新

更多企业将绿色可持续发展纳入战略规划，通过绿色产品设计、生产流程优化、循环经济模式等方式实现绿色创新，满足消费者对环保和可持续发展的需求。

绿色可持续创新是指企业在产品设计、生产流程和运营管理等方面采取可持续发展的理念和方法，以降低对环境的影响、提升资源利用效率，满足消费者对环保和可持续发展的需求。

想象一家制造业企业，原先使用传统生产工艺和材料，产生大量的废水、废气和废弃物，对环境造成了严重的污染。但随着绿色可持续发展理念的引入，该企业开始转向绿色创新的道路。首先，他们从产品设计入手，采用可降解的环保材料，设计出符合环保标准的产品。其次，他们优化了生产流程，引入了清洁生产技术和节能设备，减少了能源消耗和废物排放。同时，他们还积极开展循环经济模式，将废弃物进行分类回收利用，实现资源的再生利用。

通过这些举措，该企业不仅减少了对环境的污染，还提升了产品质量和企业形象。消费者逐渐意识到了环保和可持续发展的重要性，开始更倾向于购买这家企业的绿色产品。逐渐地，这家企业在市场上赢得了更多的信任和支持，不仅实现了经济效益的提升，还为环保事业做出了积极的贡献。

5. 区块链技术应用

区块链技术在供应链管理、数字资产交易、身份验证等领域的应用将不断扩展，为企业提供更安全、透明、高效的解决方案，推动数字化转型和创新发展。

区块链技术是一种去中心化的分布式数据库技术，其主要特点是去中心化、不可篡改、透明可追溯。在供应链管理、数字资产交易、身份验证等领域的应用可以为企业提供更安全、透明、高效的解决方案，推动数字化转型和创新发展。

案例

假设你是一家大型零售商，你经营着一条全球供应链，从各地的供应商采购商品，然后分销给全球各地的零售商和消费者。然而，由于供应链的复杂性和信息不对称性，你经常会面临供应商资料造假、货物丢失、交易纠纷等问题，这给你的企业运营和声誉带来了很大的挑战。现在，你决定应用区块链技术来改善供应链管理的情况。你建立了一个基于区块链的供应链管理平台，所有的供应商、物流公司、仓储公司和零售商都可以在这个平台上进行信息共享和交易。每一笔交易都会被记录在不可篡改的区块链上，任何人都可以查看和验证交易记录，确保交易的透明和可追溯。

在这个基于区块链的供应链管理平台上，你可以实现以下功能：

1）**供应链透明度提升**。所有的交易记录都被记录在区块链上，供应链的各个环节都可以实时查看交易状态和货物流向，提升了供应链的透明度和可追溯性。

2）**供应链风险降低**。区块链技术的不可篡改性和去中心化特点可以防止数据篡改和信息泄露，减少了供应链中的风险和不确定性。

3）**交易效率提升**。通过智能合约等技术，可以实现自动化的交易和结算，节省了人力成本和时间成本，提升了交易效率。

通过应用区块链技术，成功地改善了供应链管理的情况，降低了风险，提升了效率，推动了数字化转型和创新发展。这个例子生动地展示了区块链技术在供应链管理领域的应用场景和优势，为读者更好地理解该技术的价值和作用。

6. 智能物联网与智能家居

智能物联网技术的发展将使智能家居和智能城市成为可能，通过各种智能设备的互联互通，实现智能家居管理、能源管理、健康监测等功能，提升生活品质和工作效率。

智能物联网技术的发展正在逐渐改变我们的生活方式，其中智能家居是智能物联网的一个重要应用领域。智能家居通过连接各种智能设备，实现远程控制、自动化管理和智能化服务，从而提升了家庭的生活品质和工作效率。

想象一下，你回到家后，智能家居系统会自动感知你的到来，打开入户灯光，并根据你的喜好调节房间温度和湿度。当你走进客厅时，智能音响会自动播放你喜爱的音乐，智能窗帘会自动调整开合度，让室内光线更加舒适。你可以通过智能手机或语音助手，远程控制家中的各种设备，如调节灯光色温、设置空调温度、监控家庭安全等。

除了提升生活舒适度外，智能家居还能实现更多功能。比如，智能家居系统可以通过感应器监测你的健康数据，如心率、体温、睡眠质量等，然后根据这些数据提供健康建议或预警，帮助你保持健康。此外，智能家居还可以实现能源管理功能，智能家居还可以实现能源管理功能，通过智能家电设备的使用和能源节约措施，降低家庭能源消耗，实现节能环保。实现节能环保。

智能物联网技术的发展还将使智能家居与智能城市相互连接，实现更广泛的智能化服务。比如，智能家居系统可以与城市交通系统、天气预报系统等进行联动，提供出行建议、交通状况实时更新等信息，为居民提供更便捷的生活服务。

通过智能物联网技术，智能家居将不仅仅是一个单独的家庭智能系统，而是与城市、社区等其他智能系统相互连接，共同构建智能化的生活和工作环境，为人们的生活带来更多便利和舒适。

7. 可穿戴技术与健康管理

可穿戴技术的普及将促进健康管理和医疗保健的创新，通过监测健康数据、提供个性化健康建议等方式，实现健康管理和疾病预防，推动健康产业的发展。可穿戴技术是一种可以佩戴在身体上的智能设备，如智能手表、智能手环、智能眼镜等，它们能够监测用户的健康数据、运动情况以及睡眠质量等。当这些数据被收集并分析后，可穿戴技术可以提供个性化的健康建议，帮助用户更好地管理健康状况，预防疾病发生，推动整个健康产业的发展。

假设你是一个健康追求者，每天都在忙碌的生活和工作中，经常会忽略自己的健康状况。但是你佩戴了一款智能手环，它能够实时监测你的心率、步数、睡眠质量等健康数据，并将这些数据传输到手机上的健康管理 App 中。在你的手机上，你可以看到每天的运动量、睡眠情况、心率变化等数据报告。更重要的是，这个健康管理 App 会根据你的个人健康数据和习惯，提供个性化的健康建议，比如提醒你该多运动、少吃油腻食物、早睡早起等。通过持续的监测和建议，你逐渐意识到自己的生活习惯和健康状况，开始有意识地改变饮食、运动和作息习惯。随着时间的推移，你的健康状况逐渐改善，体重下降，睡眠质量提升，精神状态更加饱满。在这个过程中，可穿戴技术起到了关键的作用，帮助你实现了健康管理和疾病预防的目标，推动了整个健康产业的发展。

这些是根据当前的趋势和技术发展预测的一些可能的未来创新点和趋势。随着技术的不断进步和社会需求的变化，未来还会出现更多新的创新点和趋势。

8.2.2 本书研究成果在市场营销管理领域的意义与影响

在当今这个快速变化的商业环境中，市场营销管理的创新已成为企业获取竞争优势的关键。本书的研究成果，不仅为企业提供了新的视角和方法，以期对市场营销管理领域产生深远影响。

1. 推动市场营销创新

创新是企业生存和发展的灵魂。本书通过对市场营销管理创新途径的深入研究，为企业提供了一系列创新思路和方法。跨界合作、绿色可持续创新、数据驱动的个性化营销等创新途径，不仅能够激发企业的创新潜能，更能推动市场营销策略和实践的持续创新。

在跨界合作方面，本书提出了不同行业、不同企业之间通过共享资源、整合技术，构建创新生态系统，实现跨界创新和价值共享的模式。这种合作模式打破了传统的行业界限，通过资源和技术的整合，为企业带来了新的发展机遇和市场空间。

在绿色可持续创新方面，本书强调了企业应将环境保护和可持续发展纳入战略规划，通过绿色产品设计、生产流程优化、循环经济模式等方式，实现绿色创新。这种创新不仅满足了消费者对环保和可持续发展的需求，也提升了企业的社会责任形象。

在数据驱动的个性化营销方面，本书探讨了利用大数据和人工智能技术，实现精准用户画像和行为预测的方法。通过对用户数据的深度挖掘和分析，企业可以制定更加个性化的营销策略和产品推广方案，从而提升用户体验和营销效果。

2. 提升市场竞争力

在激烈的市场竞争中，企业如何实现差异化竞争和价值创造，是每个企业都必须面对的问题。本书的研究成果，为企业提供了应对市场竞争挑战的有效途径。

通过跨界合作，企业可以与其他行业的企业共享资源和市场，实现互补优势，提升产品和服务的竞争力。数字化营销可以帮助企业更精准地定位目标市场和消费者，提高营销效率和效果。绿色可持续创新则可以为企业赢得消费者的信任和支持，提升品牌形象和市场地位。

此外，本书还提出了一套系统的创新评估框架和指标体系，帮助企业全面评估创新效果，并提出改进措施。通过这套评估体系，企业可以及时调整和优化创新策略，确保创新活动的有效性和持续性。

3. 促进行业发展

市场营销管理领域的进步和发展，需要全行业的共同努力和协作。本书的研究成果，为市场营销领域的理论和实践提供了丰富的资源和案例，促进了行业间的交流与合作。

通过分享不同行业、不同企业的市场营销管理创新案例，本书不仅丰富了市场营销的理论体系，也为企业提供了一系列可借鉴和学习的实践经验。这些案例和经验的分享，有助于企业开拓视野，激发创新思维，提高市场营销管理水平。

同时，本书还关注了市场营销管理领域的前沿技术和趋势，如人工智能、大数据分析、社交媒体营销等，为行业的未来发展提供了方向和指引。这些前沿技术的应用和探索，将进一步推动市场营销管理的创新和发展。

4. 引导未来趋势

随着社会经济的不断发展和科技的快速进步，市场营销管理领域将面临新的挑战和机遇。本书的研究成果，为未来市场趋势的发展提供了有益的指导和参考。

在数字化转型方面，本书提出了数据驱动的个性化营销、智能物联网与智能家居、可穿戴技术与健康管理等创新途径，这些创新途径将引领市场营销管理向更加智能化、个性化的方向发展。

在绿色可持续发展方面，本书强调了企业应将环境保护和社会责任纳入战略规划，通过绿色创新和可持续发展实践，实现企业与社会的和谐共生。

在跨界合作方面，本书提出了构建创新生态系统、实现跨界创新和价值共享的理念，这将推动不同行业、企业之间的合作与共赢，促进产业升级和创新发展。

总之，本书的研究成果，不仅为企业提供了市场营销创新的思路和方法，更对整个市场营销管理领域的发展和进步产生了积极的推动作用。随着社会经济的不断发展和科技的快速进步，市场营销管理领域将面临更多的挑战和机遇。我们期待本书的研究成果能够为未来的市场营销实践提供有益的启示和指导，为企业和学术界带来更多的思考和启示。让我们一起在市场营销管理的创新之路上不断前行，探索未知，追求卓越。

参考文献

[1] 菲利普·科特勒，凯文·莱恩·凯勒 . 营销管理 [M] . 王永贵，华迎，译 . 北京：清华大学出版社，2016.

[2] 菲利普 · 科特勒，加里 · 阿姆斯特朗 . 市场营销原理 [M] . 楼尊，译 . 北京：中国人民大学出版社，2010.

[3] 彼得 · 德鲁克 . 创新与企业家精神 [M] . 蔡文燕，译 . 北京：机械工业出版社，2018.

[4] 迈克尔 · 波特 . 竞争优势 [M] . 陈小悦，译 . 北京：华夏出版社，1997.

[5] 克莱顿 · 克里斯滕森 . 创新者的窘境 [M] . 胡建桥，译 . 北京：中信出版社，2010.

[6] 王方华 . 市场营销学 [M] . 上海：复旦大学出版社，2001.

[7] 郭国庆 . 市场营销学通论：7 版 [M] . 北京：中国人民大学出版社，2017.

[8] 符国群 . 消费者行为学：3 版 [M] . 北京：高等教育出版社，2015.

[9] 胡正明 . 市场营销学 [M] . 济南：山东人民出版社，2015.

[10] 李飞 . 定位地图 [M] . 北京：经济科学出版社，2008.

[11] 卢泰宏 . 营销在中国 [M] . 广州：广州出版社，2002.

[12] 韩丽红，陈黎琴，冯天天，等 . 市场营销：大数据背景下的营销决策与管理：第二版 [M] . 北京：清华大学出版社，2020.

[13] 朱洪春，庄薇薇，付宏科 . 市场营销实务 [M] . 上海：上海交通大学出版社，2017.

[14] 刘延隆 . 市场营销理论与实务 [M] . 上海：上海交通大学出版社，2015.

[15] 何亮，陈锐，李剑虹 . 市场营销案例分析及实践实训 [M] . 成都：西

南财经大学出版社，2019.

［16］罗杰·A．凯林，史蒂文·W. 哈特利，威廉·鲁迪里尔斯. 市场营销：插图第 9 版.［M］. 董伊人，史有春，何健，等译 . 北京：世界图书出版公司北京公司，2011.

［17］迪克·马丁. 营销大师［M］. 杨丽艳，译 . 北京：企业管理出版社，2014.

［18］钱旭潮，王龙. 市场营销管理：第 3 版［M］. 北京：机械工业出版社，2013.

［19］菲利普·科特勒，等. 市场营销原理：亚洲版·第 13 版［M］. 李季，赵占波，译 . 北京：机械工业出版社，2012.

［20］尹一丁 . 市场营销二十讲［M］. 北京：清华大学出版社，2023.

［21］包政 . 营销的本质［M］. 北京：机械工业出版社，2019.

［22］王泽蕴 . 不做无效的营销［M］. 北京：中国友谊出版公司，2017.

［23］于勇毅 . 大数据营销［M］. 北京：电子工业出版社，2017.

［24］郑毓煌 . 营销：人人都需要的一门课［M］. 北京：机械工业出版社，2016.

致　谢

随着本书的圆满落笔，我们三人心中都充满了难以言表的欣慰和深刻的感慨。这是一段漫长且充满挑战的学术探索的征途，幸运的是，一路上我们并不是孤军奋战，沿途有家人、同事、前辈、朋友给予的支持、鼓励与帮助。对此，我们心怀最诚挚的感激之情。

第一，要特别感谢我们的家人——他们是我们的精神支柱和坚实后盾。是他们的无私奉献和坚定支持，让我们能够心无旁骛地投入这项研究中。他们的鼓励与陪伴，如同灯塔一般，照亮了我们前行的道路，让我们在学术的征途中勇往直前，不断攀登新的高峰。

第二，我们要衷心感谢我们的同事们。他们的专业指导与宝贵建议，使我们的研究更加严谨深入。在团队中，我们深刻体会到了合作的力量，也认识到了学术研究中交流与探讨的重要性。正是有了他们的帮助，我们才能够在市场营销管理研究的道路上不断前行，取得了今天的成果。

第三，我们也要向前辈们表达我们的敬意与感激。他们的研究成果为我们提供了宝贵的资料与启示，让我们能够站在巨人的肩膀上，看得更远、走得更稳。他们的贡献让我们更加坚定了在学术道路上不断探索与创新的决心。

在撰写书稿过程中，我们深感学术之路的艰辛与不易。然而，正是这些挑战与困难，让我们更加敬畏学术、珍惜每一次的学术交流与探讨。我们相信，只有不断学习、不断反思，我们才能在学术的道路上走得更远、更稳。

第四，我们要感谢那些给予我们鼓励与批评的朋友们。他们的意见与建议如同明镜一般，让我们能够清晰地看到研究的不足与需要改进之处。正是有了他们的鞭策与帮助，我们才能够不断进步、不断完善自己的研究。

此外，我们要感谢这个时代。这个充满变革与创新的时代为我们提供了无限的可能与机遇。正是这样的时代背景，激发了我们探索市场营销管理创新途径的灵感与动力。我们相信，在未来的日子里，我们将继续携手前行，在学术的道路上不断追求真理、探索未知。我们也期待这本书能够为市场营销管理的理论与实践贡献一份力量，为读者带来启示与收获。